法律社会学评论

第 5 辑

主编 文学国 张 斌

上海大学出版社
·上海·

图书在版编目(CIP)数据

法律社会学评论. 第5辑 / 文学国，张斌主编. ——上海：上海大学出版社，2021.12
ISBN 978-7-5671-4392-0

Ⅰ. ①法… Ⅱ. ①文… ②张… Ⅲ. ①法律社会学 Ⅳ. ①D90-052

中国版本图书馆CIP数据核字(2021)第235396号

责任编辑　刘　强
封面设计　柯国富
技术编辑　金　鑫　钱宇坤

法律社会学评论
（第5辑）
文学国　张　斌　主编
上海大学出版社出版发行
（上海市上大路99号　邮政编码200444）
（http://www.shupress.cn　发行热线021-66135112）
出版人　戴骏豪

*

南京展望文化发展有限公司排版
江阴市机关服务印刷有限公司印刷　各地新华书店经销
开本 710 mm×1000 mm　1/16　印张 18.25　字数 270 千字
2022年1月第1版　2022年1月第1次印刷
ISBN 978-7-5671-4392-0/D·243　定价　75.00元

版权所有　侵权必究
如发现本书有印装质量问题请与印刷厂质量科联系
联系电话：0510-86688678

《法律社会学评论》理事单位

上海大学法学院
华东理工大学法律社会学研究中心
上海浦瑞律师事务所
上海里格律师事务所
上海润华律师事务所
上海金时律师事务所

《法律社会学评论》学术委员会

主　任
李瑜青　　华东理工大学法学院教授、博士生导师

委　员
郭星华　　中国人民大学社会与人口学院教授、博士生导师
文学国　　上海大学法学院教授、博士生导师
刘作翔　　上海师范大学法政学院教授、博士生导师
谢　晖　　广州大学法学院教授、博士生导师
赵旭东　　中国人民大学社会与人口学院教授、博士生导师
侯　猛　　中国人民大学法学院教授、博士生导师
陈柏峰　　中南财经政法大学法学院教授、博士生导师
韩　恒　　郑州大学公共管理学院教授、博士生导师
易益典　　华东政法大学社会发展学院教授、硕士生导师

《法律社会学评论》编辑部

主　　　编　文学国　张　斌
编辑部主任　邢　路
学术编辑　李思豫　陈琦华　张　玲

目　录

[学术专题]

党内法规制度实践兴起的政治逻辑 …………………………… 王若磊 / 1

法学与社会学的联姻
　　——科特威尔学术生涯与学术思想介绍 ……………………… 李　俊 / 16

被忽视的"sexuality"
　　——性侵语境下"女童"话语中的赋权问题 ………………… 周　筱 / 30

审判与管理：在力量的平衡中寻求正义
　　——以应对"案多人少"为视角 ………………… 韩振文　白丽娜 / 45

[司法实践]

基层公共法律服务体系建设之路径优化 ………………………… 刘爱萍 / 59

当代中国司法调解制度发展研究
　　——以上海市奉贤区人民法院实践为例 …… 李黎明　黄　涵　朱凯杰 / 99

关于西方陪审团制度运行的隐形逻辑的探索
　　——对影片《失控的陪审团》的反思 ………………………… 郭晓娜 / 116

严格执法、公正司法的实践路径 ………………………………… 李丰安 / 129

[学术评述]

《经济、社会和文化权利国际公约任择议定书》中的
　　来文程序实施述评 ………………………… 郭曰君　张笑雪 / 172

中国改革开放与法律社会学的发展 ……………… 李瑜青　李思豫 / 189

"中国法治话语构建"的探索性思考
　　——法治的中国话语学术会议纪实 ……………… 时　彭　彭佳欣 / 201

[学术书评]

法治中国制造的可贵探索
　　——评李瑜青著《当代中国法治文明建设若干问题研究》…… 张　玲／225

"法治中国制造"不是一个好概念
　　——评李瑜青著《当代中国法治文明建设若干问题研究》…… 蒋德海／240

当代中国公民权利意识的进步
　　——对《当代中国文学作品中法治思想的推进》一书的思考
　　………………………… 孙也惠　李弘云　来佳慧　熊一洁／264

[学术专题]

党内法规制度实践兴起的政治逻辑[*]

王若磊^{**}

摘要：近年来，党内法规话语及其制度实践逐渐兴起，这一现象折射了管党治党思路的变化，并能从中窥见执政党治国理政的政治逻辑。思路的转变首先体现的是一套政党治理的理论逻辑，包含问题导向、效果主义、运动式推进和政治教育方式四个维度。而党内法规在管党治党中地位的迅速奠定，还存在一系列现实条件，包括党的领导的加强、规则之治的共识、政治自信的提升、选官机制的保障和压力型体制的推动。根本上，党内法规制度实践的特征决定了其运转的政治逻辑，即权威主义、组织力强化、先进性团体以及稳定与发展型的意识形态。党内法规制度实践的兴起，体现了管党治党政治逻辑的变与不变，核心是保持不断自我调适的体制弹性，它也是应对未来治理挑战的根本遵循。

关键词：党内法规　依规治党　政治逻辑

近年来，"党内法规"逐渐成为一个热词，使用频率越来越高，分量越来越重[①]。中央文件以及党和国家领导人对这一概念反复提及，高度重视它在管党治党中的地位和作用[②]。相对应，党内法规及相关议题的研究同样成为热

---

* 基金项目：教育部重大项目"坚持依法治国与制度治党、依规治党统筹推进研究"；国家社科基金青年项目"国家治理视阈下的从严治党与依法治国关系研究"（17CFX001）。

** 作者简介：王若磊，中央党校政法部副教授。

① 不少文章考察了党内法规话语的起源与流变，参见廖奕《中国特色社会主义法学话语体系研究的反思——以"党内法规"为例》（载《法学家》2018 年第 5 期）、王伟国《国家治理体系视角下党内法规研究的基础概念辨析》（载《中国法学》2018 年第 2 期）等。

② 习近平总书记指出："加强党内法规制度建设是全面从严治党的长远之策、根本之策。""党内法规既是管党治党的重要依据，也是建设社会主义法治国家的有力保障。"王岐山同志也指出："拥有一整套党内法规制度，是中国共产党的一大政治优势。"

点，学者们纷纷介入这一话题，成果呈现爆炸式增长态势①。

话语与实践交织，话语兴起的背后是实践的变迁，两者交相呼应、相互强化。实践中，党内法规的作用不断加强，成为管党治党特别是铁腕治吏、整肃政风的刚性标准。在此趋势下，党内法规制定工作也取得明显成效，"各位阶、各领域、各层面、各环节的党内法规制度建设有序展开，形成了以党章为根本、若干配套党内法规为支撑的党内法规制度体系"②。由于实践中的大力推进和严格执行，党内法规具有了"威力"，长出了"牙齿"。反过来，持续的研究、宣传、强调与执行也营造了氛围，党规意识逐步被培育起来。

因此，党内法规话语只是表象，它背后存在着一整套制度实践，本质上是一种治理方式，即依据党内法规严格管党治党。用官方话语来表述，典型地表现为"全面从严治党背景"下"制度治党"和"依规治党"的结合。

很明显，党内法规制度话语及其实践，经历了一个从边缘到中心的过程③。那么，党内法规的制度实践为何在当下兴起？它体现了管党治党思路的何种变化？又有哪些条件使之成为可能？这一变化背后存在什么样的政治逻辑？这些问题相对于具体制度、技术研究更为根本，也更加宏大④，不仅关乎管党治党思路的转变，更能从中窥见执政党治国理政的政治逻辑。

本文的目标是提纲挈领地勾勒党内法规制度实践兴起的原因，探讨话语体系建构和制度实践变迁背后的政治逻辑。其中包含三个环环相扣的问题：一是理论逻辑，即在思路上，为何选择制度治党和依规治党作为基础的治党方式？二是现实逻辑，这样的思路又凭借何种现实条件使之成为可能？三是政

---

① 据中国知网查询数据，以"党内法规"为主题的论文从 2012 年的 63 篇一路攀升，每年递增百余篇，2013 年 113 篇，2014 年 268 篇，2015 年 428 篇，2016 年 573 篇，2017 年 719 篇，2018 年截至 9 月已有 403 篇。这还不包括关于制度治党、依规治党、法治政党等议题的查询结果。

② 宋功德：《全方位推进党内法规制度体系建设》，载《人民日报》2018 年 9 月 27 日。

③ 虽然不少词源考察追溯到建党和革命时期，但实际上党内法规制度话语及其实践真正兴起与地位提升，是在十八大之后。相关用语在很长一段时期虽有使用，但实际上并不频繁，也未在管党治党中发挥重要作用。改革开放后逐渐重视法治，但主要强调的是国家法律对于政党治理的作用，侧重依法执政问题。

④ 之前关于党内法规的研究主要集中于五个方面：党内法规的概念、效力、制度体系、执行机制以及党内法规与国家法律的关系，并未对这一话语与实践兴起背后变迁的原因及其政治逻辑进行考察。

治逻辑，这套制度实践表现为一种严格的自我规则治理方式，它的存在与运作，背后有何种政治因素和政治考量，体现了什么样的政治逻辑？本文依次分析以上问题，最后就这套逻辑背后展现的执政党治国理政思路的变与不变以及对未来治理挑战的应对进行简短小结。

一、理论逻辑：政策与制度选择的思路考量

党内法规制度话语的建构与实践兴起，首先体现的是管党治党思路的转变。而选择何种方式，背后暗含着某种理论逻辑，本质上是执政党进行战略选择和政策制定时的方法论。

传统上中国共产党管党治党主要依靠两种方式，一是运动式的作风建设，二是法治思路。前者源于延安时期整党整风形成的传统，延续到当代，典型的如"三讲教育""先进性教育"以及近年的"群众路线教育实践活动"等；后者则出现在 21 世纪伊始，"十五大"前后提出法治国家建设，此时开始寄望通过国家法律特别是刑法处罚来惩治腐败，起到规范党员干部行为、反作用于党的建设的作用。当前依靠党内法规管党治党的思路有别于过去，新方式选择的理论逻辑包含以下几个维度：

（一）问题导向

中国共产党是马列主义意识形态型政党，但在执政过程中，它却并非"僵化"的，而是面向现实、问题导向的。这一取向，主要源自中国共产党成立以来两次最重大的成功——中国革命和改革开放——的历史经验。前者没有照搬城市罢工暴动的教条，而是选择了农村包围城市的道路；后者摒弃了封闭僵化的计划经济体制，选择了全面开放和市场经济的发展方式。其本质被我们总结为"马克思主义中国化"和"实事求是"。这样的成功经验后来被沿用，治党与执政过程中大大小小的战略拟定和政策选择，并不拘泥于固化的教条，往往不是从宏大的意识形态和价值观出发，而是以存在什么问题以及能否解决实际问题为核心标准，根据问题与目标不断调整战略与政策，根据不同的问题选择解决问题的方法。

这一段时期，党中央认为最严重的问题是腐败和作风问题，根子出在管党治党的"宽松软"上①。这些问题，突出表现在两个层面：上层是政治纪律与政治规矩不严，党的集中统一受到影响②；基层则是权力空间过大，一手遮天、各行其是，基层领导个人意愿在实践中经常代替中央政策。

对一个注重问题导向的政党来说，主要矛盾发生变化时自然适时进行方略调整。较长一段时间内，经济发展与社会稳定是头等大事；而在党内，严格管党和集中统一也未被视为最突出的问题。"十八大"之后的几年，中央逐步意识到政治纪律、党风政风败坏已影响到发展全局和执政根基，问题最为迫切。因此可以看到，新制定或修订的党内法规——无论党内监督、纪律处分、问责、巡视还是政治生活等领域——其核心内容以及依规治党的制度实践，都将重心放在了政治纪律和作风建设上。纪律处分条例三年两度修订也正是这一特点的体现。

不少西方学者特别看重这一点，把强调问题意识、问题导向的中国共产党称为一个能够不断"自我调适"的"弹性"政党，并以此来解释中国共产党的成功之道③。相对于习惯从价值观出发的传统意识形态型政党，以及被动以选民短期利益为导向的西方选举型政党，中国共产党能以现实中的重大问题、薄弱环节、具体目标为中心，"灵动"地进行政策调适且"坚定"地调头执行，具有很强的"机动性"。此种类型政党的形成既与其主动选择、历史经验、政党能力有关，也与其执政的正当性来源有关。作为一个"卡理斯玛型"政党④，它看重的绩效合法性需要不断地以社会稳定和治理成绩来彰显，因此必须妥善解决一个一个迫在眉睫的问题，防止小事变大、因小失大，影响执

---

① 专题讨论"全面从严治党"问题的中国共产党第十八届六中全会，其会议《公报》中专门强调："一些地方和部门党的领导弱化、党的建设缺失、全面从严治党不力，一些党员、干部党的观念淡漠、组织涣散、纪律松弛，一些党组织和党员、干部不严格执行党章，漠视政治纪律、无视组织原则。"

② 六中全会公报对这一点用词颇重，明确指出："特别是高级干部中极少数人政治野心膨胀、权欲熏心，搞阳奉阴违、结党营私、团团伙伙、拉帮结派、谋取权位等政治阴谋活动。"

③ ［美］沈大伟：《中国共产党：收缩与调适》，吕增奎等译，中央编译出版社2012年版，第242页。

④ 周雪光：《权威体制与有效治理——当代中国国家治理的制度逻辑》，载《开放时代》2011年第10期。

政根基，存在一套"稳定的逻辑"①。因此，自然也成了一个"危机应对型"政党，把许多精力用在具体问题的解决上。

（二）效果主义

在问题导向基础上，如何解决这些问题，作为意识形态型政党的中国共产党，也并非"教条"的或原旨主义的；选择采取何种方式应对，往往以结果为导向，着眼于实际效果进行评判和考量，是效果/后果导向的。

这样的经验，同样得益于改革开放的实践。这40年中的大多数时候，执政党始终认准"是否有利于经济增长"这一标准进行政策拟定和实践操作。耳熟能详的"不管白猫黑猫，抓住老鼠就是好猫"的口号就是明证；"不争论"的要求也指向这一点，它把经济建设从意识形态的束缚中解放出来，带来了经济的腾飞、国力的增强和人民的富裕。当下，中国共产党各级组织特别是基层组织在日常治理的具体过程中秉承了这一思路，相对于过程，更注重问题的解决，更看重结果本身。

具体到政党内部建设，虽形势不如当前迫切、严重、突出，但以前也就管党治党和腐败问题采取过一些应对措施。然而，运动式的学习活动效果并不显著，"认认真真走过场，轰轰烈烈搞形式"的情况一直存在；而通过司法系统的反腐也并未带来全局性、颠覆性变化，威慑效果有限。十八大以来，一系列由执政党自我主导的、以严密制度规定和严厉规则执行为基础的强力管党治党方式成效显著，形成了严格管理、细节入手、压实责任、纪严于法、抓早抓小等新经验、新做法，前后对比差别有目共睹，在一定程度上扭转了党纪松弛、奢靡浪费、潜规则横行、腐败泛化的政治生态和社会景象，党风政风为之改变。因此，奉行效果主义原则的执政党延续了这一行之有效的思路和方法，并以党内法规的形式使之固化下来，从而强化了党内法规在管党治党中的地位和作用。

（三）运动式推进

党内法规的制度实践试图通过执政党主导的强有力的依规治党行动实现对

---

① 王若磊：《上访的冤屈、稳定的逻辑与治理的两难》，载《浙江社会科学》2017年第7期。

自身的规则化治理。然而针对这一任务，虽出台了一些远期行动规划、意见要求①，但整项工作仍主要通过运动式方式来推动，采取了调动资源、政治动员、营造氛围、推广实施的运动模式。全面从严治党是一项大型运动，反腐败和作风建设寓于其中。即便党内法规的制定本身，也显示出了领导重视、专班推进、加快节奏、急需先立等运动式特征②。

因此，党内法规的制度实践看似是一种新的治理模式，但在其实现过程中仍存在某种程度的路径依赖③，采取了运动式推进的方式。这种方式是一种思维和行动惯式，来自中共革命的传统和遗产；通常效果明显，至少体现在"声势"和"政绩"上。它是卡理斯玛式权威一种典型的运行方式④，是革命和改革建设时期形成的问题导向、效果主义的权威型政党在治国理政过程中应对重大而迫切任务的自然选择。

当然，运动式的推进方式，既是体制优势，说明体制能够短时间调动资源、动员力量、整合队伍、形成合力，集中力量办大事；但也说明日常官僚体制运转不畅，各个职能部门正常运行难以有效履职，惰性较大，至少制度成本更高，因此必须选择超越官僚架构、打破边界，采取超常规、运动式的方式推进重点工作。

（四）政治教育的方式

治理方式的路径依赖还表现在，党内法规制度话语运动式推进的主要方法是通过宣传、学习和教化，本质上是一种"仪式化的政治教育"活动。中国共产党是马克思主义政党，强调先进性，注重从思想上武装政党，因此宣传、学习和教化是政党治理的主要手段。党内法规制度实践、全面从严治党

---

① 2013年11月和2018年2月，中共中央分别印发了《中央党内法规制定工作五年规划纲要（2013—2017）》《中央党内法规制定工作第二个五年规划（2018—2022）》。2017年6月党中央还印发了《中共中央关于加强党内法规制度建设的意见》。

② 据统计，十八大以后的五年多"共制定修订140多部法规，约占220多部现行有效中央党内法规的60%"（宋功德：《全方位推进党内法规制度体系建设》，载《人民日报》2018年9月27日）。

③ 张静：《社会变革与政治社会学：中国经验为转型理论提供了什么》，载《浙江社会科学》2018年第9期。

④ 周雪光：《运动型治理机制：中国国家治理的制度逻辑再思考》，载《开放时代》2012年第9期。

等工作，除借助强有力的惩戒形成威慑外，特别注重通过会议文件传达、知识手册阅读、党课培训教育、学习心得撰写、舆论典型宣传等手段进行内容传导、思想灌输和氛围营造。

这一方式仍旧是革命时期遗留下的传统，是中国共产党管党治党以及国家治理的重要方法，试图通过不断重复和氛围营造来强化潜意识的思想认同、建立共享观念，来达到组织维系、同频共振、行动统一的目标，同时还能"在象征性符号和动员机制上建立和制度化一套程序规则"。

而整体上，执政党这种学习、教育体现在治国理政的各个领域、方方面面，自然也就催生了另一个体制优势，即中国共产党是一个善于通过学习不断提高自己的政党，中国共产党建立的政权是一个"学习型政权"[①]，善于发现问题，善于自我反思，善于通过观察、学习、吸收不断接受新鲜事物，不断适应时代变化，不断调试自身状况，不断创新体制机制，不断相互借鉴模仿，时常保持一种弹性和自我反思的姿态。

二、现实逻辑：党内法规管党治党如何成为可能

然而，一项制度或政策，不仅是做出何种选择的问题，还必须能够使其变为现实。那么，党内法规制度话语与实践的兴起，除思路调整外，现实中还存在哪些条件使之成为可能呢？

（一）党的领导的加强

党内法规地位的迅速提升与党的领导的不断强化关系密切。之前一段时期，党的领导在一些方面并不强势，不少领域强调党政分开，主流观点是党管方向、把大局，统揽全局、协调各方，主要发挥宏观作用。"十八大"之后，政治领域一个突出变化是"加强党的全面领导"，党的领导进入各个领域、体现在方方面面、贯穿到各个层级。比如进入国企，要求将党的领导写

---

① 参见阎晓骏《中国何以稳定：来自田野的观察与思考》一书的绪论，https://www.thepaper.cn/newsDetail_forward_1895994。

入公司章程，企业党委党组要发挥领导核心作用。这一明显趋势不用赘述，实践中都有深刻感受。党章在修改时专门增加了"党政军民学，党是领导一切的"；宪法修改时也将党的领导写入宪法正文第一条。相对于传统党的领导范畴主要是思想领导、组织领导和政治领导，当前要求贯穿全过程，比如以前对于干部，党的领导主要体现在培养、提拔和使用上，而现在要求进一步延伸，还要体现在"任命之后"的教育、管理和监督上。

党的权威的强势崛起和再度凸显，与前文所述问题导向下特别强调党的集中统一领导、强调政治纪律和政治规矩的政治生态分不开，更与对组织人事工作、军队改革、反腐败斗争、财税体制改革等工作的保驾护航和实践破局分不开。因此，相对于地方，党中央的权威不断强化；相对于国家政权，执政党的地位也不断提升。这一背景使得作为中央事权的党内法规制度实践迅速取得了如此地位；也使得作为管党治党方法的党内法规制度实践在治国理政中具有了溢出效力，发挥了实际功能，影响到了国家治理领域。

(二) 规则之治的共识

党内法规的制度实践，本质上是依靠制度治党和依规治党实现党内规则之治，属于广义法治的范畴。这种方式，目的是在一定程度上转变传统人治型政党和运动式治党的方式①。而它之所以能够推行，也得益于规则之治作为现代治理基本方式的观点在党内已经获得了较大范围的共识，认可明确、稳定、普遍、制度化的"非人格化"②治党方式是治理体系和治理能力现代化的内在要求；承认一个大党需要统一法度，这有利于集中统一领导、令行禁止、上行下效，而因人而异、因人设事治理成本过高，也会损害党的权威与公信力。

这一共识形成的标志性事件是党的十八届四中全会，此次会议虽然主题是"全面推进依法治国"，但经过较为深入的讨论和较大范围的征求意见，党内高层对规则之治的价值在某种程度上形成了一定共识，并出台了面向全党的决议。同时，此份文件首次将党内法规上升到法治高度，把全面从严治党

---

① 前文"理论逻辑"部分谈及的是对党内法规制度实践"运动式"的"推进"，而党内法规制度实践本身即是一种运动式"治理"。

② [美] 福山：《政治秩序的起源》，毛俊杰译，广西师范大学出版社2012年版，第7页。

和依法治国相结合，视其为法治中国建设的"有力保障"，并要求"形成完善的党内法规体系"。这标志着规则之治从法治国家领域适时进入政党治理范畴。而对于基层党员领导干部而言，时代的发展使其越来越能意识到规则之治是一种更为公平的治理方式，特别是在反腐风暴的大环境下，认为规则之治至少对自己也是一种保护。

（三）政治自信的提升

党内法规制度话语的兴起，还是一种政治自信的体现。这种方式的选择与强调，是敢于承认中国共产党有独特的管党治党方式，尝试以自己的方式解决自身问题；敢于主张此种道路与方式不同于西方模式，不再过多考虑、顾忌西方国家对我们体制的印象和反应[1]。西方体制主要通过国家法律，特别是政党法，规范、控制政党内部运转与外部行为，国家主导政党的运转和治理[2]；其政党内部管理也相对松散，纪律并不严明。我们的模式正相反，中国共产党是以自我监督为主的政党，内部纪律严明、组织严密，而党内法规不仅管党治党，还延伸到国家领域，在治国理政中发挥实际作用。

这种政治自信的崭新姿态与气质，源于改革开放 40 年经济增长、社会稳定等治理成就带来的国力强盛与国际地位提升，源于不同发展道路探索的初步成功，同样也是执政者当下的一种战略选择。因此，有学者将这一变化描述为从改革开放初期的"尾随者国家"向民族复兴目标下的"领导者国家"转型，从"韬光养晦"的内卷化改革转向"有所作为"的内外协调型改革的过程[3]。

（四）选官机制的保障

党内法规能够成为官员的行为准则和机构的运行标准，选官机制是实质性保障。官员都是理性人，更关心自己的"仕途"。进入体制，无论以之为"生"还是为"业"，得到"晋升"都是最诱人的激励之一。特别在一些文化或体制中，那里更推崇"官本位"，社会资源和荣誉又围绕官阶分配，同时由

---

[1] 比如 2018 年将中央党校与国家行政学院合并。20 世纪 90 年代设立国家行政学院的初衷之一就是方便以政府名义出面与外国对接、进行对外交流，实际上考虑的是国外体制的习惯和接受程度。

[2] 蒋劲松：《政党的国法治理》，载《法学》2016 年第 1 期。

[3] 田飞龙：《修宪确立中国宪法新秩序》，http://blog.dwnews.com/post-1013159.html。

于长久的惯性与通道的封闭，缺乏其他出路和评价成功的标准，这时"乌纱帽"的控制效用就会愈发强大①。因此选官机制往往成为决定性因素。

中国共产党高度集中的选官机制决定了党内法规能主动或被动地成为官员恪守的行为准则。这套选官机制有两个重要维度：一是"党管干部原则"。执政党主导干部的选拔、任用、考核、评价和监督。从现实主义的观点看，谁拥有选官的话语权，谁就能主导官员的行为，官员就按照谁的要求和标准行动。二是"中央治官、地方治民"的"上下分治体制"②。中央控制官员选拔、决定升迁奖惩，而地方官员进行实际管理，负责辖区内具体政务、治事治人。虽然这看上去是一种中央与地方间的分权体制，但由于"乌纱帽"由上级决定，因此实际决定权仍在中央。这时作为中央事权的党内法规"立规"工作，其内容主要由中央决定，中央倾向于统一法度、统一领导，要求上行下效、令行禁止。因此，党管干部原则决定了党的规章制度是党政官员更为看重的行为准则和制度要求，而中央治官、地方治民的上下分治体系决定了作为中央要求的党内法规能够为官员所遵守。

（五）压力型政体的推动

在上下分治的选官机制基础上，党内法规话语与实践得以迅速兴起，成为管党治党的主导力量，整个组织作为一种压力型体制发挥了更为具体的作用。压力型体制是一种上级加压推进、下级加码迎合的制度体系③。中国共产党是中央集权、组织森严、纪律严明的列宁主义政党，并以任务布置、目标考核、干部任免等方式进行总体性控制，压力型体制特征明显。借助这一体制，党内法规制度话语才能通过"运动型的政治学习方式"加速获得认可。

这种体制首先形成于国家治理领域，是中国政治体制的一个鲜明特征。中央集权的巨型国家，其巨大的治理负荷引发的"治理不能"和"激励不足"，导致了"行政发包制"的出现，即上下级政府之间存在一种上级政府下达总体任务、目标考核，下级拥有一定自由裁量权和自主权完成任务的层层

---

① 王若磊：《上访的冤屈、稳定的逻辑与治理的两难》，载《浙江社会科学》2017年第7期。
② 曹正汉：《中国上下分治的治理体制及其稳定机制》，载《社会学研究》2011年第1期。
③ 杨雪冬：《压力型体制：一个概念的简明史》，载《社会科学》2012年第11期。

发包的制度①。但正是由于这种分权体制的存在，中央并不放心，因此叠加了"压力型体制"对地方进行把控。典型的如各种目标责任制、一票否决制等，分项目考核地方任务完成情况，以之进行奖惩。这种体制结合选官机制，上级不断加压、下级自然主动迎合甚至层层加码，它不仅体现在学习、宣传、教育上，实践中同样如此，比如执行的方式创新、范围扩大、数字攀比等，成了"政治锦标赛"。这种方式进入政党领域，成为党内法规话语及其实践迅速兴起的制度条件。

三、政治逻辑：体制运作的内在机理

党内法规是一套完整的制度体系，其设计与运作有着自身鲜明的特征，而这些特征背后体现了执政党制度运转，乃至其在治国理政中地位与作用本身的政治逻辑。党内法规制度体系包含四个重要维度，它们构成了当代中国政党治理四个根本特征：一是党的领导，二是集中统一，三是纪严于法，四是治理主义；与之对应暗含四个理论命题，分别是权威主义、组织力强化、先进性团队以及稳定与发展型的意识形态。四个命题连接起来，构成了这套政党治理体制背后的政治逻辑。

（一）权威主义

党内法规制度实践背后，首先体现了党的领导的逻辑；而党的领导本身，实质上是一种政治权威主义。当代中国存在一个权威主义的政治实体，原因主要有以下两点：

首先，作为基本语境的复杂中国的国家治理②。复杂中国至少包含四个维度：其一，巨型国家。中国幅员辽阔、人口众多，是一个超大型国家。世界上综合具备如此地理、人口等客观要素的国家并不多。其二，多元社会。这里的多元，指的是民族多元、宗教多元、文化习俗多元、区域差异多元、发展

---

① 周黎安：《行政发包制》，载《社会》2014年第6期。
② 参见周雪光：《国家治理规模及其负荷成本的思考》，载《吉林大学社会科学学报》2013年第1期；泮伟江：《超大规模陌生人社会治理：中国社会法治化治理的基本语境》，载《民主与科学》2018年第2期。

阶段多元，还叠加了现代社会的观念多元和利益多元，社会分力时常大于合力。其三，国际竞争激烈。国际领域还存在着弱肉强食的半丛林化自然状态，一个地缘位置重要、文化迥异、人口众多的大国正在崛起，自身安心发展，也必然遭致列强、四邻的干扰、挑战和威胁。其四，现代转型。中国依旧处于从传统农业社会往现代工业、商业社会转型的"三千年未有之变局"之中。任务仍是追赶发展，以经济建设为中心。因此，复杂中国的国家治理，面临的根本语境是：追赶条件下，需实现多元社会的一元统理，必须有权威来统筹全局，驾驭掌控多元纷争的复杂局面，防止反复、倒退甚至崩溃[1]。

其次，权威落于政党身上[2]。现代政治是政党政治。现代政治本质上是一种广义的民主政治，即"大众政治参与"。然而，政治参与需要中介与渠道。现代政治，有序大众政治参与的渠道就是政党，政党是收集、吸纳和反映某一阶层民意的制度化参政组织。因此，无论中西，政党都是政治活动的主角。而相对于西方政党，东方执政党权威属性更加凸显，原因在于其起源及由此带来的政党类型的差异。就起源而言，西方政党产生于议会政治之后，先有国家再有政党。政党的英文是party，其词根是part，其最初指的就是议会中观念、利益等方面接近的一部分人，后来逐渐分化、建制，组成了政党。而东方国家中往往先有政党后有国家。后发国家面对着强大的专制、殖民等社会状况，必须靠强有力的领导集团带领进行革命，寻求民族独立、现代转型和国家建构，可以说是政党缔造了国家。这样的政党进入建立新政权后的日常政治，权威属性自然更强。

因此，政党的政治权威主义是党内法规制度运作首要的政治逻辑，决定了党内法规在管党治党和治国理政中的地位与作用。

（二）组织力强化

当前党内法规制度内容及其运作，最突出的特点是强调集中统一、政治

---

[1] 林尚立：《在有效性中累积合法性：中国政治发展的路径选择》，载《复旦大学学报》2009年第2期。

[2] 王若磊：《政党权威与法治建构——基于法治中国道路可能性的考察》，载《环球法律评论》2015年第5期。

纪律与政治规矩，而其实质目的在于强化党的组织力。中国共产党的成功经验，当然有意识形态、效果主义、自我调适等诸多因素，但理想与现实、理念和实践之间，除战略谋划外，必须使之实现。而成事之道，关键在于有一个具有强大力量的组织体系。

革命时期，中国共产党"小米加步枪"能够取得胜利，就是因为有着严格的组织纪律和严密的组织体系，把支部建在了连队上。改革开放40年经济高速增长，追到世界第二，同样得益于整套党政组织如一个公司般高效运转，强有力地主导经济工作，还时常亲自上阵招商引资、建设基础设施、推销国内产品，打地基、修道路、建园区、争优惠。实际上，很多后发国家也有发展经济的意愿，也有不错的产业政策甚至资源禀赋，但大多无力短时间内推动经济腾飞，其背后根源是政党或者政府组织力的缺失。而当下中国，我们看到的"网格化管理""党员联户基层治理"等新模式，正是这种组织力的体现，这有助于提升治理能力。

这种高效的运转体系和强大组织力，福山追溯到中国古代官僚制①，实际上也有列宁主义政党的深刻影响②。当前，党内法规囊括了组织建设、领导方式、党员行为等重要内容，都意在通过规范组织和党员行为自上而下进一步强化这种组织和行动能力。

（三）先进性政党

党内法规第三个明显特征是"纪严于法"，对党员的纪律性要求，明显高于国家法律对于公民的要求③。"纪严于法、纪在法前、把纪律挺在前面"这些表述，目的在于体现党组织和党员的先进性。过去存在纪法不分的问题，2016年初次修订的《纪律处分条例》，删除了近半数与《刑法》等国家法律规定重复的条款，实际上就是针对这一现象。

中国共产党的这种先进性要求我们耳熟能详，无须赘述。它同样由政党

---

① ［美］福山：《政治秩序的起源》，毛俊杰译，广西师范大学出版社2012年版，第125页。
② ［美］亨廷顿：《变化社会中的政治秩序》，王冠华等译，上海人民出版社2008年版，第220页。
③ 习近平总书记指出，"加强纪律建设是全面从严治党的治本之策，要把纪律建设摆在更加突出的位置，坚持纪严于法、纪在法前，把纪律和规矩挺在前面"。

起源和政党类型所决定。西方政党是利益代表型政党,关键在于完整、全面地收集、整理、表达选民的真实意愿和利益;而东方政党不同,其是革命时期由带领人民追求独立和解放的"先知先觉"的"民族精英"组建,建立政权后也一直要求在思想、觉悟和行动上保持这种先进性。

(四) 稳定与发展型意识形态

党内法规制度实践,最终目的是秉持一种"治理主义"的思路,希望借助制度治党与依规治党达成管党治党和治国理政的实质性目标。具体而言,其直接目标在于反腐败和组织力的培育;长期目标自然是"跳出历史周期率"实现长期执政[1],以及通过组织力的提升使"有效治理"能从政党治理延伸到国家治理的领域。在党的文件包括宪法修改中能看到大量关于政党或国家"任务设定"的内容,从中就能看出"治理主义"的痕迹,执政施政更注重实际效果和绩效导向。

"卡理斯玛型权威"此种治理主义的取向着重关注两个重要维度:底线是政权的稳定,执政党政策与战略选择背后存在一套稳定的逻辑,政权稳定是核心利益[2]。而高线是发展的逻辑,秉承"发展型的意识形态"[3]。"发展才是硬道理"成为新共识和新秩序的基础,一切工作围绕发展展开,在发展中解决问题,在发展中保持稳定。聚焦于稳定与发展目标的执政党,其内部监管同样意在通过管党治党达致治理主义的实质目标。

综上所述,党内法规制度实践的四个特征——党的领导、集中统一、纪严于法、治理主义,展现的是这套政治逻辑中的四个核心命题——权威主义、组织力强化、先进性组织、稳定与发展型意识形态。而这背后,对应的是中国共产党政党类型学意义上的四个面向:权威主义主导型政党、列宁主义纪律型政党、马克思主义先进性政党和共产主义使命型政党。

---

[1] 十九大报告明确指出了反腐败与走出历史周期率之间的关系:"人民群众最痛恨腐败现象,腐败是我们党面临的最大威胁。只有以反腐败永远在路上的坚韧和执着,深化标本兼治,保证干部清正、政府清廉、政治清明,才能跳出历史周期率,确保党和国家长治久安。"

[2] 赵鼎新:《"天命观"及政绩合法性在古代和当代中国的体现》,载《经济社会体制比较》2012年第1期。

[3] 张静:《社会变革与政治社会学:中国经验为转型理论提供了什么》,载《浙江社会科学》2018年第9期。

四、结语　在变与不变之间：政党弹性与未来挑战的应对

党内法规制度实践的兴起，折射了管党治党思路的变与不变。变的是核心问题与应对方式，不变的是执政党治国理政的理论逻辑与政治逻辑。在实质层面，中国共产党在政党和国家治理中权威主导、强大组织力、先进性团体以及治理主义的面向没有改变；而在形式层面，路径依赖下通过运动型政治教育方式推动的党内法规制度实践，其实质仍旧是针对最迫切问题、寻求最有效手段，不断保持体制的"弹性"和政党的"自我调适"能力。实际上，"制度僵化"是政治衰败的一个重要原因，当制度无法适应时代、情形、外部环境的变化，难以对现实做出有效反应，与发展脱节，它就会逐渐成为变革的阻碍因素①。制度与政策并非一成不变的，它需在稳定和变化之间达到平衡，在供给秩序、应对问题和推动发展间协调共振。中国共产党的成功之道正基于此，因此被誉为一个具有"弹性—韧性"的"自我调适型"政党②。

改革开放已经走过 40 多年，可以预见接下来我们将面临各种更为复杂、更为严峻也更深层次的困难与挑战，无论来自内部还是外部。就管党治党领域而言，当前方式有利于解决当下存在的突出问题，但长时间可能会带来一些新的挑战，特别是政党与政府、市场、社会间权力边界的划分，官员压力与有效激励之间的平衡，党中央权威与地方自主权力空间的配置这三大问题。作为一个强调问题导向和效果主义的"弹性政党"，针对这些问题，我们仍需在变与不变的逻辑下探寻解决与应对之道，在延续政党治理政治逻辑的基础上保持制度弹性，不断自我调适。根本上，还是要回到改革开放的基本经验"实事求是"上，它也是中国共产党治国理政成功之道的根本遵循。

---

① ［美］福山：《政治秩序的起源》，毛俊杰译，广西师范大学出版社 2012 年版，第 443 页。
② 毛泽东早年就曾明确指出："按照马列主义的原则，革命的组织形式应该服务于革命斗争的需要，如果组织形式已经与斗争的需要不相适合时，则应该取消这个组织形式。"毛泽东：《关于解散共产国际的报告》，载《毛泽东文集（第三卷）》，人民出版社 1996 年版，第 20 页。

法学与社会学的联姻

——科特威尔学术生涯与学术思想介绍

李 俊*

摘要： 基于对科特威尔专著和论文的全面阅读以及和他本人的深入会谈，文章介绍了他的学术生涯与学术思想。他有着法学与社会科学（主要是社会学）的双重知识背景，在法与社会研究方面做出了突出贡献。其法与社会理论主要包括：法律社会学不是社会学法理学；以不同类型共同体关系中的法律替代"活法"；法与社会研究的重要性与脆弱性；法与社会研究的可行路径。最后，他指出法与社会研究是一个学科交叉的领域，法学家与社会科学家必须走出认识误区，真正投入另一学科，才能在知识贯通与视野交叉的基础上，在法与社会研究领域做出突出贡献。

关键词： 科特威尔　法与社会研究　学术生涯　学术思想

罗杰·科特威尔是国际知名学者，任何涉足法与社会研究的学者都无法绕开他的研究，近二十年他一直是该领域的领军人物。国内虽然已经有他的两本译著出版（《法律社会学导论》与《法理学的政治分析：法哲学批判导论》），但全面介绍他在该领域的学术思想，并将他的学术思想与学术生涯联系起来的论述还很少。此文基于对其专著和论文的全面阅读以及和他本人的深入会谈，希望对国内相关领域的发展有所启发。

一、科特威尔的学术成就与学术生涯

（一）学术成就

科特威尔毕业于伦敦大学，1968 年获法学学士学位，1969 年获法学硕士

---

* 作者简介：李俊，华东政法大学社会发展学院教授。

学位，1977年获社会学硕士学位，1988年获法学博士学位。1969年执教于莱斯特大学法学院，1973年开始在伦敦大学玛丽皇后学院担任讲师，1985年成为高级讲师，1990年成为教授。1990—2005年成为法学理论教授，2005年为法学理论的荣誉教授。2005年被选为英国国家学术院院士，2013年因其对社会—法律共同体的贡献而获得社会—法律研究协会授予的终身贡献奖。2014年成为英国社会科学院院士。主要研究领域包括法与社会理论、法理学、信托法、比较法、犯罪学与公法。他是得克萨斯州大学奥斯丁分校、隆德大学、布鲁塞尔天主教大学、加州大学伯克利分校、香港大学等多所大学的访问教授，是《法律与社会杂志》（英国）、《法律社会学》（意大利）、《法律社会学》（法国）、《格里菲斯法律评论》（澳大利亚）、《比较法杂志》和《法律、政治与社会研究》（美国）、《比较法杂志》（英国）、《比较法评论》（波兰）等重要刊物的顾问委员，是伦敦大学"全球背景中的法与社会研究中心"的创始人，曾担任法与社会学会（美国）理事（1996—1999）、英国研究评估实践法律小组成员（1999—2001）、丹麦国家研究基金会的专家评估员（2011）等学术兼职。

科特威尔著有《法律社会学导论》（1984年第1版，1992年第2版）、《法理学的政治分析：法哲学批判导论》（1989年第1版，2003年第2版）、《法律的共同体：社会学视野中的法律理论》（1995）、《爱弥尔·涂尔干：道德领域中的法律》（1999）、《法律、文化与社会：社会理论镜像中的法律观念》（2006）、《活法：法律与社会理论研究》（2008）、《反对监禁的推定：社会秩序与社会价值》（合著，2014）、《社会学法理学：法学的思考与社会的考察》（2018）。另有7本编著类作品：《法律、民主与社会正义》（1988年与B. Bercusson合编）、《法律与社会》（1994）、《过程与本质：比较法讲稿》（1994）、《法律的社会学视角》（2001）、《社会理论中的法律》（2006）、《爱弥尔·涂尔干：正义、道德与政治》（2010）、《跨国法学理论中的权威：跨学科的理论化》（2016年与M. Del Mar合编）等，发表论文近150篇、书评20多篇以及其他作品近30篇。

（二）学术生涯

科特威尔对法律社会学的研究源自其对20世纪60年代法学院法哲学提

供的那种理论的不满。那种理论仅仅是关于规则与判例的狭隘阐释、资料搜索和系统分类，而不探究法律是否能真正改变生活。在读本科的时候，他就确信如果法律要成为一个有吸引力的学术中心，就需要成为一个理论上复杂的研究领域。在伦敦大学攻读法理学硕士学位时，他读了瑞典法哲学家 Karl Olivecrona 的《作为事实的法律》，这本书以不同的方式阐释法律，使他豁然开朗。在这本书中，完全没有说教，把法律作为社会现象进行客观研究，强烈反对所有的形而上学[1]。但当时他还没有认识到法律研究的空洞无效需要由社会学——一个装着方法、理论和研究传统的学科来填充。Dennis Lloyd 当时讲授的法理学使他看到了一线光芒。《法理学导论》（第2版）是该课程的教材，在阅读中他能感受到作者真实的求知欲，作者愿意考察无论将导向何处的理论观点。在 Lloyd 的法理学课程中他还发现了其他有趣且重要的法学理论家，让他认识到法律可以成为严谨的社会研究的中心。除了斯堪的纳维亚和美国的法律现实主义，还有历史法理学和罗斯科·庞德的社会学法理学，他认为所有这些理论都把法律作为一种社会现象，试图考察法律的起源与社会影响。

科特威尔在莱斯特大学法学院工作时，非常喜欢讲授法理学，但他不知道作为一个学术领域，法理学应由哪些部分构成。哈特式的法哲学似乎不那么有趣，真正吸引他的是法理学的历史、社会学、人类学的方向。当时最吸引他的，并在法理学教学中使用过的论文是1949年瑞典学者 Segerstedt 和他两个同事合作撰写的，题为《对正义的一般含义的研究》。这篇论文对瑞典的公共态度做了经验考察，涉及法律规则及其制裁、违法者与法律官员。他认为，Segerstedt 和他一样都是寻求社会事实而不是哲学思考的人。

1973年科特威尔担任伦敦大学玛丽皇后学院讲师，1975—1977年他利用业余时间在伦敦大学伯贝克学院攻读社会学硕士学位，其间充分认识到社会学的趣味与重要性。他系统学习了社会学理论与政治学理论的经典，认为政

---

[1] 科特威尔后来在了解这本书的政治背景之后对其作了反思。Roger Cotterrell. Northern Lights: From Swedish Realism to Sociology of Law. *Journal of Law and Society*, 2013, 40 (4): 657-669.

治社会学是并行于法律社会学的非常有价值的研究领域。这个硕士项目否定学科边界,给了他社会科学的知识基础,而这正是他最终从事的研究方向所需要的知识。大约在 1976 年,这个项目巨大的知性刺激与学术严谨和法学院在这些方面的研究相对缺乏使他不能确定自己的研究方向。他考虑放弃学术研究,去做一名记者。但最终他还是留在了学术圈,而且决定留在法学领域,尽管他在 1978 年有机会去社会科学院系。因为他有法学和社会科学的知识背景,应该在英国的法学院环境中开辟一个新领域,即发展法律的社会学研究。如果转向社会学,成为一个社会学家,那么他的法学知识就没什么价值了。

在确立研究方向后,有一段时间他对如何"社会学地研究法律"感到很迷茫,即如何把法律观念的研究与社会行动的研究相结合。他认为法律观念是非常重要的,试图考察行为社会科学如何研究作为观念系统的法律,以及如何在法律背景中研究可以观察的人类行为。

他受一个激进杂志《意识形态与意识》的邀请介绍马克思主义法学家 Pashukanis 的观点。接受这个邀请主要是因为这不是一本法学杂志,而是一个令人兴奋的跨学科世界。后来他又受邀为《法律与社会》撰写一篇关于马克思法学理论的论文,这是一个优秀的英国批判社会科学杂志。从马克思关于法律与国家的论述中他得到了很多启示,同样还包括韦伯、涂尔干以及其他伟大社会理论家的作品。后来,韦伯和涂尔干一直是他学术灵感的永无止尽的来源。

他逐渐发现法律社会学是一个很好的领域,足以吸收他大部分的研究精力与抱负,可以把他的法学理论知识与社会理论的新理解连接在一起。他在法律社会学研究道路中的重要一步是 1979 年英国社会学年会,这次年会以"法律与社会"为主题,他提交的论文是《韦伯关于契约的观点与资本主义发展的理解》。这篇论文后来被收入会议的论文选集,这是他在法律社会学领域最初的尝试。论文的发表给了他极大的鼓励,随后他参加了英国社会学会。

1984 年他出版了《法律社会学导论》,学术声誉鹊起。这本书被翻译成很多种语言,在国际上销量很好、广受好评,有很多人为这本书写书评。接下来他又出版了一系列的专著和编著类作品,同时发表了诸多论文,可谓著作等身。

总的来说，科特威尔在其学术生涯初期对作为一个研究领域的法律是非常矛盾的，但他逐渐看到这是一个丰富迷人的研究领域。他认识到自己的学术兴趣稳固地与法律联系在一起，只是他对法律的理解非同寻常，且采取完全不同的研究方法。

二、科特威尔的法与社会理论

科特威尔最重要的学术贡献是法律社会学理论，近年来他又重新反思法理学，充分阐释了社会学法理学的含义与价值。虽然他认为法律社会学与社会学法理学是有区别的，但其核心思想一直没变，即他一直努力探究社会学观点如何影响法律理论以及法律观点如何可以建设性地从社会学角度进行研究。

（一）法律社会学不是社会学法理学

科特威尔认为，早期法律社会学最重要的代表人物是涂尔干、韦伯、埃利希和古尔维奇，他们均非常关注理论并做出了巨大的理论贡献。自20世纪60年代法律社会学的经验研究发展起来之后，法律社会学开始成为一门思考性的社会科学，但法律制定者和法学家对之关注甚少。众所周知，经验的法律社会学（"法律与社会"研究）在美国迅速地发展起来。但是当经验研究凸显时，发展法律社会学的理论努力似乎下降了。

科特威尔认为，法律既是事实也是价值，两者不可分。但法律社会学更强调事实，社会学法理学更强调价值。法律社会学是科学，无论是理论导向的法律社会学还是经验导向的法律社会学，都把法律作为一种社会现象进行客观的研究，以阐释法律的社会特征为目标，而不评判特定的法律或法律制度是不是正义的。而社会学法理学强调价值（正义、安全与整合等），明确致力于通过法律追求价值，因此法律社会学不是社会学法理学。

科特威尔认为，社会学法理学不是法理学的特定类别或是法理学领域内的特定理论区域。它不是法律实证主义理论和自然法理论之外的"第三理论"，后两者也需要了解社会学并接受社会学批判，反之亦然。"社会学法理学"这一术语在理论上说应该只是指一般意义上的法理学,它将法律的持久价值努力与对法律系统的、从不同背景的经验基础出发的理解连接起来。

社会学法理学作为一个学术领域不能成为一个无偏见的社会科学,它必然总是服务于法学家。如同一个世纪之前,目前的社会学法理学同样必须被理解为不是一门科学,而仅仅是从事法理学研究的一种方式,一种在智识上知晓法律实践的方式,由此有助于完成实际的法律任务。从这个角度来说,社会学像哲学、历史或任何其他知识领域一样,仅仅是法学家能够汲取的一种资源,以启发他们的法律实践。从这个角度来看,法理学不再是一门学科,而是一种拼凑物,它组合了各种关于法律的碎片知识,最终对法律实践有着潜在价值。与创始人庞德提出的社会学法理学相比,当代社会学法理学不再只是涉猎社会学,而是更加认真地从事社会学研究。

(二)以不同类型共同体关系中的法律替代"活法"

埃利希1913年出版的《法律社会学原理》是法律社会学早期发展的突出标志,其提出的"活法"概念对于国家在规制方面的全能是一个挑战,是一种建设性的颠覆。他的法律社会学建议严谨地将国家法与社会规范,或者说政治与文化分开,强调活法对于国家能够(或者应该)做什么是一种必然的(或者是必须的)控制。

科特威尔认为,目前"活法"的概念对于法律社会学的发展不再那么有用了,至少在西方社会是如此。如果可以将"活法"的概念替换成植根于不同类型共同体关系中的法律,仔细区分这些类型(如同韦伯的理想型),并探究每一种类型可能呈现的规制问题和需要,则法律社会学可能会有更多的进展。他认为这个分析框架比无所不包的"活法"概念更能提供准确的概念。其可能避免在文化多元主义中国家法与"活法"两者之间只能选择其一的不真实的复杂难题;可能指出包括国家法在内的所有法律都产生于这种共同体网络之中,因为国家政治社会自身就是这种网络的(复杂)例证。由此,法律社会学的问题不是解决国家法与"活法"之间的关系,而是分析法律是如何在很多不同类型的共同体网络中产生,以及这些不同网络之间如何互动。因此,国家法作为国家政治社会的法律必须尊重从这个社会大量的共同体网络中产生的规范并从中汲取养分；但它也必须引导并协调这些网络中的规范以确保国家政治社会的全面整合。显然，科特威尔复杂的分析框架比埃利希的简单二分更胜一筹，更加符合当前西方社会的情境，即文化多元镜像中的规制多元。

（三）法与社会研究的重要性与脆弱性

由于不满法哲学提供的那种永恒绝对理论，科特威尔转而在社会科学中寻求理论，因为社会理论建议将关于法律的大的问题与不同的、变化的社会政治背景的观察联系起来，法律观念必须从这一背景中寻找含义和重要性。以解释法律的性质为目标的法律理论依赖经验的法与社会研究，可以使理论扎根于经验并对社会变化保持相当的敏感度。

法与社会研究的洞察力既可以帮助重塑法律，也可以帮助重塑社会科学。来自正统学科边缘的观点通常比其中心的观点更加清晰、尖锐和广泛。政府支持法与社会研究在一定程度上消除了法律与社会科学的学科边界或竞争，以实际用处作为研究价值的唯一标准是大多数政府的看法。

美国法律学者有时声称"我们现在都是法律现实主义者"，也可以诱人地说"我们现在都是法与社会学者"[①]。但实际上法与社会研究还没有改变法律思考的最基本模式，没有在很大程度上使法学家陷入不安。近年来英国的法学院设立了法与社会研究的职位，同时法与社会研究吸引了很多国家高等教育支持之外的其他资助，但这并没有改变其脆弱的状态，因为外界的资助可能会消失，学术研究的潮流也会发生改变，除非法与社会研究能够更加清晰地与教义法教学研究相整合，直接参与教义法观点的研究。

（四）法与社会研究的可行路径

1. 在参与中对话

法与社会研究必须认真地参与关于法律性质的理论观点的研究，必须对于作为观点、实践与经验的法律的性质在理论上持有自己的立场。法与社会

---

① Roger Cotterrell. *Socio-Legal Studies, Law Schools, and Legal and Social Theory*. Paper presented at Wolfson College Oxford, 2012. http://papers.ssrr.com/sol3/papers.cfm?abstract_id=2154404.

研究必须充分考虑（当然不能限于）法学的法律理论，法学的法律理论给经验的法与社会研究提供了部分"原始"材料（法律经验与法律实践的指标）。

法与社会研究的部分目标应当是表明法学观点如何在与之相关的时空中找寻意义。法与社会研究应该研究法律所处的时间与地点，并通过这种研究阐明法律的性质。所以，法律观点（以及法律背景中的行为）必须被社会学地阐释，即将法律作为社会现象进行系统的与经验的研究。

只有通过这种方式，才能提出如下问题：为什么法律观念采取这种形式？什么社会力量推动了法律观念的发展？为什么某些法律争论在疑难案件中明显超越了其他争论？对社会科学缺乏敏感度的法律分析可能是不充分的、狭隘的，因为它缺乏关于社会政治变迁趋势的理解，而法律问题与法律期待正是在这一变迁中出现和形成的。所以，法与社会研究（理论的与经验的研究）必须进入法学院。这当然不是要把法学院转变为社会科学院系，而是使法律的研究成为一种显著的对话，且这种对话必须建立在吸收各种知识的基础上。

2. 重视经典社会理论

可能由于双重的知识背景，科特威尔发现自己总是回到社会学的经典，特别是从涂尔干与韦伯的作品和理论中汲取营养。涂尔干努力构建道德社会学，提出重新思考当代社会整合的意义以及如何促进社会整合；韦伯关于资本主义的描绘冷峻得让人痛苦，其中包括关于现代国家可怕的官僚机构以及技术的与工具的法律的密集层次的阐释。

为什么要回到这种理论？一个世纪过去了，这些天才学者给我们留下了丰厚的学术遗产。但这一短暂的时间距离使他们不会与现在不相关；这些学者是关于现代性（所有关于法律的现代观点都形成于其中）的主要论述者。他们在社会科学的成长期著述，因此在阐释他们所理解的社会生活的所有主要特征与寻求最广泛的社会学视角时没有任何专业限制。经典的社会理论把现代西方社会中的主要特征带入中心视域，虽然有人认为这一理论已经发生了巨大的转变，但对于法律与社会变迁仍然可以运用这一理论进行有效的研究。以这一理论作为基础，可以把握当前的重要观点，一系列的分析框架

（加之合理的补充、适应与批判）仍然能够以建设性的方式赋予当代的经验与理论研究以活力。

当代社会理论中有些理论注定是未来的有力图景，但有些理论注定只是存在于特定时空的。这并不是否定许多当代社会理论的重要性，像经典社会理论一样，某些当代社会理论通过经验研究能够充分了解社会的变化。科特威尔只是认为对法与社会研究有价值的某种理论并不必然总是产生于最近的时期。正如法律是一个教义的学术领域，可以求助于法学理论的传统，向后延伸几个世纪，表明关注的有效持续性（经常无谓地重复），所以法与社会研究也应该求助于长期的理论传统，至少回到经典社会理论，这些理论已经建立了一些考察的基本参数。

3. 发展"中观"法与社会理论

科特威尔认为追溯社会理论且把这种追溯与当代法与社会研究面临的挑战联系起来是很有必要的，由此可以使法与社会研究的发展方向与当前有关法律的社会问题紧密相关。他认为目前有些问题庞大得令人生畏，可与经典社会理论所专注的大量问题相媲美。这些问题包括：社会整合的条件；资本主义的社会性质、影响与未来；给予现代社会共同体概念含义的可能性；未经检验的经济不平等的后果；法律与经济理性的关联与对比。所有这些问题都是经典理论家（马克思、韦伯、涂尔干）著述中的大的主题，由许多其他理论预示、发展或重新阐释。但在法律社会学的现代发展中，这些大的主题经常在很大程度上被抛弃。

科特威尔认为，我们生活在一个必须专门化和准确界定职业特性的时代；"宏大叙事"的时代已经宣告结束。而实际上值得注意的是，他列出的每一个大的问题都是经典社会理论的一部分，正相当迅速有力地把自己推回到当代争议的议程中来。当"危机"一词经常与这样一些大的主题如资本主义的未来、欧洲、金融调控、社会整合和民主政治的性质相联系的时候，如果不创造社会理论的新的宏大叙事，就需要至少把现在的研究方法和概念资源聚焦于大的问题上。换句话说，可能需要发展"中观"的法与社会理论，以塑造具有长期重要性的分析，并在经验研究中应用并提炼理论。

科特威尔认为这一重新定位正在法与社会研究领域产生。例如，规制与治理领域一直是一个重要方面，现在变得更加重要了。原因在于一些紧迫的问题被提了出来，例如关于国内与国际经济与金融体系的有效规制的前景、"白领犯罪"与公司犯罪活动、复杂交易的困惑与腐败的复杂形式。在评价法律介入的条件、限制与后果时，法与社会研究的责任与机会也将持续增长。

（五）法与社会研究的例证

法与社会研究的重要性与方式在很多情境中都可以被说明，科特威尔举了两个例子：

第一个例子：跨国法律的发展。很多律师积极关注各种各样的法律的跨国延伸，以往法学的法律理论似乎常常未能充分了解这些发展，因为很多传统的法学思考和法哲学均预设国家是所有法律（包括国际法）的来源与保证。但很多社会理论正在研究不再包含于国家边界之中的各种形式的"社会的""政治的"和"经济的"现象。法与社会研究也是如此。因此，法学院系主流的学术共同体必须认识到正在发生的深刻变化，以及法律规制及其环境的巨大变化不能通过传统法律思考的"内在"资源得以理解。

第二个例子：多元文化主义。法律期待目前被清晰地揭示出其植根于文化，然而文化需要被界定。曾经被理所当然地视为法律的统一的文化基础，一般不需要在法律分析中被提及，然而目前变成需要关注的问题了：哪一种文化可以为哪一种法律期待和观点提供家园？如何管理以法律为媒介的文化互动？显然大多数研究道德与宗教问题以及少数群体法律问题的学术和执业法律人，认为这些问题从来不是某种实证主义意义上的纯粹的法学问题，而是彻底的法与社会的问题，由此必须将法律问题深深浸入文化的理解和关注之中，法律问题才能得到解决。

三、法学家与社会科学家在法与社会研究中的认识误区与应有贡献

法与社会研究是一个学科交叉的领域，法学家与社会科学家必须走出认

识误区，暂时放下各自的研究领域，真正投入另一学科，由此才能在知识贯通与视野交叉的基础上，在法与社会研究中做出突出的贡献。

（一）法学家的认识误区与应有贡献

科特威尔认为，尽管近年来英国的法学院越来越重视法与社会研究，很多大学的法学院都设立了法与社会研究中心，包括他自己在伦敦大学创立的研究中心，同时国家高等教育支持之外的其他资助越来越多地投到法与社会研究领域①，但实际上法与社会研究并没有真正进入法学院系。大多数法学研究者还不认为与社会科学的结合是必需的，只觉得那是时髦的玩意，昙花一现而已。

实际上，社会科学不仅能给法学研究提供事实，也能阐释法律的价值（如正义、安全与整合）。因此法学家必须拥抱社会科学，对特定时空中的法律的性质予以深入的理解。当科特威尔还是一名学术法律人时，就对法律社会学非常感兴趣，虽然那时他还没有任何正规的社会学教育背景。后来他积极报名参加正规的社会学的学习，被很好的老师深度引导，学习社会学核心观点和研究传统，以及社会理论的伟大经典（包括马克思、韦伯、涂尔干等人的作品），社会学提供了在法学理论之外的理论与概念语言。作为学生他有机会投入很多时间掌握社会理论的重要作品，而不需要让自己的研究立即指向法学研究（尽管他当时仍然在全职教授法律）。但很多法与社会研究者并没有走那条路。他们从一个特殊的知识领域开始，可能是法律或某一门社会科学，然后在那个领域之外自我阅读，但那是为了他们特殊的研究项目。大多数人不是有意识地同时横跨两个或多个学术领域。他们认为自己的根基主要在一个学科，他们在那个基础上向外探究。这样从事法与社会研究不是不可以，但缺乏根本的自信，不去深入了解另一学科，如何能产生真正意义的交叉研究的成果呢？

当然，法学研究者没有必要成为一个社会理论家来参与法与社会研究，

---

① 牛津大学社会法律研究中心 2015—2017 年报告显示，这一时期所吸收的外来资金相当于整个法学院的三分之一。

但他必须对经验导向的社会理论保持强烈的敏感以获得对社会变迁（其中包括法律的变迁）的性质的广泛理解，以在总体上思考社会关系、制度与结构的性质，即法律身处其中的社会环境。

在一百多年里，全球发生了巨大变迁，法学与社会学也不再是往昔的状态，庞德提出的"社会学法理学"，法学应该与社会学结合的观点，随着社会变迁与学科重心的演变，也已经变得不再时髦或者说不那么重要。但社会学法理学仍然是法学家寻求社会科学的帮助以完成自己的工作，包括分析法律条文和制度、提高法律实践水平的一个领域。

科特威尔认为，社会学法理学的基本观点是法学家（而不仅仅是从政者、立法者与行政人员）需要根据社会反应进行法律规制，需要恰当地了解社会条件，认识到大众普遍的情绪和经历。社会学的观点不可能垄断法学家的思想，但应该激活法学家思考的所有方面。法学家应该认识到法律作为一种社会现象，可以使用所有可能的资源对之进行经验研究。

科特威尔认为，为了成为一个法学家或对法理学有所贡献，不必一定要成为一个实践中的社会科学家，需要做的是：保持持续的跨学科的敏感度；广泛细致地阅读关于法律的社会学导向的研究；准备探究和寻求有用的指导；但首先要抛弃法理学能成为独立的学科的一切观点。

（二）社会科学家的认识误区与应有贡献

科特威尔发现，英国大学里的社会科学院系总体上对法律并不十分有兴趣。可能是他们对法律有些害怕，这源于法律无止境的技术性和它大胆声称可以组织和控制社会。可能是他们对法律不太重视，认为即便法律（如诉讼）不进入大多数人（中产阶级）的生活，生活仍可以继续。法律强力进入的是边缘人群的生活，主要是在犯罪惩治方面。还可能是法律被很多社会科学家视为智力禁区，最好不要涉足。他们认为在现代大学的智力劳动分工和现代职业的组织中，法律显然有其自己的学科结构、自己的划界领域。所以，要研究法律你可以去法学院系，一个不同的学术领域，在那里人们搜寻规章制度而不是研究社会生活。这种状况在很多国家同样存在，大多数社会科学研究者没有涉足法律研究，要么是因为对法律的轻视，要么是因为缺乏法学知识背景，因此大多数法与社会研究均来自法学院系，而没有形成多学科交叉基础上的真正繁荣的研究局面。

实际上，法律作为一种重要的社会现象，是必须加以重点研究的，来自其他学科的透视有助于全面地分析处于特定时空中的法律现象，进而推动法学研究。而法学知识背景的缺乏也不是不可以补足的，很多著名的法与社会研究者就先是其他学科的研究者，后来转入法学研究的，并做出了重要贡献，如塞尔兹尼克、布莱克等。

所以社会科学家必须拥抱法学，实际参与法律观点的研究。既然大多数法律的社会学研究主要探究可以观察的社会行为（如律师、警察、行政人员、立法者、诉讼当事人的实践，或者公民寻求非正式地解决纠纷或获得救济），那就没有理由认为法律思想不能"被社会学地研究"。实际上，它们应该"被社会学地研究"，如果社会学探究能够将法律现实地描述为实践与经验，那么它就有可能被探究：法律思想为什么以及如何在特定的时间和地点出现；为什么一些议题会成为法律上重要的议题，而其他议题并非如此；为什么法律原则向某个方向而不是向其他方向发展；为什么法律思想有时看起来反映社会变迁而有时却又抵制社会变迁。社会学能够以这些方式阐释法律思想在特定社会历史背景下的发展，并能够洞察法律问题。

但社会科学家如果要做到上述这些，必须比以往更加关注法律，深入学习作为法律原则（规则、原则、概念、价值）的法律和作为关注官员或公民行为的法律，把法学家的理解与将法律作为熟悉实践与经验的规范思想结合起来。

综上所述，科特威尔的学术生涯和学术思想是紧密相连的。他从法学出发，主动学习其他社会科学（主要是社会学），最后回到法学，用其特有的法与社会理论视角为法与社会研究的发展做出了突出贡献。这一尝试是需要勇气的，但也是令人振奋的，因为他让我们看到了未来法学（尤其是法理学）新的发展空间和美好的发展图景，同时也使社会科学家放下所有的顾虑，积极投身到法律研究中来，真正把作为一种社会现象的法律理解透彻，从而有助于总体社会结构与变迁理论的发展。总之，学科交叉绝不是浅尝辄止，而是对多个学科的完全浸入，最后才能生长出更有生命力的新品种。

参考文献：

[1] Roger Cotterrell. *The Sociology of Law：An Introduction*. 2nd edn., revised, updated and expanded. London：Butterworths, 1992. Reprinted 5 times. Republished by Oxford University Press, 2004.

[2] Roger Cotterrell. *Law's Community：Legal Theory in Sociological Perspective*. Oxford：Clarendon Press, 1995. Paperback edn., 1997.

[3] Roger Cotterrell. *Emile Durkheim：Law in a Moral Domain*. Stanford CA：Stanford University Press / Edinburgh：Edinburgh University Press, 1999.

[4] Roger Cotterrell. *Law, Culture and Society：Legal Ideas in the Mirror of Social Theory*. Aldershot：Ashgate, 2006.

[5] Roger Cotterrell. *Living Law：Studies in Legal and Social Theory*. Aldershot：Ashgate, 2008.

[6] Roger Cotterrell. *Sociological Jurisprudence：Juristic Thought and Social Inquiry*. Abingdon, Oxford：Routledge, 2018.

[7] Roger Cotterrell. *Socio-Legal Studies, Law Schools, and Legal and Social Theory*. Paper presented at Wolfson College Oxford, 2012. http：// papers. ssrn. com/ sol3/ papers. cfm？ abstract _ id＝2154404.

[8] Roger Cotterrell. Northern Lights：From Swedish Realism to Sociology of Law. *Journal of Law and Society*, 2013, 40 (4)：657-669.

[9] Roger Cotterrell. From Living Law to Global Legal Pluralism：Rethinking Traditions from a Century of Western Sociology of Law. *Kobe University Law Review：international edition*, 2015, 49：242-260.

被忽视的"sexuality"
——性侵语境下"女童"话语中的赋权问题

周 筱*

摘要： 本文通过知识社会学的体系，对于当代性侵脉络中围绕"女童"话语的日常话语、儿童保护话语以及赋权话语进行综合探讨。本文指出，目前的主流话语探讨中更多倾向对未成年人的"性自主性"避而不提从而更好地达到保护未成年人的效果。但是，伴随当下社会中所出现的诸多未成年人的能动的性越轨现象，我们可以看到，无论是儿童语境还是赋权语境中，未成年人"性自主性"的这一思考已经渗入其中。本文认为，当下社会，直面探讨未成年人的"性自主性"是解决未成年人性侵问题的一个必要条件。

关键词： sexuality 性自主性 未成年人 法律社会学 知识社会学

一、研究背景与研究目的

近年来，世界各国都将儿童性侵问题视为"严峻化"。以2008年为起点所兴起的嫖宿幼女罪存废论争，也将中国的儿童性侵的现状以及儿童性侵保护立法的问题呈现在民众面前，并针对现状加大了对儿童性侵事件的打击力度。如，2015年刑法修正案废除嫖宿幼女罪，取缔了引起嫖宿幼女发生的买卖儿童问题，严打校园性侵行为等。纵观这些保护和预防的话语资源，我们

---

* 作者简介：周筱，2011年毕业于西南政法大学获法学学士后留学日本，于日本筑波大学人文社会科学研究科取得社会学硕士学位，现就读于筑波大学人文社会科学研究科，博士研究生，主要研究领域为法律社会学、犯罪社会学、性社会学、儿童社会学。

可以看出，儿童的"性自主性"成为各大学者讨论的中心。但中国法律法规的趋势，更多数的理论依然是将谈论儿童，特别是谈论女童"性自主性"与"伤害孩子""贴标签"这一类带有贬义的话语一并而言。在消除对儿童性榨取以及性虐待的主流背景之下，给予谈论儿童"性自主性"的话语空间更是小之又小。正是在这样的话语空间中，"援助交际""磕炮""某小视频14岁小妈妈晒娃""早婚"等涉及不得不讨论儿童"性自主性"的关键词陆续进入我们的视野。然而，针对这些现象，法律话语却通常通过调动其他领域的话语资源，如教育功能缺位、网络管制松懈、家庭功能缺位等来竭力避免对儿童"性自主性"进行探讨。因此，本文认为，在提倡"女童"赋权的当下，要全面、系统地预防和抑制性侵儿童事件的发生，切实达到保护儿童的目的，无论是在法律政策制定过程中，还是在女童研究的相关脉络中，直面、界定、讨论、反思儿童"性自主性"已经成为一个不可回避的问题。

本文将使用知识社会学的思维体系，基于 Spector 与 Kitsuse 在 20 世纪 70 年代所提出的社会问题的建构主义[①]分析视角对上述问题进行分析。第一，社会各成员在围绕女童以及儿童性侵事件、现象时对问题化的定义过程；第二，儿童"性自主性"相关的话语是如何在赋权语境中被忽略，怎样体现在中国法律系统的知识体系中。需要强调的是，本文并非要对忽视 sexuality 这一问题本身作出正确与否的价值判断，而是希望运用知识社会学的体系以及内容分析（context analysis）的手法，对现有的预防儿童性侵、儿童赋权的相关话语（本文主要集中于"女童"话语）进行总结，从而揭示在主流话语的语境里直面儿童 sexuality 问题的重要性。

二、sexuality 研究的视点与儿童研究的绝缘

本文中出现的 sexuality 与儿童的"性自主性"概念，在中国的探讨尚浅，

---

① Malcolm Spector, John I. Kitsuse (1978), *Constructing Social Problems*. Transaction Publishers.

且在概念使用上也并未统一。在此，笔者将"性自主性"作为 sexuality 研究的一种表现形式，对于西欧的 sexuality 研究和儿童的"性自主性"研究之间的关系进行综述。想要赘述的是，西欧的研究脉络中也并未统一使用"性自主性"概念，而是将本文所指代的"性自主性"在"性的同意"的脉络中进行探讨。因此，本文会以"性的同意"（sexual consent）、"性的自主决定"（sexual self-determination）以及"全性"（sexuality）为轴心梳理既有文献。同时，在内容分析时会将"性主体"也作为性自主性的一个分支概念进行阐述。

（一）sexuality 的概念

至今为止，sexuality 并没有一个明确的概念轮廓。早期的 sexuality 多被作为"性现象"进行定义，旨在观察性观念、性心理、性欲望、性指向、性习惯以及性行为。

20 世纪 70 年代以后，法国哲学家、社会学家米歇尔·福柯对 sexuality 的使用，为现代 sexuality 研究提供了新的视野。福柯认为，现代社会中，"性"看似被隐匿了，但是社会中的个体谁都有权利谈论自己的"性"，这时社会所规定的需要被隐匿的"性"与自我所规定的自由的"性"之间会产生不可调和的矛盾[1]。在福柯的视野下，认为私领域的性的话语其实受到了强烈的公权力的影响，sexuality 的研究往往也会将"权利"作为一个重要的衡量标准，在建构主义的脉络下展开。

于是，基于该思想的 Jackson 与 Scott 对 sexuality 的定义便成为一种指标，即同时包含个人欲望、性行为的实践与性指向，也包含了使色情文化成为可能的话语以及社会规范[2]。总而言之，近年来的关于 sexuality 的研究，已经逐渐进入着眼于反思将性别指向和性欲与人格和社会性进行同一化探讨的近代社会[3]，

---

[1] Foucault, M and Hocquenhem, G and Dane, J (1978). Sexual Morality and the Law (1984). L. D. Kritzman (ed). *Michel Foucual: Politics Philosopy Cultute*. London: Routledge, pp. 271-284.

[2] Jackson, S. and Scott, S. (1996). Sexual Skirmishes and Feminist Factions. In S. Jackson and S. Scott (eds). *Feminism and Sexuality: A Reader*, pp. 1-34. Edinburgh: Edinburgh University Press/ New York: Columbia University Press.

[3] Weeks, J (2010). *Sexuality*. Third edition, Routledge.

同时也反思将个体的身体过于"性化"的近代社会的性别秩序①。

基于这样的思想背景，现在欧美关于 sexuality 的研究中，研究者更多地选择通过"同性"（homosexuality）与"异性"（heterosexuality）的脉络去探讨被社会和文化所建构的"性"以及性别规范。而中国话语语境下的 sexuality 其实并未得到普及，性别社会学家潘绥铭将其翻译为"全性"并定义为"是人的一个核心概念，它涵盖生物学意义上的性，但是还包括性别认同与性身份、性取向、性爱倾向、情感依恋等等内容。这些内容是通过幻想、欲望、信仰、文化、伦理和宗教或精神诸因素相互影响的结果"②。

（二）sexuality 研究与儿童研究的绝缘

虽然在上述研究中使用的 sexuality 均是作为人的核心概念，即无论是成人还是儿童，都应该具有自己的 sexuality。但是，在话语生产过程中，我们似乎更多地将"性自主性"作为成人社会特有的产物。在这样的科学话语环境中，特别是在法律的脉络中，我们很难谈及儿童的"性自主性"。

究其原因，欧美的女性法学家认为，在西欧社会，人们本能地将儿童的性行为与其他种类的性行为进行区别，并且不赋予儿童"真正的同意能力"（informed consent），而将其放入"虐待"或者"榨取"的脉络中，仅赋予成人预防以及保护其不受侵犯的权利③。西欧社会通过创建"性的同意"这一概念，将儿童区别于成人女性。她们认为，在对象为"未满性同意年龄的女性"（females below the age of consent）时，法律将代她们（the law resists for her）反抗所有暴力。在这个时候，儿童们实际上的抵抗与否也因为法律的代言而显得不再那么重要④。在这样的感情背景下，要想合理地探讨儿童的 sexuality 以及儿童的性行为也就显得极度困难⑤。

---

① Butler, Judith (1993). *Bodies that matter: on the discursive limits of "sex."* New York: Routledge.
② 参考潘绥铭、黄盈盈编：《性之变：21世纪中国人的性生活》，2013，人民大学出版社。
③ David Archard (1997). *Sexual Consent*. Westview Press, pp. 117–118.
④ Susan Brownmiller (1993). *Against our will: men, women, and rape*. Fawcett Columbine, p. 370.
⑤ David Archard (1997). *Sexual Consent*. Westview Press, p. 18.

然而，儿童的"性的同意"也并非一开始就是不可言及的。早在20世纪60年代的美国社会，性开放的环境下，跨世代的性交一时间成为热门的社会话题。当时许多精神病学家、心理学家、法学家在议论该话题时会使用"作为加害者的儿童"① 这一概念，并将这些儿童描述为"性早熟的孩子"。不过，随着70年代末、80年代"儿童的安全危机"② 这一道德恐慌在美国的爆发，社会逐渐将以儿童为对象的性行为，特别是将跨世代的性行为作为比当时社会普遍排斥的同性恋更为"邪恶的性"来看待③。半随着这一主张的扩大，保护儿童不受性侵的社会运动在美国各地兴起，此时儿童的"性自主性"就如同被用橡皮擦擦掉一样，在主流理论的话语中逐渐消失④。

这样的话语展开一直延续到80年代末，直到《儿童权利宣言》的出台。于是，通过法律层面"保护儿童"的方式在理论上予以巩固。逐渐地，"保护儿童不受到任何形式的性榨取和性剥削"成为世界各国在儿童权益保护上最重要的方策。至此，将儿童作为"纯洁无垢""脆弱的""没有性同意年龄的""性被害者"⑤ 的话语体系形成。

（三）儿童的"解体论"的发展

随着社会的发展，进入20世纪90年代后，特别是"援助交际"现象在日本的发生，一部分讨论援交少女的"自我决定"的理论日渐浮出水面。早期，以日本社会学家宫台真司为代表的学者认为援交并非来源于社会逼迫儿童所形成的现象，而是在经济高度发展的消费社会下儿童的自主选择⑥。

伴随文化移植的加剧，短短五六年时间，援交现象就陆续渗透到了韩国，

---

① Paul Okami (1992). Child Perpetrators of sexual abuse: The emergence of a problematic deviant category. *The Journal of Sex Reseach*, 21 (1), pp. 109 – 130.

② Best J. (1987). Rhetoricin Claims-Making: Constructing the Missing Children Problem. *Social Problem*, 34 (2), pp. 101 – 191.

③ Rubin Gayle (1984). Thinking Sex: Notes for a Radical Theory of the Politics of Sexuality. *Pleasure and Danger: Exploring Female Sexuality*. Routledge & Kegan Paul Press, pp. 267 – 319.

④ Angelides (2019). *The Fear of Child Sexuality: Young People, Sex, and Agency*. The University of Chicago Press.

⑤ Judith Butler (1997). *The Psychic Life of Power: Theories in Subjection*. Stanford University Press.

⑥ 关于日本的援交少女研究中少女的自主决定相关的研究，参考［日］宫台真司：『制服少女たちの選擇 After 10 Years』，朝日新聞社，2006年。

以及中国台湾、香港和内地的经济发达地区。90 年代后期到 2000 年，受日本文化影响最大的中国台湾地区，围绕"网络援交"展开了激烈的讨论，其中以性/别研究（包括了 sexuality 研究）为中心的学者何春蕤与卡维波也从"儿童拥有和成年人同样的进入公共领域社交的能力、权利和意识"① 的角度，将"援交"作为一种儿童社交与社会化的自我选择手段进行讨论。

虽然宫台真司和何春蕤的观点并不为当下社会所接受，甚至受到批判，但是这一主张儿童"性自主性"的研究并没有就此销声匿迹，反而随着涉及儿童性现象的日益增多而微弱但顽强地以各种形式展现。例如，日本学者山本功在研究对援交少女的社会建构时指出的"大阪府警察将援交少女定义为加害者"的阐释②，中国台湾地区对于"两小无猜现象的法律责任"的探讨③，以及中国香港地区对于"网络援交中成年人与儿童间的亲密关系"④ 等研究，都以各种形式提及并反思当代社会中儿童的"性自主性"问题。

（四）第一次社会化中儿童的性认知与社会发展

本文通过综述关于 sexuality 的研究以及儿童的"性"相关的研究发现，虽然在理论上两者间依然存在着断层，但是探讨儿童"性"的脉络分界线已经逐渐变得模糊。

Berger 和 Luckman 运用知识社会学的视点，将儿童的社会化进程分为"第一次社会化"与"第二次社会化"两个阶段。他们认为，人在幼年期所经历的是第一次社会化。人会在幼年期所经历的世界中，信赖那些"有意义的他者"（significant others），信赖他们对状况的定义。而这种现实性的幼年经历，对于人的认知具有绝对的影响力，这些经验会让幼童对这个社会毫无怀疑⑤。

---

① 关于中国台湾社会网络援交的研究，参考何春蕤：《援交少女在台湾》，中央大学性/别研究中心，2019 年。
② 关于日本援交少女的社会问题的建构过程，参考［日］山本功：『逸脱と社会問題の構築』，学陽書房，2014 年。
③ 参考林志洁：《性别正义的刑法观点》，元照出版专书，2015 年。
④ 以中国香港为中心的网络援交研究，参考 Cassini Sai Kwan Chu（2018）. *Compensated Dating: Buying and Selling Sex in Cyberspace*. Singapore: Palgrave Macmillan US.
⑤ 儿童社会化相关理论，参考 Berger, P. L. and T. Luckmann (1966). *The Social Construction of Reality: A Treatise in the Sociology of Knowledge*. Garden City, NY.

而儿童的性别认同也会在第一次社会化中形成。随着第一性征和第二性征的发展，儿童很容受到来自那些"有意义的他者"的影响。特别是当下，随着网络社会的发达、消费意识的变容，传统第一次社会化的承担者的家庭社会、学校社会、交友社会的空间逐渐液体化（Bauman），大量的知识体系渗透到这些传统的社会形式中。儿童在这样的环境下成长，其对性的认知自然会受到深刻的影响。

综上所述，在逐渐变得多元的社会背景下，影响儿童社会化的外部条件，特别是对于性的认知的外部条件会变得多元。从理论角度来看，原有的将sexuality 与儿童研究分离的状态会逐渐变为融合状态。因此，我们有必要直面儿童的"性自主性"话语，为今后越发融合的社会提供一个有效的评判平台。本文也希望通过对当下与"女童"息息相关的赋权语境和性侵语境的探讨，分析 sexuality 意识在各大语境中的所在，进而提示直面儿童"性自主性"话语的重要性。

三、赋权语境下与性侵语境下女童的"主体性/自主性"的分离

（一）赋权语境下女童的"主体性"的建构

女童问题，既是儿童问题，也是女性问题。在实现男女平等的方针下，中国在妇女以及女童赋权上也在不断做出努力，并在妇女以及女童的受保护、受教育权等权利的赋予层面取得了很大的成果。

自 1991 年制定《未成年人保护法》以来，中国一直致力于贯彻《儿童权利公约》中的"儿童最善原则"。特别是 1995 年"北京会议"以来，赋予女童，特别是"西部边远、贫困地区和少数民族的女童"的平等生存、不受区别对待的权利，成为中国儿童保护的重要方针。到了 21 世纪，女童保护拓展到提倡"女童"的平等受教育权。这期间，"春蕾行动"几乎贯穿了整个赋权语境。女童，特别是农村女童，在社会组织与政府各部门的支持和帮助下，不断获得自信以及在社会上的话语权。

除了女童的受教育权，女童的主体性也成为诸多学者关注的对象。就新闻的关注度而言，一些学者认为，"大多数情况下女童不是主体，不是新闻的主角，而是被动参与者或被关注者或被帮助者"。即使在被作为"参与者"的报道中，一些学者也认为女童的"参与并不是自主决定的"①。还有一种观点认为，女童"不应该被定义为弱者"，应该作为未来的女性，从生存发展的角度去实现女童权利的"主体性"，同时强调应该"赋予少女们公平主宰自己命运的权利"和"选择生活的能力和权利"②。

通过上述赋权语境我们可以看出，在性侵语境之外，社会更强调对于"女童"的自主性的建设，并且尊重女童社会参与的"自主选择"。然而在性侵语境中，我们看到的更多的是"我们有必要回归到保护儿童的原始立场上，通过立法以及司法解释的方式，明确猥亵行为的认定范围，只要没有正当理由，挑逗儿童私密部位或者实施其他性侵行为，无论出于何种目的，无论所侵犯的是男童还是女童，都须严惩不贷"③这样一种将儿童作为性侵的被害者而进行保护的话语，并且通过这样的话语将儿童保护的重任委任于法律拟制。

（二）性侵语境下女童的"非性主体"的法律建构

那么，法律拟制又是如何建构女童的"性自主性"的呢？

随着性侵儿童事件渐次浮出水面，加大预防并严惩性侵儿童（特别是女童）犯罪成为全球贯彻《儿童权利公约》方针，保护儿童权益不受侵害的首要任务。为了达到这个目的，中国的法律制定似乎更倾向于通过法律拟制的形式将儿童（女童）对性行为的"同意"能力无效化。2015年《刑法修正案（九）》删除了"嫖宿幼女罪"即是法律这一方针的重要体现。让我们简单回顾一下"嫖宿幼女罪"的存废之争：

以2009年"贵州习水事件"为契机，各地的"嫖宿幼女"事件相继被曝光。这些事件大多呈现出权职者对幼女进行性侵害的特征。面对这些事件，民众要求对实施加害的权职者处以极刑。而当时"嫖宿幼女罪"的刑罚为"5

---

① 参考卜卫：《不该被忽视的主体》，载《中国妇女报》2001年5月22日。
② 参考佟吉清：《投资于少女，就是投资未来》，载《中国妇女报》2016年7月14日。
③ 参考舒锐：《男童的不受性侵权和女童一样重要》，载《中国妇女报》2017年8月23日。

年以上有期徒刑",也就是"嫖宿幼女罪"的存在使得民众的这一诉求无法得到回应。面对日益严峻化的性侵儿童现象,女性儿童保护组织和民众采取行动,试图废除这一将幼女标签化的罪名。

不过,这一过程并非一帆风顺。因为立法者在立法时也需要面对如下的案件背景:"对于一些性成熟比较早、隐瞒年龄的女孩,行为人(嫖客)的主观上未必都知道对方是幼女,而幼女是自愿与对方发生关系,并收取了一定的金钱。"但是,在"嫖宿幼女罪"存废论争中,持保留意见的学者仍然坚持认为,"在现实生活中,无论是基于什么缘由或者起因,幼女'卖淫',甚至高报年龄参与地下性交易等情况确实存在,但这并不存在所谓对女童的'歧视'问题,恰恰相反,重视个别幼女'卖淫'(更多地表现为被强制、威胁、利诱而参与)问题,并尽力予以解救,消除其得以产生的社会基础、严厉惩罚犯罪,正是我们的责任所在"。即使有这样意识上的对立,最终,"嫖宿幼女罪"也在各界呼声以及"民意"的期待中得以废除,而"嫖宿幼女行为"也重新回归于以"强奸罪(奸淫幼女型)"论处。由此可见,当下中国社会更倾向于通过将"儿童(女童)"作为"没有同意能力"的主体,并建构为一种"无性的""无法理解性行为的性质及后果的"存在,从而追求从性侵犯罪中保护儿童(女童)这一意识形态[1]。

综合(一)中的分析,我们可以看到,在女童保护的脉络中,我国所产出的赋权话语与性侵话语在面对儿童的"主体性"时巧妙且有秩序地分化出了一条境界线。这一条境界线便是"性"的问题,并且这一条境界线在2000年之前的社会一直维持着稳定状态。但是,2000年以后,随着情报化社会与消费社会的加速发展,围绕儿童的"主体性",原本"性"这一条境界线背后的稳定秩序开始有所动摇。

(三)儿童"性"问题的爆发与另类法律对应

在法律加大惩处性侵犯罪力度的同时,我们却不断通过新闻、媒体看到

---

[1] 关于嫖宿幼女罪的建构过程,参考周筱:《何谓"幼女"——以社会问题的建构主义研究法为视角新论嫖宿幼女罪》,载《沉淀与反思(下册):2016—2017中国"性"研究》,香港1908有限公司2018年版,第359—375页。

有一些"儿童（女童）"被建构成为与法律拟制中所建构的"儿童（女童）"截然相反的存在，她们被作为性越轨的主体出现在一些社会现象中。

首先是"援助交际"现象。在关于援助交际的报道中我们可以发现，作为当事人的儿童在谈论自己的卖淫行为时，对自己的性完全具有自主性。例如有的儿童会说："我们在外面玩，买衣服、首饰、吃喝玩乐、寻求刺激都需要钱，久而久之，父母给的零用钱根本不够开销，大家都有卖淫的想法。"①甚至在一些关于"援助交际"的个案研究中也提到，有些女孩有很好的家庭经济条件，但为了满足自己的需求或爱慕虚荣也会选择援助交际。

其次是"磕炮"现象。2018年5月，一篇名为《你不知道的未成年网络色情，除了"文爱"还有"磕炮"》②的文章一夜间引发关注。文中提到，有的中学生甚至小学生利用网络社交软件，甚至以有偿的形式通过连麦、发照片、发文字等方式模拟性交过程，寻求感官刺激，满足双方的性欲。在社交群中的儿童发言赤裸，在对性的理解上，有些孩子甚至比某些成年人还要深入。

最后是"00后小妈妈"现象。一些人们无法理解其行为的女童，通过直播软件向视听者讲述自己恋爱、性交、生子、育儿的经历和想法，且得到不少视听者的支持和声援。

儿童的这些性越轨现象，虽然最终都得到了处理，但是相关法律政策的态度更多倾向于将这些公之于众的现象用一种隐藏的方式进行"软处理"。例如在上述"援助交际"事件的处理过程中，一位司法系统的官员谈道："公安进行刑侦的过程中，曾想向社会公布进展，但觉得这件事并不复杂，而且又涉及到对未成年人的保护，所以结案以后移交了检察院。没想到检察院把此事公开了，还称其为'援交'，引起广泛关注以后，我们没法解释，检察院也失声了。"③该

---

① 采访出自《上海少女"援交"调查：多因寻求刺激钱不够花》（2011）一文，转引自腾讯网—腾讯新闻，https://news.qq.com/a/20111118/000751.htm。

② 田静：《你不知道的未成年网络色情，除了"文爱"还有"磕炮"》（2018），https://dy.163.com/article/F8T3M73905455PIA.html。

③ 采访内容出自《上海少女援交风波背后被扭曲的价值观》（2011）一文，转引自腾讯网—腾讯新闻，https://news.qq.com/a/20111117/000774.htm。

案最终基于保护未成年人的宗旨销声匿迹了。而在面对"磕炮""00后小妈妈"这些问题时,法律政策更多地将焦点聚集在影响女童的网络社交平台上,并对网络社交平台进行整治,希望以此减少儿童性越轨的渠道。但这些政策措施忽略了儿童自身的 sexuality,也忽略了当事者(儿童)的性自主行为,使其在处理方式上仅仅是简单地寄托于治理社会环境上,并未真正达到标本兼治的目的。

其实,在多样化的现实面前,女童的 sexuality 也呈现出多元化的倾向,因而诱发了上述所列举的基于女童的"性自主性"的社会现象的产生。然而在使用幼女被害的"通用脚本"的社会构成下,即便个别幼女"自愿"投入性产业获取了某些实际利益,甚至从中得到了某种"乐趣",那也一定是在"畸形价值观"影响下所形成的"虚假意识"(false consciousness),是她们亟待拯救与保护的明证。所以,法律政策最终根据"加害—被害"二元论,对给幼女带来伤害的个人予以惩处,对让幼女陷入泥沼的社会环境进行整治。然而即使在这样坚定且权威的语境下,受到不可视的 sexuality 的影响,法律政策中依然存在无法回避的问题,即如何界定女童的"同意"是否有效。

四、若隐若现的儿童"性自主性"意识的渗入与双重规范

(一)法律拟制中的"同意"问题的动摇

关于女童对性行为"同意"的法律拟制,"嫖宿幼女罪"的废除结果为我们呈现出现行法律所持的态度更倾向于修正原有的"承认一部分幼女的性自主性"。而在"强奸罪"的脉络中,则将幼女的"性的同意能力无效化",以此达到加强对儿童保护这一目的。

2014 年,最高人民法院刑事审判第一庭编著的《性侵害未成年人犯罪司法政策案例指导与理解适用》一书由人民法院出版社出版。该书旨在通过对 2013 年 10 月发布的《关于依法惩治性侵害未成年人犯罪的意见》进行解释的同时,为"各级执法、司法机关准确理解和正确把握惩治性侵害未成年人犯罪的法律政策标准"(该书第 1 页)提供指导性意见。也就是说,该书所记

被忽视的 "sexuality"　41

载的内容,对于当前中国的司法实践中如何认定、处理性侵儿童事件是具有权威性的。然而,该书在对某些未成年人与幼女正常交往过程中发生性关系的案件的刑事处理上,将"行为人是否与年龄相当的幼女在正常交往、恋爱过程中基于幼女自愿而与之发生性关系"作为刑事责任认定的决定性因素。同时指出,对于类似案件,"如果双方确实存在正常恋爱交往关系,年龄差距也不大,比如差距小于一岁或两岁,司法机关判断对行为人是否以强奸罪论处,要特别慎重。对于双方成年亲属自行协商,被害人及其法定代理人不要求追究行为人刑事责任的,司法机关就没有必要主动进行干预,启动司法程序,对未成年人进行刑事处罚"(该书第 47—48 页)。

总结而言,该法律解释可以归纳为如下三点:第一,与幼女的正常交往以及恋爱过程中对于性关系的"同意"行为具有免责性;第二,正常恋爱交往关系的界定,应以未成年人双方年龄差距不大为前提;第三,司法机关对自由恋爱的合意不予主动干涉。这一解释在《关于依法惩治性侵害未成年人犯罪的意见》第二十七条中也予以了体现,其内容为"已满十四周岁不满十六周岁的人偶尔与幼女发生性关系,情节轻微,未造成严重后果的,不认为是犯罪"(该书第 228—230 页)。

如果在上述"加害—被害"二元论模式下,将"自愿"的幼女性行为都作为幼女被害的行为,通过对个人与社会的处置与整治达到保护儿童的目的作为当下法律政策的主流方针的话,那么《关于依法惩治性侵害未成年人犯罪的意见》第二十七条的规定就完全颠覆了这一法律目的。具体从以下三点归纳来分析:

针对第一点而言,《关于依法惩治性侵害未成年人犯罪的意见》第二十七条在认识到《刑法》第二百三十六条第二款关于奸淫幼女型强奸罪的规定旨在对儿童给予特殊、优先保护,将幼女的性同意能力无效化的同时,以"作为被害人的幼女与可能成为刑事被告人的未成年人,身心发育、认知能力均未成熟,属于法律应予特殊保护的对象"为由,将本应该无效化的"性同意"拟制为有效化了,或者说将"早恋、早性"问题边缘化了。

针对第二点而言,幼女的恋爱与性同意能力会随着其与加害者的年龄差的变化而发生变化。也就是说，幼女与未成年人，如果其年龄差不超过 4 岁，该恋爱为正常恋爱，基于该恋爱偶尔发生的性关系也不以犯罪论处。反之，幼女与未成年人，其年龄差超过 6 岁，在法律层面就不可能存在正常的恋爱关系，如双方之间发生性关系则应以犯罪论处。其实，此时对于幼女而言，其基于自身的 sexuality 做出的"选择"以及对自身行为的"理解"应该是没有变化的，但法律却旨在通过与幼女发生关系的对象，来拟制幼女是不是正常恋爱，幼女对性关系的"同意"是否有效。

再看第三点。在中国，"强奸罪"作为"非亲告罪"的语境下，法律将对幼女与未成年人之间的性行为的介入与否的选择权，给了双方的成年亲属。更确切地说，是让幼女的成年亲属去承认或者否认自己的女儿是否可以早恋，甚至让其父母接受或者反对女儿的性行为。这在当今防止性侵儿童的语境下似乎显得有些格格不入。

当然，这样的法律拟制问题的产生也并非毫无根据。其法律目的与法律解释所产生的问题主要来源于性与儿童的语境中本身产生了双重规范的冲突，即可以认为，我们虽然很难提及儿童的"性自主性"，但是儿童的"性自主性"相关的思想已经伴随着当代社会诸多现象的发生"渗透"到了法社会的内部。

（二）双重规范：儿童"性自主性"话语的渗透

通过上述研究我们可以看到，在女童研究以及对保护女性儿童相关法律政策等所涉理论问题进行的分析中，对基于女童"同意"甚至是"追求"所产生的社会问题的讨论往往是缺失的。或者说女童的 sexuality 这一问题本身被忽略掉了。其原因在于，"女童问题，既是儿童问题，也是妇女问题"这一定义在"性"这一语境下本来就区别于教育、经济、发展等语境，存在着两个冲突规范："儿童—成人"规范和"女性—男性"规范。那么，这两个规范为何会存在冲突？要回答这一问题，我们不得不再次提及"赋权"这个概念。

什么是赋权？赋权就是"你自己真正所拥有的、别人不能从你那里拿走的东西。比如你的权利、能力、你的自信等等"。性别研究专家亦平指出："从性别视角和权利视角看女童的发展，决策者应该看到，女童不应该仅仅被定位为需要保护的弱者，她们更是需要主张和实现权利的主体。"① 由此我们可以认为"女童"所在的传统的话语脉络中，女童被作为主张和实现权利的主体，其主体性与成年女性是共有的。《儿童权利公约》还将对女童的赋权具体确定为基本人权，生存权，充分发展权，免受有害影响、虐待和剥削权，充分参与家庭、文化和社会生活权等。在此过程中，女童的"性权利"相关的研究，更多强调的是女童不受性虐待、性剥削的权利，即将女童作为性的受害者。因此，女童的"性自主权"在该语境下是理所当然被消除的。相反，《消除对妇女一切形式歧视公约》却旨在强调对女性的"性自主权"进行保护。因此，虽然说女童问题既是儿童问题也是妇女问题，但是在"性"的语境下，如果将女童问题同时作为儿童问题和妇女问题，在面临是否对女童进行"性自主权"赋权的问题上便会产生极大的分歧。

针对"儿童—成人""女性—男性"这一双重规范的并存与规范之间相互作用所产生的差异，日本社会学家赤川学基于社会问题的建构这一理论基础，通过对20世纪90年代日本"有害漫画"这一社会问题的问题化进程进行分析，提出了"儿童与成人差异的最大论与最小论"。该理论对"有害漫画"问题的建构过程中的"儿童像"进行了阐释，认为主张规制"有害漫画"的一方所建构出的"儿童像"是纯洁无垢、没有判断能力、容易被有害情报所污染的存在。而这样的"儿童像"，是近代日本社会家族意识，即"儿童中心主义"的一个表象。这个时候，主张规制的一方，通过将儿童与成人之间的差异最大化，把儿童作为独立于成人的存在。在主张向儿童赋权的同时，以其还没有成为可以完全行使权利的主体为由，主张由成人代为保护其权利。与此同时，反对规制"有害漫画"的一方所建构出的"儿童像"，是拥有自主决定权、与成人拥有同样能力的"小大人"。因此，反对方提倡应当将儿童与大人作为同样的拥有自主决定权的主体而进行赋权。这时候，儿童与成人之间的差异就变得最小化了②。

---

① 参考亦平：《女童发展：在保护中赋权》，载《中国妇女报》2013年5月28日。
② 参考［日］赤川学：「差異をめぐる闘争——近代・子ども・ポルノグラフィー」，中河伸俊・永井良和編『子どもというレトリック』，青弓社，1993年。

利用这一模式分析中国社会关于性的问题，我们可以看到，随着社会的发展，在男女平等的理念下，存在着"女性—男性"之间距离的最小化（男女平权）与"儿童—成人"之间的距离最大化（拥有自主的决定权）这一趋势。因此，为了实现儿童的人权、生存权和发展权，上述《关于依法惩治侵害未成年人犯罪的意见》第二十七条所呈现出的在正常交往中排除成年人的问题，以及女童与未成年人正常交往时"同意"有效化的问题的产生就是一个必然的结果。

五、结论

本文通过对当代中国社会，基于对女童 sexuality 所产生的诸多社会问题，以及围绕这些社会问题法律政策的对应处置方式的客观分析，试图说明谈女童的 sexuality 并非是对女童进行责备或者标签化。反之，为了改善为女童提供消费身体这一能动性选择的社会现状，我们应充分认识当代女童的 sexuality 的多样性以及女童中存在的差异性，从而完善预防、控制性侵儿童的法律，建立多元的女童保护体系。

针对当下性侵语境中如何做到切实通过法律保障儿童的"利益最大化"，本文认为，将"被忽视的 sexuality"可视化，并针对显现出来的由儿童的 sexuality 所引起的问题采取合理有效的措施是极其重要的。

审判与管理：在力量的平衡中寻求正义[*]
——以应对"案多人少"为视角

韩振文　白丽娜[**]

摘要： 在司法体制改革进程中，我国法院目前采取的诸多审判管理举措，虽有保证司法公正和利民便民的追求与效果，但客观上却更加剧了"案多人少"的矛盾。针对当前"对症下药"的一系列措施所带来的局限性，审判权需要重新界定自身在整个社会管理中的职责和定位，有必要重新审视"案多人少"问题，并意识到审判管理只是整个社会管理的一个组成部分。公众如果无法通过司法之外的政治机制表达诉求，就会迫使诉讼成为最后的宣泄方式，故应通过对审判管理与社会管理力量的统筹，有效降低整个社会对司法过于旺盛的需求。具体言之，应当提高诉讼成本、优化其他纠纷解决机制，建立立法、执法、司法常态化交流机制，从而使审判能够得以有效地关注更具规则引导意义的纠纷解决，即缓解"案多"之累；同时，现行对内的审判管理权须以与审判权的剥离为前提，尊重司法规律并以"以法官为本"为原则进行纠偏，强化社会精神层面的建设与管理，以实现审判权与管理权的平衡，从而有效应对"人少"问题。

关键词： 案多人少　审判管理　社会管理　审判权　审判管理权

---

[*] 基金项目：国家社会科学基金青年项目"庭审实质化语境下法官认知风格的测验及其改善研究"（18CFX004）；山东省社会科学规划审判研究专项"乡村振兴战略实施核心价值观融入司法的路径研究"（18CSPJ10）。

[**] 作者简介：韩振文，浙江工商大学法学院副教授、硕士生导师，浙江大学法学博士后，研究方向为司法的认知科学、裁判方法。白丽娜，山东省淄博高新技术产业开发区人民法院二级法官，研究方向为司法的认知科学、裁判方法。

一、引言

中共十八届四中全会之后，司法改革已经成为"法治中国"建设的核心问题，而审判管理体制与机制的改革则成了其中的最重要的内容之一。对此，学界给予了高度的关注，有大量的专著论文对此进行了探讨，但大都将注意力集中到增加司法供给和优化内部管理体制上，而较少对审判权的外部配置关系进行研究，即忽视了"外因"。十多年来中国司法改革进二退三、缺乏制度性累积效应的现实也表明，必须跳出司法谈"司法改革"，从改善公共治理的结构性方面寻求出路，进而推进法院治理体系和治理能力的现代化。应当意识到，审判管理虽是独立的，但也仅是整个社会管理的一部分。这看似有着意识形态意味的命题，其实有着更为充分的务实追求。因此，法院在审判管理的宏观战略层面应当有重大调整，从增加司法供给更多转向降低司法需求。

作为当前司法体制改革背景之一的"案多人少"问题，在改革后似乎仍然严峻①。"案多人少"已然成为中国法院面临的一个严重困境，而现有的对策性研究主要集中于两个方面，即一方面实行多元化纠纷解决机制以分流案件，另一方面是增加法院人财物供给以提高办案能力。但这些举措都是在法院内部进行的资源配置和调整，即被动回应式的审判管理。面对困境，除了有必要反思"案多人少"之现有内部审判管理方式的不足，还应当意识到法院审判权仅仅是纠纷解决的机制之一，要真正找到出路，还要把法院同其他纠纷解决机制放到一起来研究，即审判管理是独立的，但也是整个社会管理的一部分。对此需要进一步追问的是，如何在审判与管理的力量平衡中寻求个案正义？本文尝试"小切口，深挖掘"，对当前仍然严峻的"案多人少"问题进行深入思考。审判管理与社会管理力量的统筹可有效缓解"案多"之累，

---

① 吴春燕：《深化司法体制改革 破解"案多人少"难题》，载《光明日报》2016年9月8日；刘潇：《"案多人少"与法官员额制改革》，山东大学2016年硕士学位论文，第3页。

而对审判权与审判管理权的有效平衡,才能放开法官的"手脚",以有效应对"人少"的难题。

二、现实检讨:破解"案多人少"的现有策略

不断增多的案件数量与相对有限的司法资源之间的矛盾,是中国法院三十年来改革的驱动力,特别是当前正在进行的司法体制改革,无论是增加法院人财物供给以提高案件的处理能力,还是改革审判管理方式以减少审理单个案件所耗费的人力和时间,都是为了让法院有能力审理更多的案件。对此,笔者将这些措施大致归纳为:

一是减少审判需求。通过大调解模式①、多种调解衔接②、诉调对接,立案前先行调解等强调"调解优先"的司法措施,为诉讼当事人提供多元化的纠纷解决机制,力求对日见高涨的司法需求进行分流,以减少进入审判程序的案件数量。

二是增加司法供给。主要表现为法官与法官助理分类定岗③、对法院内设机构进行调整、陪审员参与调解④、退休法官返聘、对法官进行绩效考核等。这些措施或者在不增加法院编制的条件下,通过机构调整增加一线审判法官以优化审判力量的配置,或者是充分利用、开发边际性的法院资源如陪审员、特邀人民调解员或者通过考核竞争,以此内挖法官的办案潜力。

三是建设智慧法院。如利用网上立案,视频远程审理⑤,法院判决书统一上网等,实现司法信息的精准投放和诉讼服务的精准定位,发挥系统功能,通过"互联网+诉讼服务"新形态,使诉讼服务更加精准、高效、便捷,更加方便人民群众诉讼。

四是整合审判流程。如加大繁简分流力度,构建多层次诉讼制度体系,纠

---

① 宣妍、高健:《辽源创新实施"12345"大调解模式》,载《吉林日报》2017年12月9日。
② 兰楠:《人民调解与治安调解衔接联动形成合力》,载《四川法制报》2016年11月10日。
③ 赵娇娉:《云龙多措并举加强法官助理培养》,载《江苏经济报》2018年3月21日。
④ 周斌:《深化改革 司法实践中摸索破解案多人少有效出路》,载《法制日报》2016年3月15日。
⑤ 刘洋、吴东阳:《重庆南川区法院远程视频审理案件》,载《人民法院报》2019年8月14日。

纷快速处置，通过专业化、常规化、流程化来节省时间和人力，合理使用资源。与这些措施相关的还有调解优先的一些做法，如司法确认调解、刑事和解以及执行权的调整配置等措施。通过这些措施加快审理、便利执行，由此来加快办理案件的速度，以节省办案时间。

通过以上分析，我们可以得出，这些措施都是"对症下药"的，但从实践效果上来看，其局限性已有所显现：

第一，由法院来牵头的多元化纠纷解决机制无形中增加了法院审判管理的压力和工作量，因为诸如"大调解"机制的运作常常要由法院来牵头，诉调对接工作要由法院来组织，一些本以为"案结事了"的调解，则诱发了更多的缠诉、涉诉上访，甚至是恶意、虚假诉讼。

第二，法院人财物的供给又面临由自身膨胀导致的负面后果。比如，法院开始承担一些先前不必或很少承担的工作，如对陪审员、特邀人民调解员等人员的培训和管理，为"维稳"而需化解涉诉上访等，无一不是在耗费法院的各种资源。同时，部分便民措施在实践中也削弱了程序正义，凸显了司法经费的不足，加大了法官工作负担，而法官的沉重工作负荷也反过来影响到了便民措施的执行，在很大程度上抵消了"便民"价值。开展司法便民活动需要法官投入更多的时间和精力，相关调查中有32.3%的法官认为，有些便民措施对自己的工作有所影响，某些措施有损司法程序的严肃性[①]。

第三，司法的高效率并未相应带来司法公信力的同步提升，相反可能意味着法官不得不突破程序保障和查明事实真相的底线要求，最终以发改率、社会不满率的增长为代价，从而引发"效率高"而"公信力低"的悖论现象。司法的高效率使得简易程序被不适当地扩大适用，合议制严重变形，上诉率持续增长，同时也使更多的案件被诉至法院[②]。

第四，加剧了审判管理上的行政化，严重妨碍了法官独立行使审判权，

---

① 李章军、尤先夫、庞彩虹：《完善司法便民措施 提高司法为民水平——浙江省象山法院关于司法便民长效机制建立与完善的调研报告》，载《人民法院报》2010年7月29日。

② 参见李浩：《宁可慢些，但要好些——中国民事司法改革的宏观思考》，载《中外法学》2010年第6期。

相伴而生的还有难以大幅提高法官待遇、法官尊荣感不高等问题。所有这些累积起来，既减少了可用于处理纠纷的人力，也增加了法院和法官的工作负荷，"案多人少"的矛盾似乎格外尖锐了。

三、症结把脉："案多人少"问题加剧的原因探析

由于审判与管理之间没有很好地把握好平衡，导致"案多人少"问题加剧的主要原因（包括外因和内因）如下：

（一）诉讼成本过低加剧了司法消费

现行应对"案多"的相关举措，如增加供给、方便诉讼、加快审结，都降低了当事人的司法成本，但这恰恰也是刺激"司法消费"的措施。只要当事人认为司法解决最便宜、最便捷、最迅速，也就是说成本最低，就一定会引来一些本来也许还不打算进行诉讼的纠纷涌入法院，从而加剧"案多"与"人少"的矛盾，令法院系统的生态进一步恶化。这样看，司法不是在解决纠纷，反而在"制造"更多纠纷。以诉讼费为例，诉讼费的一般功能是弥补司法成本、防止滥用诉权、惩罚败诉方、强化个人对纠纷的防范意识等，但2007年4月生效的新《诉讼费用交纳办法》使诉讼费总体上降低了约60%，修改前的《诉讼费收费办法》制定于1989年，诉讼费在执行多年后不增反降，这些举措原本被认为突出地体现了国家"以人为本""构建和谐社会"的决心，但新收费办法一出台，法院收案量即出现井喷式增长，不少地方增加50%以上，时至今日已十多年，其防止滥诉等功能成效甚微，相反其已成为"案多"的诱因。

（二）和稀泥式的调解使"案结案更多"

由于司法功能的工具性定位和日益增长的案多人少的压力，我国司法改革后为减少员额法官的压力，大多引入了特邀人民调解员等立案前先行调解制度，以减少进入审判阶段的案件数量，也就是说我国法院一直关注个案纠纷的解决，而对于司法规则形成功能几乎处于无意识状态，甚至不惜以无原则地和稀泥的方式追求暂时的"和谐"。然而，没有规则就没有秩序，没有秩

序就没有和谐。没有统一标准的裁判导致了更多的上诉和再审，因为换一个法庭就可能换一种调解结果的机会足以刺激对裁判的挑战；不分是非的息事宁人促成了更多的纠纷和上访，因为善不扬、恶不惩足以使善者不善、恶者更恶。

（三）公共治理路径堵塞放纵了对诉讼的路径依赖

法院功能的正常发挥，应基于司法过程与政治过程的功能区分：前者以专业与独立品质专注于处置法律性争议，后者借助民意监控和公共审议防范纠纷于未然，化解矛盾于萌芽。由于公众无法通过司法之外的政治机制表达诉求，导致公共权力膨胀，政治审议过程萎缩、社会自治空间窄化，限制了纠纷预防与处理机制的多样化。非诉纠纷解决机制的匮乏放纵了对诉讼的"路径依赖"，已严重损害司法赖以安身立命的独立与专业品质，不但难以弥补因政治堵塞造成的功能缺陷，还会最终削弱司法自身的正常功能。在我国，政治过程堵塞"制造"和"转移"的纠纷主要流向两个渠道：一部分流入信访过程，一部分流向司法过程，而相当一部分"涉诉信访"案件借助体制的强制性力量又回流到了司法过程，使得法院的负荷雪上加霜[①]。

（四）非司法职能使法院愈发功能紊乱

与奉行"司法独立"原则的西方国家不同，我国法院已然成为一体化社会管理体系的一部分，不但承担大量的日常案件审判，而且被赋予了诸多非司法功能，诸如为经济发展保驾护航、保障民生、反腐倡廉以及维护社会稳定，这些无一不是在耗费法院的精力。"功能增加型负担"是过去十几年中国法院面临的一个新问题，它不一定直接表现为案件量增加，而主要表现为非司法目标的嵌入使得个案处理难度加大，以及对司法自身专业与独立属性不同程度的扭曲。"案多人少"问题之所以广受关注，实际上是内在地包含这个因素的，只是质疑的声音仅仅注意到了案件负担这个方面。法院的"非司法负担"削弱了司法的权威和公信力，扭曲了司法的独立与专业品质，内在地

[①] 姜峰：《法院"案多人少"与国家治道变革——转型时期中国的政治与司法忧思》，载《政法论坛》2015年第2期。

加剧了"案多人少"的矛盾。

（五）思想多元化致社会层面精神病变

随着改革开放的不断深入，经济建设持续快速发展，我国社会进入转型期，各种体制、机制处于新旧交替衔接中，在利益多元化的社会主义市场经济体制下，思想文化的多元化是必然趋势。近年来频频刺痛人们神经的恶性案件、假冒伪劣的泛滥、社会诚信的普遍丧失、急功近利、信仰缺失、价值观扭曲、道德失范等乱象，由此产生的大量案件如潮水般涌入法院。同时，在司法实践中，为了达到胜诉目的而蒙骗司法机关，伪造、编造虚假证据材料，不择手段隐匿、转移财产和逃避执行的问题也已经不是个别现象和案例了，这种社会道德和诚信缺失状况不仅反映出我们社会的价值评价标准出现了问题，暴露出我们社会的精神层面出现了病变，更成为案件增多的诱因。

司法管理体制与机制改革涉及司法权如何配置的问题，以上五点笔者主要从司法权外部配置关系的角度分析了"案多"加剧的原因。笔者认为，司法权内部的配置关系即审判管理则应成为分析"人少"问题的着眼点。

（六）内挖潜力已使得法官不堪重负

因为审判权的运行是通过法官的司法行为来实现的，法官是审判权运行的主体。笔者认为，从法院审判管理角度分析"人少"问题存在的主要原因为：一是法院内部审判资源配置不均衡，内设机构过多，分案机制僵化，造成部分业务庭室人均案件负担较重。二是法官的审判工作与审判管理工作职能交叉。审判业务工作与审判管理工作在本质上的不同决定了两者的职能不能交叉、混同，然而实践中许多基层法院对审判工作与审判管理不做分工，审判庭的庭长既是审理者又是管理者，拥有审判权的法官同时行使审判管理职权，如此裁判的正当性不可避免地受到影响和质疑，更为重要的表现是导致审判的效率大打折扣，案多与人少的矛盾窘境成为必然[①]。三是一线法官业外负担沉重，应对外部的政治任务和内部的审判管理，消耗了办案法官大量的时间。

---

① 邹立群：《关于优化完善审判职权配置的实践与探索——立足于基层法院实践的思考》，载崔永东主编《审判管理研究》，人民出版社2015年版，第103页。

从审判的特殊性来看，审判管理必须符合审判权的本质，这也决定了审判管理的基本原则就是要尊重审判规律并坚持"以法官为本"。如果审判管理不尊重司法规律，不是从管理对象而是从管理的主体出发来思考组织决策，一味内挖潜力，则无异于"饮鸩止渴"，而学术界对目前这种审判管理方式普遍心存忧虑，不断地提出法院对审判管理"到底能走多远"的质疑。那么，法院现在还有多少潜力可挖呢？审判管理的对象——法官不堪重负，法官普遍且大量加班是支持不乐观的最强证据①。加班表明的是在现有条件下，至少在许多大中城市和东部地区的法院已找不出什么其他正当且能有效缓解"案多人少"矛盾的措施了，于是最简单却也最没办法的办法就是加班。同时，在不科学的指标考核、制约监控和繁重办案任务双重压力下法官们苦不堪言，甚至还以自杀来寻求解脱也是最好的证明②。

四、现实路径：力量的统筹与平衡

解决纠纷是法院履行自身政治职责和社会管理职能的本职所在，但是鉴于各国专用于审判的财政、人力资源会基本稳定这一根本制约条件，笔者认为，同中国经济发展一样，法院的发展也必须转型，法院可能必须得通过对内的审判管理及外部的社会管理措施来调控案件审理数量的长期基本稳定。这也意味着，审判管理要求进一步调整和改善法院运转的外部社会条件，需要更多的权力与力量的统筹和平衡。

（一）对外：审判管理与社会管理之力量统筹

社会管理创新是一项复杂系统工程，其要实现的主要目标包括更好地协调社会关系、化解社会矛盾、促进社会公正、应对社会风险、保持社会稳定等，人民法院作为社会系统中的司法机关，对于实现这些目标发挥着不可替代的重要作用。现代法院占据法律系统的中心地位，为整个社会管理创新提

---

① 刘子阳、葛晓阳：《案多人少看法院如何顶住压力》，载《法制日报》2016年11月14日。
② 覃爱玲：《法官自杀触痛业界》，载《南方周末》2010年4月7日。

供一致性普遍化的、稳定规范性预期的特定功能。对于法院而言，参与社会管理创新的能力可以被视为其对外协调统筹的能力。在当前人民法院社会管理创新能力与社会期望以及社会需要还存在较大差距的背景下，人民法院应当借助对外社会管理来解决自身存在的问题。

1. 提高诉讼成本以分流纠纷

笔者建议通过提高诉讼费的方式分流案件，理由如下：

第一，大幅提高诉讼收费不会影响法院对重大和重要纠纷的解决。其中，刑事案件不受诉讼费变化的影响，比较重大的无论是民商事（包括知识产权）还是行政案件，当事人一般都会委托律师或获得法律援助，当事人诉讼成本的最主要部分是律师费，而不是诉讼费。换言之，提高诉讼收费基本不会影响重大民商事案件和行政案件进入法院。因收费增加而放弃打官司的，一般是一些相对不太重要的、数额较小的、打或不打都可以的纠纷，统而言之即琐细纠纷，而司法的格言是"法律不理会琐细之事"。这样做的实际效果是使得法院集中有限资源，更有效地处理对社会影响重大的案件，宣示法律的存在。

第二，提高诉讼收费也就是调整包括司法在内的各种机制解决纠纷的相对成本，把部分纠纷分流到其他纠纷解决机制。这会促进各种机制的发展和相互竞争，有利于各种纠纷解决机制甚至司法的创新和发展。因此，最高人民法院需同中央政法委和国务院相关部门沟通，提高诉讼收费，未来还应根据国家 GDP 增长、居民消费指数增长以及通货膨胀率进行相应调整[①]。

2. 优化其他纠纷解决机制

调解从来不只是法院的职责，而一直是也应当是一个国家的社会管理化解纠纷的方针，法院作为一个参与国家和社会治理的机构应当遵循，但不可能独自有效贯彻落实这一方针。因此进一步降低纠纷人诉诸其他纠纷解决机制的成本，特别是要让相关的行政机构和人民调解变得更为有效。目前法院承担了太多司法行政工作，例如大调解联动机制的运作，法院和法官常常成了

[①] 苏力：《审判管理与社会管理——法院如何有效回应"案多人少"？》，载《中国法学》2010 年第 6 期。

向纠纷人提供第一手法律信息和法律咨询的机构和人员。就工作性质来看，这些工作更适合司法行政部门。因此，应当逐步把法院目前承担的部分非司法的纠纷解决工作和管理工作转移给司法行政部门。这不是推卸责任，而是在推动劳动分工，这不仅有利于法院，也会促进和增强司法行政部门的发展，以防止司法行政部门职能的退化。

3. 推进国家治道变革

当前我国正处于转型时期，利益矛盾纠纷集中表现，必须大力推进国家治道变革，将多数矛盾预防、化解在政治过程之内，政治过程最重要的价值在于约束公共权力，改善其在立法和制定公共政策中的品质，防止矛盾过多地涌入司法领域。一方面，应当发挥各级人大、政协、社会团体等机构组织对公共政策和立法在监督、审议、形成等方面的功能。当然，这些机构的责任并不是直接处理矛盾和纠纷，而是通过审慎立法和政策制定"防患于未然"。如果各级人大发挥对税收、财政的监控职能，就能够阻断"弱势群体"产生的政治根源；如果人大积极强化司法经费的刚性保障，减少法院同地方政府的无规则博弈，则能有效提高司法独立性，从而改善法院发挥正常功能的外部环境。另一方面，宪法所规定的公民各项表达自由，应该得到更为坚实的保障，因为它们既是公民表达多样化诉求的正常渠道，同时也是向政治过程传导或反馈必要信息的机制。

4. 强化社会精神层面的建设与管理

依据社会的"三层"结构理论，社会管理应当以器物层面（社会事业、民生工程）建设和管理为基础，以制度层面（社会组织、社会结构）建设和管理为重点，以精神层面（信仰、道德、价值体系）建设和管理为目标。精神层面社会管理即"人心"的建设和管理，是社会价值体系的重建，社会"灵魂"的再造①。人们埋怨"社会不公"，其实很大程度上"社会不公"既是表象的现实状态，更是一种评价的心态。现代社会面临着更大的文化矛盾和

---

① 石英：《社会学视野下加强和创新社会管理的三个层面》，载杨红娟等著《社会管理创新25题——社会学与社会管理》，中共中央党校出版社2011年版，第4页。

无序状态,其深层缘由大都是由自我与他人、利他与自利、物质和精神的冲突等引发的。社会关系的不断复制在相当程度上是依靠人们集体共有和接受的价值观和信仰,正是这些为人们共同认同的观念联结起了相对稳定的社会秩序。社会需要整合,需要一种力量,一种来自心灵的内在控制力量。这就要有心灵价值的重建。无论是科技的发达、物质的富有,还是法治建设、社会组织建设,都替代不了人心的建设。因此,社会建设和管理的终点还是人的观念,价值观建设。只有这样的社会管理,才能有正确取向,从而避免社会的"迷失"和人的"迷失"带来的社会矛盾。

(二)对内:审判权与审判管理权的平衡

审判管理是运用组织、领导、指导、评价、监督、制约等方法安排审判工作、规范审判过程、考评审判绩效、整合审判资源的过程。加强审判管理无疑对确保法官依法公正行使职权具有重要意义,但是审判管理权的存在从逻辑上必然要求法官在行使审判权的过程中有着相对的独立性。独立和依法公正都是法官行使职权的基本要求,那么审判管理就应当协调两者之间可能存在的冲突,在保持法官应有的独立性和保障法官依法公正行使职权之间保持平衡,形成审判权与审判管理权既协调配合又相互制约的关系格局。为此,我们应当从以下几个方面入手,在审判管理内部探索破解"人少"问题。

1. 首要前提——审判权与审判管理权的剥离

从有效应对"案多人少"矛盾突出的窘境出发,笔者认为,审判工作与审判管理工作两者不分家及职能交叉所带来的混乱,必然会导致审判公正和效率大打折扣。面对审判资源紧缺、案多人少矛盾突出的现状,我们讨论解决"人少"问题的前提应是将审判权与审判管理权剥离。在比较法视野中,比如美国、英国均实行法院组织内部行政事务与审判事务的分离,法官脱离行政事务,即法官负责审判、法院事务管理服务局负责法院的其他事务,法官具有一定的权力,受行政部门的影响较小,较大程度上能保证法官不受干扰而依法独立行使审判职责[①]。作为借鉴,无论是从保证法官独立审判还是从

---

① 转引自韩苏琳编译:《美英德法四国司法制度概况》,人民法院出版社2008年版,第131页。

解决"人少"的角度，使得法官与法院其他工作人员分属两个序列，即审判权与审判管理权的剥离应当成为当然选择，法官不参与法院的内部管理，所有的法官都只负责审理案件，从而保障一线法官心无旁骛地钻研审判业务。同时，成立专门的审判管理机构对审判活动进行协调、服务和监督。

2. 基本原则——尊重审判规律

审判管理作为一种管理虽然带有一定的行政化属性，但其区别于其他管理的本质性特征还是在于"审判"。从审判的特殊性来看，审判管理必须符合审判权的本质，这也决定了审判管理的基本原则就是要尊重审判规律。审判管理尊重审判规律，一是需要去除不符合审判规律的行政管理积弊，确保法官独立判断和居中裁判，因此在审判管理过程中应从审判工作的特点以及各部门、法官个人和案件的特点出发来确立审判规律的目标导向机制；二是尝试以统一审判标准作为提高质量和减少信访的突破口，摒弃过分追求调解率而出现的强制调解、久调不判等严重违反审判规律的审判管理机制，通过判决宣示规则，由此促成社会成员在扬善惩恶的规则下和权责明晰的秩序中和谐相处；三是审判管理权的行使主体亦应尊重审判规律，审判委员会应主要研究确定与审判工作相关的事项，总结审判经验，指导审判实践，一般不讨论具体案件，可建立专业法官会议制度，为法官审理重大、疑难、复杂案件遇到的法律适用问题提供咨询服务。

3. 核心内容——以法官为本

审判管理是为了保障审判权的正当有序运行，而审判权的运行则是通过法官的司法行为来实现的，法官是审判权运行的主体。因此，审判管理必须突出法官在审判中的主体地位。结合审判管理的主要内容和相关事务管理类别，笔者认为应当加以区别对待：

第一，裁判性事务管理要以制约取代管理。即对审判行为的约束应从目前审判管理模式中对结果的关注转移到对法官行为的监控上来，要在控制方式和手段上规范，通过明确、合理的程序来实现；审判管理对审判结果的控制应体现为制约而非直接干涉，即审判管理可对审判权的不当行使进行否定性的评价或阻止，但不能取代审判权而直接作出评断。

第二，辅助性事务管理回归服务本性。审判管理机构应高效完成审判过程中的各种辅助性事务，有序衔接审判过程中各个审理环节，防止出现审理空档和消除审理阻塞，为法官审判工作提供及时到位的服务。

第三，审判业绩评估管理应以评估取代考核。当前，绩效考核工作大都集中于事后的书面评查及数据通报，未能深层探析桎梏审判质效的内在缘由，无法准确挖掘出隐匿于案件背后的真正原因。所以，应将事后的考核变为过程中的评估，加大法官参与度，增强业绩评估的可信性，从而更好地激发法官的工作热情。

4. 主要依托——均衡案件分配

一方面要推动法官群体走向专业化，刑事、民事、商事、行政等案件应固定由专门的审判团队负责，每个审判团队固定办理特定类型的案件，通过分工提高司法效率。另一方面，在从事同一类案件审判工作的法官之间，应均衡案件负荷，以整个群体的能力来应对某一类案件的增长，避免法官之间在案件负荷方面出现过大的差距，从而有利于充分发挥每一位法官的工作潜力，实现法官队伍整体办案能力最大化。

5. 根本保障——提高法官素质

破解"人少"难题，从根本上必须要有一支高素质的法官队伍为依托，必须不断提高法官的素质。法官不仅需要有较高业务素质，还需要更高的道德文明意识和政治素养，即要有"德"。而只有兼备"德""才"，才能真正发挥正面的作用，即实现审判权的正当有序运行，否则审判权的运行便容易偏离其正常的轨道。因此，无论是专职审判的员额法官还是从事专门审判管理工作的其他工作人员，通过提高其综合素质来提高工作和服务的水平和能力都是不可或缺的。

五、结语

法院不应成为社会矛盾的消防员，它在我国已不堪重负。"诉讼爆炸"是现代社会的普遍现象，它与人们法律观念的变化、经济和社会变迁引发的矛盾增加有密切的关联。但也正是在这样的一个大背景下，观察我国法院面临的"案多人少"问题，容易使我们忽视它的特殊根源。基于此，我们致力于改善法院人财物供给和法院系统内部管理方式改革的努力，终究是治标而不治本。从外因与内因两个角度分析我国"案多人少"矛盾的根源，可从两个方面改善我国法院所处的困境：第一，减少转移至法院的讼案数量以缓解"案多"之累；第二，放开法院及法官的"手脚"，为其恢复独立与专业品质创造条件。这两个方面涉及深层次的审判与管理之间力量的统筹平衡，能够使法院恢复作为小规模裁决机构才可能有的权威、专业、独立和声誉。

理顺审判权与审判管理权的关键就是要改变当前审判管理权一头独大的"类行政化"现状，压缩审判管理权的运行空间，扩充审判权的独立空间，但要实现"两权平衡"必须结合审判管理的主要内容和相关事务管理类别区别对待。目前审判管理权主要用于内挖法院的办案潜力，但管理功能的膨胀却表现为束缚住了审判权的"手脚"或分割了部分审判权。审判权配置与审判管理改革的关键在于理顺审判管理权和审判权的关系使得"两权平衡"，要以"以法官为本"为原则压缩审判管理权的运行空间，同时扩充审判权的独立运行空间，即裁判性事务管理要以制约取代管理，辅助性事务管理回归服务本性，审判业绩评估管理应以评估取代考核。当然，从应对"人少"问题的角度出发，要实现"两权平衡"，须以审判管理权与审判权的剥离为前提，以尊重审判规律为基本原则，以法官为本为核心，以均衡案件分配为主要依托，以提高法官素质为根本保障。

[司法实践]

基层公共法律服务体系建设之路径优化

刘爱萍[*]

摘要：基层法律服务作为 20 世纪 80 年代初期逐步形成发展起来的一种法律服务工作，在当时律师极为稀少的情况下，主要是通过建立法律服务所，利用贴近基层、便利群众、服务便捷、收费低廉等优势，面向基层社会提供法律服务。党中央、国务院高度重视基层公共法律服务体系建设，特别是党的十八届四中全会明确提出要"推进覆盖城乡居民的公共法律服务体系建设"以来，司法部对加强公共法律服务体系建设提出要求，积极推进市、镇（办、区）、村（居）三级法律服务中心、站点建设，努力打造"城市半小时、农村一小时"公共法律服务圈、"律师进社区"、"一村一法律顾问"、法律援助实现应援尽援、公证和司法鉴定业务服务窗口前移和网络触角延伸等得到初步彰显。基层法律服务制度与律师、公证制度等共同构成了我国司法行政工作的重要组成部分。与此同时，基层公共法律服务体系建设中仍然存在一些问题，有待进一步完善。

关键词：公共法律服务　基层公共法律服务体系　基层公共法律服务平台　保障机制

为了深入贯彻落实党的十八届四中全会提出的"推进覆盖城乡居民的公共法律服务体系建设"的决策部署，认真贯彻国务院《"十三五"推进基本公共服务均等化规划》《全国司法行政工作"十三五"时期发展规划纲要》《基层法律服务所管理办法》《基层法律服务工作者管理办法》，加快基层公共法律

---

[*] 作者简介：刘爱萍，山东法官培训学院教授。

服务体系建设，更好地服务保障和改善民生，维护人民群众合法权益，各地积极探索，大胆实践，走出了一系列基层公共法律服务体系建设的新路子，维护了社会的和谐与稳定。同时，在推进基层公共法律服务体系建设的进程中，资源不足、发展不平衡不完善、机制缺失、信息化建设相对滞后等一系列问题亟须解决。

一、基层公共法律服务体系建设的背景

公共法律服务是由司法行政机关统筹提供的，旨在保障公民基本权利，维护人民群众合法权益，实现社会公平正义和保障人民安居乐业所必需的法律服务。公共法律服务的主要内容包括：法律知识普及教育和法治文化活动；"法律援助"服务，主要对象为"经济困难和特殊案件当事人"；公益性法律顾问、法律咨询、辩护、代理、公证、司法鉴定等法律服务；人民调解活动；等等[1]。具有三个基本特征：一是普惠性，即每个公民都享有公共法律服务的权利。二是公平性，即在坚持社会正义和平等的价值基础上，让所有服务对象都公平便捷地享有公共法律服务[2]。三是动态性，公共法律服务随着经济社会的发展而具有阶段性特征，呈现出不断扩展和提高的趋势[3]。

我国基层公共法律服务作为公共法律服务的组成部分，是自20世纪80年代中期逐步形成发展起来的一种法律服务工作。在当时律师极为稀少的情况下，它主要通过建立法律服务所，利用贴近基层、便利群众、服务便捷、收费低廉等优势，面向基层社会提供法律服务。《国务院对确需保留的行政审批项目设定行政许可的决定》第75项明确，基层法律服务工作者执业核准部门为省级或其授权的下一级人民政府司法行政主管部门[4]。2000年之前，根

---

[1] 《司法部印发关于推进公共法律服务体系建设的意见》，载《全面腐蚀控制》2014年第3期。
[2] 姜异康等：《国外公共服务体系建设与我国建设服务型政府》，载《中国行政管理》2011年第2期。
[3] 国家行政学院课题组：《关于公共服务体系和服务型政府建设的几个问题（上）》，载《国家行政学院学报》2008年第7期。
[4] 百度知道，https://zhidao.baidu.com/question/394353595519924645.html。

据司法部《基层法律服务所管理办法》的规定和有关实施意见，对司法行政机关批准设立的各种形式的基层法律服务所进行了一次全面的清理检查，并按新的管理体制重新办理设立登记①。

《中华人民共和国行政许可法》实施后，司法行政机关继续采取多种措施，提高法律服务人员整体素质。最早的基层法律服务工作者于1980年底出现在广东、福建、辽宁等地②。根据《基层法律服务工作者管理办法》建立了规范的执业资格认定和执业准入控制制度。2000年12月24日，司法部组织了首次全国基层法律服务工作者执业资格统一考试③。2004年6月29日，依照《中华人民共和国行政许可法》和行政审批制度改革的有关规定，国务院对所属各部门的行政审批项目进行了全面清理④。由法律、行政法规设定的行政许可项目，依法继续实施⑤。

党的十六大以来，党和国家重视加强公共服务体系建设，注重处理好发展经济和改善民生的关系。十六届五中全会提出建立完备的基本公共服务体系；十七大要求注重实现基本公共服务均等化；十七届五中全会强调必须逐步完善"符合国情、比较完整、覆盖基层、可持续"的基本公共服务体系。加强公共服务体系建设，已经成为构建和谐社会、保障改善民生的一项重要内容。党的十八大报告指出"要围绕构建中国特色社会主义社会管理体系，加快形成政府主导、覆盖基层、可持续的基本公共服务体系"。十八届四中全会提出"要建立完备的法律服务体系，推进覆盖基层居民的公共法律服务体系建设，加强民生领域法律服务"。党的十九大及时回应新时代社会主要矛盾

---

① 百度百科：《基层法律服务》，http：//baike.baidu.com/view/6002237.html。
② 谢雅琴：《从法社会学角度浅析基层法律工作所存在的合理性》，载《湖北函授大学学报》2011年第11期。
③ 百度百科：《基层法律服务》，http：//baike.baidu.com/view/6002237.html。
④ 陆俊松、雷绍玲：《高职法律事务专业人才培养目标困境与对策研究》，载《职业教育研究》2015年第1期。
⑤ 对法律、行政法规以外的规范性文件设定，确需保留且符合《中华人民共和国行政许可法》第十二条规定事项的行政审批项目，根据《中华人民共和国行政许可法》第十四条第二款的规定，国务院发布了《国务院对确需保留的行政审批项目设定行政许可的决定》。其中第75项基层法律服务工作者执业核准部门为省级或其授权的下一级人民政府司法行政主管部门。这是目前基层法律服务执业的最高层级的法律依据。

发生的历史性转变,坚持把人民对美好生活的向往作为奋斗目标,作出完善公共服务体系、加快推进基本公共服务均等化的决策部署。十九届三中全会提出要加强和优化政府法律服务职能,推动公共法律服务主体多元化、提供方式多样化等决策部署。十三届全国人大一次会议通过的《政府工作报告》提出要完善公共法律服务体系。

国务院《"十三五"推进基本公共服务均等化规划》对推进公共法律服务体系建设作出部署。司法部认真贯彻中央关于公共法律服务体系的决策部署,先后制定出台《关于推进公共法律服务体系建设的意见》和《全国司法行政工作"十三五"时期发展规划纲要》,对加强公共法律服务体系建设提出要求并积极推进,修订后的《基层法律服务所管理办法》和《基层法律服务工作者管理办法》于2018年2月1日施行,《关于建立健全基本公共服务标准体系的指导意见》于2018年7月6日审议通过。

因此,改革开放40年来,伴随我国经济社会的快速发展,公共法律服务体系建设滞后、法律服务资源配置不均、公益性法律服务提供不足等矛盾日益凸显。新形势和新任务迫切需要我们立足社会现实、结合工作实际、加强实践探索、创新体制机制,加快构建覆盖基层的公共法律服务体系,实现好、维护好、发展好人民群众基本法律服务权益。

二、基层公共法律服务体系建设的成效

在"推进覆盖城乡居民的公共法律服务体系建设"的指引下,司法行政工作中坚持"专业化、均衡化、便民化"的公共法律服务原则,不断强化服务保障、健全服务平台、增强服务弹性,成效显著。

(一)顶层设计日渐全面而具体

党中央和国务院高度重视公共法律服务体系建设,党的十八届四中全会明确提出要"推进覆盖城乡居民的公共法律服务体系建设",习近平总书记对做好公共法律服务体系建设作出重要指示,国务院的《"十三五"推进基本公共服务均等化规划》、司法部的《关于推进公共法律服务体系建设的意见》和

《全国司法行政工作"十三五"时期发展规划纲要》对推进公共法律服务体系建设作出部署并积极推进。基层公共法律服务体系建设中，大力推进市、镇（办、区）、村（居）三级法律服务中心、站点建设，努力打造"城市半小时、农村一小时"公共法律服务圈，实现"律师进社区""一村一法律顾问"，法律援助实现应援尽援，公证和司法鉴定业务服务实现窗口前移和网络触角延伸。

司法行政部门从政治和全局的高度，充分认识公共法律服务体系建设在服务经济社会发展大局中的重要地位和作用，加快公共法律体系建设推进步伐，不断提高公共法律服务水平。特别是 2018 年 7 月全国公共法律服务平台建设现场推进会上提出，司法系统要以便民利民惠民为目标，深入推进公共法律服务三大平台一体融合发展。公共法律服务平台从初步建成进入规范建设的新阶段，正在从"有没有"向"好不好"的方向快速发展。新阶段推进公共法律服务平台建设总体工作思路是：坚持以习近平新时代中国特色社会主义思想为指导，深入践行司法为民理念，在全面建成实体、热线、网络三大平台基础上，以便民利民惠民为目标，以融合发展为核心，以网络平台为统领，以信息技术为支撑，将实体平台的深度服务、热线平台的方便快捷和网络平台的全时空有效整合，推动三大平台服务、监管和保障的融合，形成优势互补、数据共享、协调顺畅的线上线下一体化公共法律服务平台，加快建成具有中国特色、适应时代要求、满足群众需求的公共法律服务平台。司法系要以群众需求为导向，完善三大平台便民利民惠民服务举措，通过数据共享把三大平台互联起来，统筹推进，服务群众。实体平台方面，推行"一窗办多事"，整合司法系统各项服务职能，实现"前台统一受理，后台分流转办"。热线平台方面，引入"全科医生"接听热线，为群众提供通俗易懂、操作性强的咨询建议，降低困难群众寻求法律服务的成本。网络平台方面，推进服务事项网上办理，让数据多跑路、群众少跑腿，简化服务手续，完善服务功能，推行"一键上网、便利入网"服务，适应不同受众服务需求。加强移动端功能建设，开通语音咨询功能，实现法律咨询、法律事务办理"掌上办""指尖办"。要加大宣传推广力度，通过多种途径和方式大力宣传，让群众更多知晓、熟悉、运用公共法律服务平台①。

(二) 基层公共法律服务联动机制逐步建立健全

在全面构建实体、网络、热线公共法律服务平台基础上，全国各地逐步建立起了基层党委政府主导，司法行政机关牵头，法院、检察院、公安、财政、人社、民政、教育、工会、共青团、妇联等各级相关部门职责明确、协同配合、上下联动、形成合力的基层公共法律服务工作机制。重点做好五个方面的工作：一是把推进公共法律服务体系建设作为司法行政工作的重点任务进行研究部署。要实施"537 工程"，推进省市县乡村五级工作站点建设，加强公共法律服务实体、热线和网络三大平台建设，充分发挥法治宣传、律师、公证、基层法律服务、人民调解、法律援助、司法鉴定等七项职能作用。二是把工作重心进一步向基层延伸。拓展公共法律服务领域，增加公共法律服务资源供给，将工作重心向广大基层特别是偏远农村地区延伸。三是完善相关工作机制和管理制度。进一步加强网络管理、"12348"平台建设管理、咨询制度管理、质量评估体系的健全完善，推进标准化、规范化、制度化建设，提高公共法律服务质量。四是加强服务队伍建设。培养和锻造一支具有优良政治素质、精湛业务技能和良好工作作风的高素质公共法律服务队伍。五是完善有关工作政策。加大政策争取力度，将公共法律服务体系建设纳入地方党委政府重点工作，完善考核机制和问责制度。

在基层公共法律服务联动机制构建中，始终坚持和实践以人民为中心的发展思想。例如，青岛市创新推出"1+1+N"矛盾纠纷调处新机制，多元参与、"点穴化解"，实现"小事不出村、大事不出镇、矛盾不上交"。实现了司法行政多种资源、多种手段的良性互动，为加快推进公共法律服务体系建设，更好地满足人民群众多层次、多领域、个性化法律服务需求，探索出了一条新路。群众一方有难，公共法律服务体系就立刻发挥联动作用，社区司法行政工作室"一体多元"的"法律+调解"机构立即反应，人民调解、法治宣

---

① 《全国公共法律服务平台建设现场推进会要求：深入推进三大平台一体融合发展》，Http：//www.moj.gov.cn/news/content/2018-07/31/bnyw_37640.html。

传、法律服务、法律援助等服务"八方支援",使司法行政多种资源、多种手段良性互动,让百姓得到了全方位法律服务。

(三)基层公共法律服务信息化建设推进迅速

全国各地基层公共法律服务部门充分结合本地实际,积极开展信息化创新应用,加强同其他网络平台的协作联动,充分利用已有商业数据库和官方数据库,使群众的法律服务需求得到一网通办,快捷办理。

第一,基层公共法律服务信息化建设日新月异,有效对接法律服务网络平台,充分利用全国、省级两级法律服务网资源。目前,中国法律服务网汇集全国38万多家法律服务机构数据和139万多名从业人员数据;拥有由475个法律服务机构和925名法律服务人员组建的法律咨询专家团队,有效补充了基层公共法律服务信息数据和专业人才的短板。截至2018年7月22日24时,中国法律服务网累计被访问313万余次,注册用户66万余人,累计法律咨询总量19万余次,其中智能咨询14万余次(75.0%),知识问答咨询3万余次(19.6%),留言咨询1万余次(5.4%)。全国31个省(区、市)和新疆生产建设兵团共32个省级平台已全部建成上线,与全国平台实现互联互通,上下一体、协同联动的"互联网+"公共法律服务体系基本建成[①]。例如,"12348湖南法网·如法网"于2018年1月18日正式升级上线,覆盖律师、公证、司法鉴定、法律援助、人民调解、法治宣传、司法考试、法律人才、基层法律服务、"法润三湘"公共法律服务志愿者和志愿点、仲裁、双随机一公开监管等13类服务,由业务办理、行政审批、数据分析等25个系统予以支撑,主要具有"查、问、办、学、用"五大功能,让群众足不出户就可获得店铺化服务、淘宝式体验的公共法律服务。

第二,基层公共法律服务信息化创新应用百花齐放。例如,浙江省构筑全方位网上法律咨询服务,由在线咨询、智能咨询、视频咨询三部分组成。在线咨询通过律师抢单提供实时解答,30秒无律师抢单的,自动转入留言咨

---

① 蔡长春:《全面推进公共法律服务体系建设 一系列新举措新探索更好满足群众公共法律服务需求》,载《法制日报》2018年7月24日。

询，由法律援助机构的值班律师在 24 小时内保证兜底解答；智能咨询应用 IBM 智能技术，通过自然语言识别、智能问答库、法律知识图谱等核心模块，为公众提供全天候人工智能解答；视频咨询方面，通过公共法律服务人工智能自助机的前端连接全省各市、县法律援助中心值班律师后端，并利用视频咨询自动调度系统，整合全省空闲值班律师坐席资源，向公众提供面对面的视频法律咨询服务，为有效解决省内山区、海岛以及乡镇（街道）、村（社区）偏远地区法律服务资源不足问题提供了新的技术手段。内蒙古自治区立足地广人稀、农村牧区公共法律服务资源匮乏的实际，创新开发了法律服务电视终端项目，通过电视这个最普遍的媒介"送法入户"，群众足不出户就能同优秀的律师对话，享受优质高效的法律服务，切实打通了公共法律服务"最后一公里"。河南省建立健全不同层级法律顾问微信工作群，已建立村居法律服务微信群 12 870 个，切实将公共法律服务送到群众身边、手上。

第三，基层公共法律服务热线日臻完善。截至 2018 年上半年，全国各省（区、市）均已建成热线平台，省级、市级、县级热线坐席分别为 411 个、545 个、691 个[①]。通过组织广大律师、公证员、司法鉴定人、法律援助工作者、仲裁员和人民调解员以及法官、检察官、专家学者等在线提供法律服务，使基层公共法律服务热线的作用得到了发挥。

（四）基层公共法律服务实体建设逐步实现全覆盖

全国各县（市、区）、乡镇（街道）建立了法律服务中心（工作站），提供面对面、一站式的法律服务。截至 2018 年上半年，全国已建成 2 200 多个县（市、区）公共法律服务中心、2.8 万多个乡镇（街道）公共法律服务工作站，覆盖率分别达到 81% 和 72%，12 个省份实现了县级实体平台全覆盖，7 个省份实现了乡镇实体平台全覆盖，16 个省份实现了村（社区）法律顾问全覆盖[②]。在司法行政工作室设立法律咨询点、法律援助工作站、人民调解工作组、普法

---

① 蔡长春：《全面推进公共法律服务体系建设 一系列新举措新探索更好满足群众公共法律服务需求》，载《法制日报》2018 年 7 月 24 日。

② 蔡长春：《全面推进公共法律服务体系建设 一系列新举措新探索更好满足群众公共法律服务需求》，载《法制日报》2018 年 7 月 24 日。

大讲堂、公证和司法鉴定联络点等,确保司法行政资源在最基层实现精准投放。

例如,河南省淮阳县已建成县级公共法律服务中心 1 个,乡级公共法律服务工作站 18 个,村级公共法律服务工作室 50 个,均建有相应层级的法律顾问微信群。青岛市为解决市区面积大、人口众多、法律服务资源分布不均的问题,在市一级和 6 个市辖区、4 个县级市全部建成公共法律服务中心,在 138 个街镇建立公共法律服务站、1 342 个社村建立司法行政工作室(公共法律服务室),市、区县、镇街、村四级公共法律服务平台的建成,实现了公共法律服务平台全贯通,解决了群众"找法无门"的问题。

(五)基层公共法律服务队伍不断壮大

第一,基层公共法律服务人员数量不断增加。例如,山东省邹城市 5 个律师事务所、16 个法律服务所参与,74 名律师、138 名法律工作者与全市 58 家企业、895 个村签订了法律顾问聘任合同,16 个镇(街)均成立了法律顾问团,实现了政府、村(社区)法律顾问全覆盖。通过落实每月驻村,定期送法上门,开设法治讲堂,提供法律咨询,引导和帮助村(社区)提升依法办事、民主管理的决策水平。全市村(社区)法律顾问提供法律咨询服务 5 800 多次,草拟和帮助起草审查合同 865 件,开展法治培训 146 场,帮助诉讼和非诉讼代理 293 件。吉林省基层法律服务所 598 家,依托司法所等基层单位设立法律援助工作站 1 549 个、法律援助联系点 8 477 个;律师 4 843 名,其中社会律师(包括兼职律师)4 138 名、公职律师 450 名、公司律师 89 名、法律援助律师 166 名。青岛市共有法律服务工作者 6 000 余人,法律服务志愿者逾千人,每万人拥有律师数为 5.1 人,远高于我国小康社会建设标准 2.3 人/万人的指标。

第二,人民调解委员会在基层公共法律服务中作用突出。目前,全国共有人民调解委员会 76.6 万个,人民调解员 366.9 万人,其中专职调解员 49.7 万人。村(社区)调委会 65.7 万个,乡镇(街道)调委会 4.2 万个,实现了全覆盖。2017 年,全国人民调解组织共排查矛盾纠纷 314.3 万次,调解矛盾纠纷 876 万件,调解成功率达到 98%。

第三,公证法律服务日趋完善。目前,全国有公证机构 2 965 家,公证员 13 218 人,每年办理公证 1 450 万件。针对我国人口老龄化问题,全国正在组织开展为老年人免费办理遗嘱公证等便民利民法律服务活动,不断满足人民群众对公证法律服务的新需求。为避免把自己的调查核实职责变为不断要求群众开具各种证明的现象,根本解决办事难、办事慢、办事繁问题,开展办理公证让群众"最多跑一次"试点工作,与公安、民政、教育、不动产登记等有关部门信息系统对接,对身份、婚姻状况、有无犯罪记录、学历学位、不动产等信息实现联网查询。

第四,法律援助业务水平与规范化程度不断提升。法律援助是公共法律服务体系的组成部分。近几年,我国基层法律援助队伍建设不断加强,社会效果显著。例如,2017 年,青岛全市共受理法律援助案件 7 510 件,办结 6 374 件,办案数量实现持续上升,位居山东首位,全年累计为受援人挽回损失或取得利益 11 397 万元,12348 专线接听解答群众来电 52 649 人次,同比增长 58%。法律援助地方立法工作不断推进。例如,吉林省已将《法律援助条例》列入 2018 年立法工作计划,在反复调研基础上,形成了立法草案并两次向社会公布征求意见。

(六)基层公共法律服务领域不断扩展

第一,广东省梳理咨询、查询、预约、申办等六大服务功能,法援、公证、律师服务等 16 大类业务,共 172 项公共法律服务事项,形成了覆盖广、质量高、可持续的公共法律产品和服务体系,更好地满足了群众多样化的法律服务需求。

第二,以扶贫攻坚为主题。2018 年,"1+1"法律援助志愿者行动以扶贫攻坚为主题,派出 140 名律师志愿者以及 98 名大学生志愿者和基层法律服务工作者,奔赴中西部地区 15 个省(区)的 140 个县(区)开展法律援助工作,服务当地法治建设。2017 年,"1+1"法律援助志愿者共办理法律援助案件 6 200 余件;调处矛盾纠纷 4 800 余起,开展法治宣传 1 270 余场/次,培养本地法律服务工作者 200 余人,为 120 多个市、县人民政府提供了法律顾问服务,为困难群众挽回经济损失 3.7 亿余元[①]。

---

① 《"1+1"中国法律援助志愿者行动 2018 年度启动仪式在京举行》,http://news.sina.com.cn/sf/news/fzrd/2018-07-06/doc-ihexfcvk3438707.shtml。

第三，江苏省结合"一带一路"建设，将基层公共法律服务领域扩展到涉外法律服务领域，用国际视野加大对江苏籍企业集中地区驻点法律服务的支持。

第四，青岛市八大关街道太平角社区服务中心发现居民老龄化现象突出，有的社区比例甚至超过30%，部分老年人退休或丧偶后因内心失衡发生严重心理问题，有的中青年人因情感冲突或工作压力等引发心理危机等。为化解这些新的矛盾点、纠纷源，社区服务中心从社会购买心理服务，定期为社区居民义务提供心理咨询、心理治疗服务，累计为辖区内8个社区的居民提供心理危机干预及咨询上千人次，举办公益讲座上百场，积极参与多元纠纷化解，把许多矛盾消除在萌芽状态。

三、基层公共法律服务体系建设中的问题

基层公共法律服务体系建设在落实以人民为中心的发展理念、维护困难群众合法权益方面取得显著成效，但在资源分配、业务发展、保障水平等方面依然存在一些困难和问题亟待解决。

（一）顶层设计上对基层公共法律服务体系建设尚需细化

十八大以来，以习近平同志为核心的党中央高度重视、积极推进公共法律服务体系建设。2014年，习近平总书记对司法行政工作作出重要指示，明确要求要紧紧围绕经济社会发展的实际需要，努力做好公共法律服务体系建设。党的十八届四中全会从推进全面依法治国的战略高度，提出要"推进覆盖城乡居民的公共法律服务体系建设"。国务院《"十三五"推进基本公共服务均等化规划》对推进公共法律服务体系建设提出明确要求。党的十九大及时回应新时代社会主要矛盾发生的历史性转变，坚持把人民对美好生活的向往作为奋斗目标，作出完善公共服务体系、加快推进基本公共服务均等化的决策部署。十九届三中全会提出要加强和优化政府法律服务职能，推动公共法律服务主体多元化、提供方式多样化等决策部署。十三届全国人大一次会议通过的《政府工作报告》提出要完善公共法律服务体系。这些决策部署为

公共法律服务体系建设指明了目标方向，提供了行动指南，绘就了宏伟蓝图。

但是，基层公共法律服务体系建设作为全面推进依法治国的一项重要任务，其地位、作用及紧迫性、艰巨性尚未引起全社会高度重视，尚未真正纳入党委政府工作大局。从社会公众的角度讲，日常生产生活中往往是"有需要"才想起找法律服务，对法律服务的认知度、关注度较低。由于顶层设计缺乏统一的法律政策以及组织保障、总体规划，导致在准入退出、管理监督、执业保障、考核奖惩等环节，有的缺乏法律依据，有的操作性不强，既不利于司法行政机关加强管理，也制约了法律服务业的健康发展。

（二）思想观念上对基层公共法律服务体系建设认识不足

基层法律服务全覆盖工作是贯彻落实十九大精神的具体体现，是运用法治思维和法治方式推动社会治理创新的重要手段，是满足基层法律服务需求的重要抓手，是推动司法行政改革发展的迫切需要。亟须拓展公共法律服务领域，增加公共法律服务资源供给，将工作重心向广大基层特别是偏远农村地区延伸。

虽然中央、省、市相继下发文件要求大力推进公共法律服务体系建设，并把此项工作纳入地方科学发展综合考核，但是一些乡镇（街道）领导在研究此项工作时，不愿投入购买服务经费，认为此项工作是基础性、长期性工作，取得成效慢，不能起到立竿见影的效果，个别领导甚至认为这项工作是司法行政机关的自身事务，片面理解为政府花钱聘请法律顾问是花冤枉钱，还习惯于用过去传统的治理模式来开展工作，不习惯用法治思维和法治方式来处理事务，麻痹思想严重。可见，公共法律服务体系建设开展以来，在一些乡镇（街道）推进困难，与部分党政领导认识不足、重视不够、支持不力有直接关系。同时，公共法律服务的社会认知度不高，群众对公共法律服务的性质缺乏了解，遇到法律问题，少部分有法律意识的会找律师寻求有偿法律服务，相当一部分还是习惯于求助信访、公安等部门[1]，致使公共法律服务的作用大打折扣，服务与需求对接错位，导致公共服务资源不能被有效利用。

---

[1] 翟吉瑞：《推进基层公共法律服务体系建设对策研究》，载《赤子》2017年7月18日。

(三）基层公共法律服务机构和队伍资源不足且分布不平衡

截至 2017 年底，全国共有基层法律服务机构 1.6 万多家，其中乡镇所 1.1 万多家，街道所 5 700 多家。全国基层法律服务工作者 7 万人，其中在乡镇所执业的基层法律服务工作者 3.55 万多人，在街道所执业的基层法律服务工作者 3.51 万多人。2017 年，全国基层法律服务工作者共办理诉讼案件 81.9 万多件；办理非诉讼法律事务 31.5 万多件；为 11.6 万多家党政机关、人民团体、企事业单位担任法律顾问；参与仲裁 9.3 万多件。2017 年，全国基层法律服务工作者共提供各类公益法律服务 263.5 万多件，其中办理法律援助案件 20.9 万多件，参与人民调解 39 万多件，参与接待和处理信访案件 7.7 万多件，为 18.8 万多个村居（社区）担任法律顾问，为弱势群体提供免费法律服务 54.7 万多件①。

与总量的增长相比较，受各方面因素的制约，基层法律服务机构普遍存在规模小、场所设施不完善、人才短缺等现象。多数法律服务工作者担任几个村的法律顾问，时间、精力有限，每月到村居（社区）提供法律服务的时间较少，在解决群众法律诉求时会出现不及时情况，难以满足群众需求。基层法律服务人员尤其是乡镇（街道）、村居（社区）两级公共法律服务中心人员综合素质参差不齐，在解决群众法律诉求时，因工作人员专业水平限制不能给予及时解答，致使解决问题的效率不高，公共法律服务的公信力受到质疑，社会认可度也大打折扣。

乡镇（街道）公共法律服务工作站多是依托司法所设置，司法所除了承担司法行政职能外，还加塞了很多工作职责，有的司法所门口挂的牌子多达 10 个以上，多数司法所在职工作人员平均 3 人，人少事多的矛盾十分突出。大部分村居（社区）办公条件简陋拥挤，难以设置独立的公共法律服务窗口和法律顾问办公室。

（四）对基层公共法律服务监督考核流于形式

2018 年 2 月 1 日起施行的新修订的《基层法律服务所管理办法》（司法部

---

① 《律师、公证、基层法律服务最新数据出炉》，司法部政府网，http://www.moj.gov.cn/government_public/content/2018-03/14/141_17049.html。

令第137号)和《基层法律服务工作者管理办法》(司法部令第138号),强化了对基层法律服务的执业监管,建立了年度考核制度,取消了原基层法律服务所的年度检查和法律服务工作者的年度注册。规定由省级司法行政机关依据两个管理办法制定本省年度考核的具体办法,设区的市级司法行政机关负责对基层法律服务所和基层法律服务工作者进行年度考核,考核结果按照有关规定向社会公开。

以山东为例,2018年6月山东省司法厅制定了《山东省基层法律服务所年度考核办法》《山东省基层法律服务工作者年度考核办法》,对山东省基层法律服务所和基层法律服务工作者年度考核作了明确规定,为山东省基层法律服务年度考核工作提供了基本遵循,对于新时期提升基层法律服务队伍素质和服务质量,满足人民群众对公共法律服务的需求,增强人民群众在民主、法治、公平、正义、安全、环境等方面的获得感、幸福感和安全感具有重要意义。规范之后的《山东省基层法律服务所年度考核申报表》《山东省基层法律服务工作者年度考核申报表》,进一步提升了基层法律服务年度考核工作效率和管理效能,新升级的"山东省基层法律服务信息管理系统"年度考核网报工作同步进行。可以说,2018年是山东省首次组织开展基层法律服务所和基层法律服务工作者年度考核工作,难免出现对年度考核的新要求和新任务认识不清,提交的申报材料不齐全、不规范的情形,对年度考核中发现的诸如基层法律服务所内部管理问题、基层法律服务工作者执业能力问题等,如果缺乏具有前瞻性、针对性的解决方案,基层法律服务的执业监管作用将难以发挥。历史上存在的对面临的问题缺乏清醒认识,对群众反映的突出问题重视不够,讲成绩多、谈问题少,喊得多、做得少,发文件多、具体落实少,说一套做一套,不敢动真碰硬,不抓落实的情形难免再度发生。

(五)基层公共法律服务体系建设保障制度不完善

公共法律服务是公益性、社会化的服务,目的是满足群众的基本法律需求,但目前建立的公共法律服务体系还是在司法行政体制内运行,没有纳入政府的公共服务保障体系,政府购买公共法律服务的制度体系尚未确立,公共法律服务的公益性没有得到充分体现。

突出的问题是，没有建立公共法律服务最低资金保障制度，有的地方政府、部门对公共法律服务体系建设存在认识误区，政府购买服务政策在实践中没有得到认真执行，律师、基层法律服务工作者担任政府、村居（社区）法律顾问，参与重大矛盾纠纷和信访案件化解，服务重大工程项目等，基本都是无偿提供服务。由于缺乏具体标准规范，政府购买法律服务操作性不强，各地执行中随意性很大，大多数只是象征性地支付部分费用，没有统一的标准，严重影响法律服务人员积极性。很多基层单位反映，现在制约工作开展的一个重要因素就是政府购买法律服务政策落实不到位。此外，经费落实难、管理使用不规范等问题在基层较为突出，制约了法律服务业的健康发展。

在公共法律服务平台方面投入不足，在公益性法律服务、政府法律顾问补助及人民调解个案补助方面资金投入较少，公共法律服务水平在一定程度上发展滞后，不利于依法行政水平的有效提高。司法行政经费困难问题仍未根本好转，人民调解、安置帮教、社区矫正、普法宣传教育、法律援助等都是区级司法行政机关业务工作的重中之重，且工作任务越来越重、压力越来越大，尽管有政法转移支付资金，但司法行政机关相比其他政法部门转移支付资金少得多，很难满足实际工作需要。中央、省级财政部门及有关部委文件都已明确要求各级财政给予上述五项业务工作足额经费保障，但是由于基层财政紧张不能有效解决，很大程度上制约了基层司法行政机关业务工作的顺利开展。

公共法律服务体系建设的主要载体是在县、乡镇（街道）、村居（社区）三级服务网络平台，县一级设立法律服务中心，由县财政投入予以保障，乡镇（街道）设立法律服务工作站、村居（社区）设立法律服务工作室，由乡镇（街道）投入经费予以保障。但除极少数村集体经济实力较强，可投入一定保障经费外，大部分村居（社区）并没有足够的经费来源用于购买法律服务，导致镇、村两级法律服务站（室）的设立和工作开展无法持续保障。

（六）基层公共法律服务体系建设机制不健全

司法系统工作点多线长面广，每一项都与人民群众利益息息相关。因此，司法系统要促进基本公共法律服务均等化，满足人民群众基本法律服务需求；

要推进公共法律服务多元化、专业化,满足人民群众多层次多领域的法律服务需求;要鼓励和引导社会力量参与公共法律服务,尊重和维护人民群众主体地位,为人民群众提供优质高效的公共法律服务。可见,公共法律服务体系建设是项系统性工程,不能一蹴而就。

基层公共法律服务体系建设需要构建完善的工作机制,确保基层法律服务取得实效;完善的服务运行机制,调整服务团队、提高服务效率、创新服务手段;完善的长效管理机制,建立分片督导制度、注重培树典型亮点、落实激励措施;完善的协调配合机制,强化联系沟通、强化工作对接,确保基层法律服务工作真正在村居(社区)落地;完善的宣传引导机制,加大宣传力度、拓宽宣传途径,运用"一网两微一端"宣传新阵地,将政务微博、微信、手机客户端、网站等新媒体作为重要载体,及时发布权威信息;完善的经费预算和发放机制,将基层法律服务经费列入财政预算和政府购买项目,根据实际需求、经济发展和财力增长状况,对法律顾问经费及时进行调整;完善的经费保障监督机制,加强经费管理,强化财务监督,严格预算执行和控制管理,按照工作进度支出费用,确保资金有效使用。

但是,由于立法的不足,制度的不完备,导致公共法律服务体系建设中不仅存在机制缺失,还存在已有机制运行不通畅、衔接不配套等问题。公共法律服务缺少统一的协调机构。由于政府法律服务机构与政府法制机构的关系尚未理顺,服务政府及其职能部门行政决策、行政执法的机制尚未健全,服务的影响力仍然欠缺。法律服务人员或者基层服务律师提供的公共法律服务大多停留在标的额小、权利义务关系简单的法律咨询和纠纷调解以及参加乡镇举办的零散性法制宣传活动的层面,在为基层政府提供服务、参与重大疑难矛盾纠纷处理、开展公益诉讼等方面仍未发挥突出作用。

四、域外基层公共法律服务体系建设的相关做法与启示

基层公共法律服务体系建设是个世界性的课题,是有效发挥政府作用、加强公共服务职能的核心问题。发达国家普遍重视基层公共法律服务体系建

设，逐步形成了具有本国特色的基层公共法律服务体系[①]。

（一）西方基层公共法律服务体系的发展历史与特征

西方国家的基层公共法律服务体系建设，随着政府职能的演进，大致走过了三个历史时期：一是市场经济下的有限公共服务。在19世纪上半叶，资本主义国家奉行政府尽量不干涉市场经济的基本原则，公民的法律需求由市场通过资源配置来解决。随着工业化大生产的发展与劳工阶级的不断抗争，资本主义国家不得不开始重视社会福利等公共产品的提供，劳动法、保险法、救济法等一系列具有公共属性的立法在19世纪下半叶陆续诞生，由国家兴办的一些公共福利事业也相继出现。二是二战后西方基本公共法律服务体系的逐渐健全。20世纪30年代，西方经济危机中公共法律服务的需求与保守消极的政府职能之间的矛盾日益尖锐，二战后西方各国在战后恢复的基础上开始大力兴建福利国家，至20世纪60年代，西方各国基本建成了较为完善的基层公共服务体系，其中也包括对公共法律服务体系的建设完善。三是自20世纪70年代起，西方经济发展陷入滞胀危机，失业率居高不下，政府财政压力巨大，于是各国纷纷采取措施将公共服务推向市场化和社会化，促进充分就业与改进社会福利体系[②]。

作为公共服务中日益重要的组成部分，公共法律服务随着西方福利国家的建成与发展而不断完善成熟。发展至今已有一百余年的西方公共服务体系逐渐形成两种基本类型：一是以美国为代表的"效率兼顾公平"型公共服务体系，即把政府公共补贴与工作贡献及市场机制运用有机结合的制度模式，其主要特点是在政府调节分配的前提下，建立起以个人自助为主，政府补助、商业保险为辅的公共服务体系。二是以北欧为代表的"公平主导"型公共服务体系。"公平主导"型的公共服务体系把"公平"作为首要价值理念，强调以政府为主体，实行对全民的普遍保障。该体系遵循"全民普及、公平公正"

---

① 姜昇康等：《国外公共服务体系建设与我国建设服务型政府》，载《中国行政管理》2011年第2期。

② 国家行政学院课题组：《关于公共服务体系和服务型政府建设的几个问题（上）》，载《国家行政学院学报》2008年第7期。

的原则,覆盖面广、服务项目多、层次高、服务体系比较健全。

(二)美国法律援助体系

美国公共服务体系是兼顾公平与效率的典型,在公共法律服务领域的体现则是尤其注重市场参与和社会协同。政府注重在公共法律服务的供给过程中引入市场机制,通过市场竞争选择公共法律服务的提供者。同时非政府组织和志愿服务者是美国公共服务的重要力量,政府设立专门机构加强对非政府组织和志愿服务者的引导与支持,并对其参与的公共服务项目给予一定资助。例如美国极其发达的法律援助体系。1876年,美国最早的法律援助组织出现在纽约。当时,一个德国移民组织"德国人社团"在纽约一个德裔穷困执业律师和威斯康星前州长的帮助下,成立了一个为德裔穷困移民提供法律援助的机构,雇用律师兼职为德裔移民服务。之后芝加哥成立了一个类似机构叫"公正局",不分国籍、种族、肤色、性别向社会公众提供法律帮助。到1916年已经有37个城市相继成立法律援助组织。今天美国的法律援助体系主要由特点不同、各自独立动作的刑事法律援助体系和民事法律援助体系组成①。

近年来,我国司法领域集中出现浙江"两张案"、湖南"聂树斌案"、河南"赵作海案"等冤案,也引起了司法界与全社会对西方错案纠正机制的关注。在这些致力于为在刑事案件中被误判坐牢且上诉无果的无辜囚犯提供最后翻案机会的各种组织中,美国的民间组织"洗冤工程"(Innocent Project)最为有名,它是法律人的社会联盟,是法律主题聚集下的公民社会②。作为一个有着长期组织与行动传统的法律人网络,他们的个案援助是以职业知识为基础的非职业行为,不以个人职业利益为依归,而以个案救助及其公共政策

---

① 刑事法律援助体系的主要特点是政府出资、政府设立的公共辩护人机构(Public Defender Office)负责实施,是作为人权保障的一个重要方面而设立的,也是作为刑事司法审判必不可少的一个重要要件存在的。在美国,有一个全国性公共辩护人法律援助机构(National Legal Aid & Defender Association,NLADA)负责法律援助标准的制定,公共辩护人的培训,举办刑事法律援助方面的专题研讨会,向公共辩护人提供信息和技术方面的支持。而民事法律援助体系则是通过一个政府设立的美国法律服务公司(the US Legal Service Corporation)资助资金、由民间法律援助机构和私人律师提供服务来具体实施的。参见孙建:《美国法律援助制度考察》,载《中国司法》2007年第7期。

② 甘正气:《美国洗冤工程:崎岖的正义》,载《法治周末》2012年11月21日。

效应为考量。他们是美国民权之友,在著名的"布朗案""罗伊案"等民权案件中均有出色表现。

(三)北欧国家的基层公共法律服务体系

北欧国家基层公共服务体系的形成受到社会民主主义思潮的深刻影响,突出特点是对社会成员进行全面的、高水平的保障,带有浓厚的均等化色彩。其主要特点:一是强调公共服务的普遍性和公平性。公共服务对象为社会全体成员,全民平等享有公共服务是国家的一项主要政策,并依法实施。其基层公共法律服务体系也同样呈现此特点。二是实行高税收政策。据计算,北欧国家的个人所得税税率一般都达到30%—50%,高收入者的个人所得税税率甚至达到70%左右。政府将一部分钱用于购买公共法律服务,以满足人民对基本公共法律服务的需求。三是公共服务体系的门类齐全,标准也比较高,基层公共法律服务体系较为完善[①]。

(四)可供借鉴的三点启示[②]

第一,适时建立比较完善的公共法律服务体系,对保证一国经济平稳发展和社会和谐稳定至关重要。经济快速发展后的社会矛盾与法治需求会爆炸式增长,如不能利用公共法律服务体系妥善处理上述问题,不仅法治社会的建设将受阻,甚至连经济上已经取得的成就也可能会被削减。如印度尼西亚的人均国内生产总值在1996年就达到了1 000美元,但1997年亚洲金融危机以后,印尼人均国内生产总值迅速下跌至500美元,经济停滞、社会动荡、政局更迭,其中一个重要原因就是印尼的社会公共法律服务覆盖体系在东南亚国家中处于最低水平。

第二,公共法律服务体系建设要立足本国国情,既要借鉴国外经验,又不能盲目照搬别国模式。每个国家的经济发展水平、社会政治结构、历史传统都不相同,因此在公共法律服务体系的建设上必须立足本国的基本国情,

---

① 国家行政学院课题组:《关于公共服务体系和服务型政府建设的几个问题(上)》,载《国家行政学院学报》2008年第7期。

② 徐晓波:《浙江省构建覆盖城乡基本公共法律服务体系的探索与思考》,http://www.zjdx.gov.cn/info/1592.jspx。

既不能因循守旧、故步自封，也不能盲目冒进、亦步亦趋。例如美国的法律援助模式、"洗冤工程"等都是可供借鉴的经验做法，但同时也要认识到西方发达国家经济发展水平较高，公共法律服务体系建设历史较长，可以采取覆盖广、投入大、种类全的服务模式，但发展中国家经济发展水平有限，如果一味照搬照抄，不仅无法复制西方经验，反而会使基本的公共法律服务也无法得到保障。至于"效率兼顾公平"型抑或"公平主导"型的公共服务体系的建设模式，也应根据本国的基本国情来决定。

第三，把公共法律服务作为政府的主要职能，形成适应公共服务需要的行政体制机制。在西方发达国家的公共法律服务发展史上，也伴随着法律日益普及、全社会民主意识和法治意识不断增强的过程。执政者已经意识到仅靠传统的行政方式已经难以适应新形势下社会管理的新要求。公民社会的形成，带来的是人民对政府职能日益提高的新要求，政府职能不再仅限于调节经济、维持治安、基础建设等传统领域，而应更多地关注公民对公平正义的需求，以及提供这种公平正义的法律服务。因此，要建立相应的行政体制机制，以满足人民对政府职能转变的新需求。

五、基层公共法律服务体系建设的实践探索与启示

为了进一步"推进覆盖城乡居民的公共服务体系建设，加强民生领域法律服务"，实践中，司法行政机关进行了大量的探索，并总结了一系列可借鉴、可复制的实践经验，为选择基层公共法律服务体系建设的路径提供了参考。

(一) 基层公共法律服务体系建设的实践探索

1. 山东省武城县"1344"工作模式的探索

山东是孔孟之乡，传统文化底蕴深厚。在山东省委、省政府领导下，山东省司法行政工作特别是基层公共法律服务体系建设过程中，结合依法治国和以德治国进行了诸多有益的探索，山东省公共法律服务体系建设工作具有三个突出特点：一是顶层设计全面具体。省委、省政府高度重视，出台了《关于加快推进公共法律服务体系建设的意见》《关于开展"一村（社区）一法律

顾问"工作的实施意见》，对公共法律服务体系建设的指导思想、目标任务、工作要求、保障机制、落实措施等作出了明确要求，走在全国前列。二是推动工作务实创新。工作重组织体系建设，重服务质量，重社会效果，作风务实，创新意识强，推进力度大，工作成效好。三是政策保障健全完善。省司法厅积极争取省政府重视支持，与财政、编办等有关部门加强政策协调，对政府购买公共法律服务达成了一致意见，对推进公共法律服务体系建设提供了强有力的政策支持。其中，武城县司法局在突出"司法为民建设"和"法律服务便民建设"两个着力点的基础上，确立了"1344"发展布局，即"一套工作机制、三级服务平台、四大服务品牌、四支服务队伍"。

第一，坚持改革导向，推进基层公共法律服务工作机制建设。县委、县政府将积极推动公共法律服务体系建设列入为民办实事项目，建立党委领导、政府负责、司法行政具体实施、相关部门协作配合、社会广泛参与的长效工作机制。通过各级实体平台、政务微信、窗口服务单位及召开座谈会等渠道，做到定点监测、定期分析、定向运用，确保公共法律服务"适销对路"；科学设置公共法律服务考核指标体系；加强与财政、税收、政法等相关部门沟通协调，构建政府购买公共法律服务长效机制；完善激励机制，对积极参与公共法律服务、服务业绩突出的法律服务机构和人员予以表彰和奖励。

第二，坚持实战导向，推进县、乡、村三级公共法律服务平台建设。一是依托县司法局办公楼建立县级公共法律服务中心，将公证处、律师事务所、基层法律服务所、司法鉴定所等机构整体迁入县公共法律服务中心，对法律服务、法律援助、法制宣传及人民调解等资源进行有机整合，按照"超市化布局、陈列式展示"的要求，为群众提供"一站式"法律服务。二是依托司法所建立乡镇（街道）公共法律服务中心，每月定期组织律师、基层法律服务工作者、司法鉴定人员、公证员及社会组织等力量资源，指导和帮助群众办理法律援助、公证、司法鉴定等事项。三是依托村（社区）两委、人民调解委员会等设立村（社区）司法行政工作室，在发挥好村（社区）法律顾问、法制村长、村专（兼）职调解员作用的基础上，引导律师、基层法律服务工作者等法律服务人员和社会力量与村居（社区）委会挂钩结对，为群众提供法律咨询，参与纠纷调解。

第三，坚持需求导向，推进四大公共法律服务品牌建设。其一，打造法治宣传育民品牌。一是建立由法官、检察官、公安民警、法律工作者、人民调解员为主的普法志愿者队伍，深入开展"普法志愿者进村入户下基层"活动；二是按照"谁执法谁普法"的原则，实行"普法通知书"制度；三是为全县70所中小学校全部配备了法制副校长，确保学校法制教育计划、教材、课时、师资"四落实"；四是全县8个镇街都建成了法治文化街道，80%的社区（村）建成法治文化广场，基本实现了基层法治文化阵地全覆盖。其二，打造社区矫正安民品牌。武城县成立了以县委副书记任组长的社区矫正工作领导小组，创造性地开展社区矫正"四有管理工作法"。一是成立社区矫正管理局，与公安局联合成立监管大队，在武城镇富民果蔬合作社建立了社区矫正教育基地和过渡性安置基地；二是扎实落实《社区矫正工作日志》制度；三是实行"五到场""五结合"的教育管理模式；四是推进各镇街小型临时过渡安置基地的设立，加大与工商、人社、税务等部门的联动。其三，打造矛盾调处利民品牌。一是坚持以人民调解工作为主业，以网格化管理为基础，以各级各类人民调解组织为主体，集信息收集、分析研判、及时化解、适时反馈为一体的调解机制；二是注重发挥"品牌效应"，在老城、甲马营司法所分别成立了"老彪调解室"和"大鹏调解室"两个品牌调解室；三是建立"大调解"工作格局，健全与公检法"121联调联动"机制，完善交通事故、消费者权益保护和医患矛盾调处3个专业性、行业性调解组织建设；四是在全县范围内探索建立"二次调解"救济程序，由人民调解组织将符合条件的矛盾纠纷，按要求移送上级司法行政机关，由其组织资深人民调解员对纠纷进行再次调解。其四，打造法律服务便民品牌。一是引导全县法律服务人员组建"协同发展先行区法律服务团"，为拓展区域合作、招商引资等提供专业法律服务；担任行政机关、企事业单位法律顾问；办理旧城区改造、城中村拆迁等证据保全公证；二是建立县级法律援助中心1个、乡镇法律援助工作站8个，村（社区）法律援助工作点107个，与县妇联、共青团、中小学、工会、看守所、武警中队等单位联合建立专项法律援助工作站27个，为社会群众提供法律咨询及法律援助。

第四，坚持效能导向，推进四支公共法律服务队伍建设。其一，推进"普法讲师团"队伍建设。一是从全县普法依法治理工作领导小组成员单位中，筛选出专业水平高、热心于法治宣讲的同志组成"武城县普法讲师团"；二是与县关工委联合，组织热心公益事业的社会"五老"成立了"关心下一代讲师团"；三是组织618名村（社区）法律明白人成立"村（社区）法律宣讲团"，定期进行以案释法宣讲。其二，推进"律师法律服务团"队伍建设。成立由县司法局副局长为团长的"武城县法律服务团"，为各级党委政府提供合法性审查、法律顾问等多项法律服务；积极参与信访案件化解，引导群众依法维权；为全县民营企业提供法律咨询、普及法律知识、代理诉讼等服务。其三，推进"公证法律服务团"建设。从全县公证行业从业者中选拔10名政治素质高、业务能力强的公证员和公证辅助人员组成"武城县公证法律服务团"，为县招商引资提供公证法律咨询服务；完善涉农公证服务网络，有效维护农民合法权益；加大对困难企业，以及低收入家庭、下岗失业人员、农民工等特殊群体的法律援助，酌情减免公证收费。其四，推进"法律援助服务团"建设。法律援助服务团主要由社会执业律师、基层法律服务工作者以及具有一定法律专业技能的法律援助机构工作人员和法律援助志愿者组成，在业务上接受县法律援助中心的管理和监督，主要向社会群众提供法律咨询服务、参加法律援助机构值班接待工作、参与法律援助公益服务活动、接受法律援助机构指派办理法律援助事项等。

2. 贵州省思南县建立"五基地五体系"的探索

近年来，贵州省思南县积极探索基层公共法律服务改革，建立公共法律服务"五基地五体系"，大力推进法治思南建设，先后荣获全国法治宣传教育先进县和全国法治宣传示范县称号。

第一，五大基地的建立，夯实了公共法律服务供给基础。一是思南县依托县青少年活动中心、县禁毒教育基地建立青少年法制道德教育基地，配备专业教师，向广大青少年宣传法律法规和道德感恩相关知识。二是依托县委党校培训资源，建立党员领导干部法治教育基地，形成党员领导干部法治教育培训常态化。三是依托企业、农村专业合作社建立刑满释放人员安置帮教基地，帮助刑满释放人员解决法律问题和经济的贫困，让他们正常融入社会。四是在塘头镇青杠坝村建立"法律明白人"培训基地，大力培养农村法律明白人，壮大法治宣传队伍。五是在邵家桥镇鱼溪沟村建立"依法治村"培训基地，着力提高村居（社区）干部法治治村、法治育人、法治兴业、法治富民的工作水平。

第二，五大体系的建立，筑牢了公共法律服务网络。一是全面构建县、乡、村、组四级公共法律服务体系。整合县多元化矛盾接访化解中心、诉调对接中心、法治宣传中心、公证中心、法律援助中心、刑满释放人员安置帮教中心、社区矫正中心等"七中心"，建立县级公共法律服务中心；整合乡（镇、街道）法治宣传办公室、刑满释放人员安置帮教办公室、社区矫正办公室、关工委办公室、人民调解办公室、综治工作中心、群众工作部等"五室一部一中心"，建立乡（镇、街道）级公共法律服务站；整合驻村居（社区）警务室、普法办公室、群众接访室、综治工作站、纠纷调解室等"四室一站"，建立村居（社区）级公共法律服务室；整合村民小组（小区）"农村法律明白人"、春晖人士、五老人员等建立组（小区）公共法律服务点，建立县、乡、村、组四级公共法律服务体系。二是全面构建覆盖城乡的矛盾纠纷排查化解体系。以"星级调委会""金牌调解员"评选为抓手，完善县、乡两级多元化矛盾接访化解制度；将人民调解、行政调解、司法调解"三位一体"有机结合，形成多调联动衔接机制；探索建立民事、刑事案件律师主持和解制度，鼓励和引导律师等法律服务工作者积极参与诉讼外和解，构建多元化矛盾纠纷大调解机制。三是全面构建"城乡法治宣传教育"体系。深入开展"法律进学校"活动；建立法官、检察官、警察、律师及基层法律服务工作者、政府执法各主体部门以案释法制度；加强法治长廊、法治公园、法治广场等法制宣传教育阵地建设；开设《法治思南》专栏，积极运用互联网、公交移动电视等开展动态法治宣传教育。四是全面构建法律援助体系。结合工作实际，将法律援助基本服务站点入驻公共法律服务站点，在团县委、关工委、妇联、劳动仲裁院、工会、看守所、人武部等建立了行业法律援助工作站；开辟法律援助绿色通道，加大对残疾人、老年人、未成年人、精准扶贫对象户等法律援助力度，切实做到"应援尽援""应援优援"；建立实习律师到法援中心服务制度，鼓励律师、基层法律服务工作者办理法律援助案件。五是全面建立法律顾问体系。建立县、乡、村法律顾问制度。县政府通过购买专业服务形式，聘请律师担任政府法律顾问。乡（镇、街道）的法律顾问，由司法所干部担任，也可聘请律师担任；组建由律师、人民调解员、法律服务工作者、已退休的法律工作者、有法律知识的大学生组成的法律顾问志愿队，到村居（社区）担任法律顾问，确保村村有法律顾问①。

3. 上海市闵行区建立"互联网＋公共法律服务"体系的探索②

随着互联网和信息技术的不断发展，越来越多的人开始通过新媒体尤其是微信平台来获取资讯和服务，公共法律服务应积极主动融入互联网，上海市闵行区探索打造"互联网＋公共法律服务"体系，是互联网时代背景下的积极尝试。上海市闵行区线下公共法律服务发展迅速，"区—街镇—村居"三级公共法律服务体系已经全面建成。另一方面，闵行区新媒体法宣工作的网站、博客、微博、微信日趋完善，已从单一法治宣传逐步发展成集"司法行政宣传、法治宣传、线上法律服务"于一体的综合性平台。线下公共法律服务体系和线上互联网平台有机融合，上海市闵行区建立了以微信公众号"闵晓法"为线上平台核心，与微博@闵行法宣零距离、网上政务大厅、智慧闵行 App、闵行区司法局行政门户网站相互配合，积极整合司法行政公共法律服务资源，打造集"政务宣传、法治宣传、法律咨询、法律服务"四位一体的具有闵行特色的"互联网＋公共法律服务"体系。③

第一，明确方向定位，形成可持续发展态势。闵行司法局以"让老百姓通过网络获得更好的公共法律服务体验"为核心价值制定整体规划和具体措施：法务性，即聚焦法治宣传教育和解决法律纠纷的程序渠道普及；政务性，

---

① 龚大鹏：《思南：深化基层公共法律服务改革》，载《法制生活报》2017年10月20日。
② 上海市闵行区司法局课题组：《关于建立"互联网＋公共法律服务"体系的实践研究》，载《中国司法》2016年第12期。
③ 上海市闵行区司法局课题组：《关于建立"互联网＋公共法律服务"体系的实践研究》，载《中国司法》2016年第12期。

即立足司法行政本职，以法治宣传、法律援助、公证服务、人民调解为着力点；服务性，即公共法律服务以提供法律咨询服务为主要方式，引导通过多元法律渠道解决用户实际问题。

第二，打磨服务功能，有机融合司法行政职能。微信"闵晓法"线上服务功能有：一是在线法律咨询功能，两名专职人员负责在线应答，同时聘请两名专职律师做顾问（通过购买服务的方式），提供专业法律咨询服务。二是晓法148法律援助预审功能，由法律援助中心的专职人员予以初审，由微信客服协调对接。三是"金牌调解在线预约"，用户通过菜单了解该区资深人民调解员情况，然后通过微信预约调解员。四是公证服务的转接，通过微信后台与闵行公证处线上平台对接，形成服务导流。五是法宣活动"约课、约摊"服务，通过微信直接预约"晓法公开课"和法律咨询摊位，由"晓法讲师团"讲师和法宣志愿团成员提供相应服务。六是法治宣传教育功能，组建了"新媒体法宣工作室"，每天通过推送微信开展法治宣传。七是专业法律服务渠道查询，用户可直接通过微信查询该区三级法律服务平台的情况，查询其所在村居（社区）的法律顾问情况。

第三，打造核心模式，提供客服式法律导医服务。即通过一口式咨询，用亲民客服的方式，提供综合性线上法律咨询服务，对四类受众分类进行针对性服务：一是仅需法律咨询的用户，通过专业律师团队给予解答；二是有实际法律需求且可以通过线上解决问题的，在专业解答咨询服务后导流至相应服务平台；三是有实际法律需求但必须通过线下平台解决的，一次性告知和协助对接；四是有实际法律需求但并非司法行政范畴内可以解决的，在给予专业性解答后，告知其选择其他法律途径的路径[1]。

4. 福建师范大学福清分校法学教育融入公共法律服务的探索

为全面贯彻十八届四中全会提出的"要建设完善的法律服务体系，推进覆盖城乡居民的公共法律服务体系建设"精神，教育部颁布了《高等法学教

---

[1] 上海市闵行区司法局课题组：《关于建立"互联网＋公共法律服务"体系的实践研究》，载《中国司法》2016年第12期。

育贯彻十八届四中全会精神的教学指导意见》，指出要"培养造就熟悉和坚持中国特色社会主义法治体系的法治人才及后备力量"。法学教育如何融入公共法律服务，如何解决法学专业实践教学以及公共法律服务双方供给不足的问题，福建师范大学福清分校（以下简称"福清分校"）法学专业对此进行了积极有益的探索。

第一，坚持"顶天立地"的办学思想和"求真务实"的培养目标。"顶天立地"的办学思想就是一方面严格遵循党和国家的路线方针，培养中国特色社会主义法治人才；另一方面又立足地方，教学和科研工作紧紧围绕着地方政府和基层群众的需求，积极融入公共法律服务之中。"求真务实"的培养目标就是一方面鼓励学生追求真理，掌握专业理论知识；另一方面鼓励学生参与法学实践，提高解决实际法律问题的能力。

第二，多方借力，为学生建立教学实践平台。一是福清分校成立应用法律研究中心，由法学专任教师和外聘的实践导师组成。外聘的实践导师包括司法部门工作人员、律师、法律援助中心专家人员等。主要致力于应用技术型法律人才培养和应用型法律研究。二是福清分校与福清市法律援助中心共同组建福清分校法律援助站，主要由法学专业的老师和学生组成，福清市法律援助中心选派一名实践导师。法律援助站有普法、法律咨询、法律援助等活动。三是福清分校与当地乡镇政府、街道办事处合作共建成立社区法律诊所，由法学专业教师、学生与当地基层政府的司法行政工作人员组成工作团队，开展法制宣传和法治文化活动、代写法律文书、提供法律咨询、参与村居（社区）治理和人民调解等。四是福建怀司律师事务所和福清聿文法律咨询服务有限公司，也是福清分校法学专业学生的实践基地。借助该平台，法学专业师生能够为广大群众提供公益性法律服务[1]。

5. 四川省雅安市基层法律服务工作者协会参与公共法律服务的探索

2014年，四川省雅安市基层法律服务工作者协会（以下简称"雅安基

---

[1] 陈圣利、翁川龙：《法学教育融入公共法律服务的路径探索——基于福建师范大学福清分校法学专业实践教学经验》，载《福建师大福清分校学报》2017年第6期。

协")组织实施了中央财政支持的"4.20"芦山地震灾区社区法律援助发展示范项目。项目超过预定目标任务,共为灾区困难群众办理法律援助案件412件,提供法律咨询11 581人次,展示了社会组织参与公共法律服务的良好成效。该项目的探索实践为社会组织参与社会事务、救助困难群众的机制和制度构建提供了可借鉴的实践经验。在雅安市司法局的指导下,"雅安基协"采取了七项工作措施[①]:

第一,集体研究,形成制度。多次召开会长会、理事会、理事扩大会集体研究,制定项目实施办法、界定受案范围、细化实施过程。

第二,广泛发动,鼓励参与。召开18家基层法律服务所的84名基层法律服务工作者参加动员暨培训会,安排部署项目实施工作。

第三,调研摸底,掌握需求。通过问卷、访问等方式,收集受灾群众法律服务需求信息。

第四,分配任务,共同参与。将法律援助、法律咨询任务分解到各个基层法律服务所,并根据当地法律服务实际需求和各所任务完成情况,动态调剂任务指标。

第五,方式创新,拓展服务。选派6名精通法律且调解经验丰富的人员组成"法律宣讲咨询团",为人民调解员解答法律疑问,讲授涉灾矛盾纠纷的调解技巧。

第六,督促指导,过程管理。深入各基层法律服务所,对项目实施情况全面动态检查。

第七,抽查回访,反馈效果。以面谈、电话问卷等方式对案件当事人进行回访,确保法律援助办案质量。

(二)基层公共法律服务体系建设实践探索的经验启示

第一,政府部门充分发挥指导、监管、服务职能,确保社会组织有序参与公共法律服务。政府部门在工作方向、工作规则、运行监管、排除干扰等

---

① 陶炳忠、黄齐府:《社会组织参与公共法律服务的个案探索与启示》,载《中国司法》2015年第4期。

方面进行指导、监管和服务。如政府引导社会组织在参与公共服务中不断完善工作机制、加强服务队伍建设，提升项目管理水平等，确保社会组织参与公共法律服务项目的效果。

第二，健全完善政府购买社会组织公共法律服务的具体制度。政府要科学确定购买服务的范围和事项、要制定政府购买公共服务的资金保障机制、建立公平竞争机制、完善项目绩效评估机制等，确保社会组织公平参与公共服务。如政府购买法律服务，由律师担任政府法律顾问或村居（社区）法律顾问。

第三，社会组织参与构建公共法律服务体系可操作、可复制、可推广。"雅安基协"在项目实施过程中制定的相关文件、确定的相关制度以及具体的实施措施等，在制度设计和操作上为社会组织参与公共法律服务提供了可资借鉴的经验。

第四，高校法学教育的理念与目标应该与为社会提供法律服务有机结合。法学是一门应用学科，法学教育培养的应该是应用型法律人才。所以，法学教育应该高度重视和加强实践性教育，鼓励学生积极参与法律服务实践，注重培养学生解决法律实务问题的能力。福建师范大学福清分校法学专业的办学理念之一就是坚持让学生积极融入到公共法律服务中去。实践中，主动借助各种社会力量，积极建设各种教学平台；借助教学实践平台，积极融入公共法律服务。既满足了群众对法律服务的需求，又锻炼了学生自身解决法律问题的能力[①]。

六、推进基层公共法律服务体系建设的路径

针对基层公共法律服务体系建设中存在的困难和问题，结合域外基层公共法律服务体系建设的相关做法与启示、基层公共法律服务体系建设的实践

---

① 陈圣利、翁川龙：《法学教育融入公共法律服务的路径探索——基于福建师范大学福清分校法学专业实践教学经验》，载《福建师大福清分校学报》2017 年第 6 期。

探索与启示，笔者就进一步推进基层公共法律服务体系建设提出以下建议：

(一) 构建基层党建服务体系，引领基层公共法律服务体系建设

要将公共法律服务体系建设纳入地方党委政府重点工作，完善考核机制和问责制度。要站在统筹推进"五位一体"总体布局和协调推进"四个全面"战略布局的高度，加快推进公共法律服务体系建设，深化"一村（居）一法律顾问"数据分析运用。要把"四个意识"贯穿到司法行政具体工作中，切实抓在手里，扛在肩上，发挥党的建设的统领作用。郑州市城东路街道办事处构建基层党建"三个三"服务体系引领为民服务再上新台阶的做法可作参考[①]：

1. 建立三项机制，撑起党建"顶梁柱"

第一，建立"1+3"街道大工委机制，构建区域化党建新格局。以"区域统筹、资源整合、优势互补、共建共享"为原则，整合人员、阵地、功能等党建资源，逐步实现社会管理和公共服务的社区化、协作化、社会化和一体化。

第二，建立"1+4"社区民主化管理机制，丰富社区大党委工作内涵。将公共单位党组织、社区党组织、网格及楼院党小组、"两新"党组织纳入所在辖区社区大党委管理，依托纵向的组织架构，构建以社区大党委为核心、辖区党组织及全体党员共同参与的社区民主化管理体系。

第三，建立完善工作运行机制，实现资源联动。建立"每月召开一次党建点评会，遇有重大事项可随时召开，年底听取述职报告"的工作机制，共同研究解决基层党建及社区建设管理中遇到的热点难点问题。

2. 培育三支队伍，打通服务群众"肠梗阻"

第一，培育职业化社区工作者队伍，实现服务规范化。梳理完善社区权责清单，设立模范党员示范岗和党员延时服务岗，打造一支业务精通、服务高效、作风优良的职业化社区工作者队伍，为群众提供便捷、高效、规范的一站式服务。

[①] 冉红政：《构建基层党建"三个三"服务体系 引领为民服务再上新台阶》，载《郑州晚报》2017年9月6日。

第二，培育党员志愿者队伍，实现服务常态化。依托各社区特色及辖区资源，积极打造"老党员说事会"等党建服务品牌，营造出有"困难找志愿者、有时间做志愿者"的良好氛围。

第三，培育专业社工服务队伍，实现服务精准化。探索引进第三方购买服务模式，依托服务中心、社工服务站、职业社工为群众提供专业化社会公共服务，弥补社区在为居民提供专业类服务中的不足。

3. 搭建三个平台，架起党群"连心桥"

第一，以党代表工作室为核心，搭建流动服务平台。创新推出党代表流动办公服务模式，每位党代表联系帮扶2—3名党员群众，每周组织开展一次驻室或流动服务活动，将党代表工作延伸到群众身边。

第二，以在职党员进社区活动为载体，构建为民服务平台。通过开展"在职党员进社区"活动，设置政策宣传、环境整治、文化娱乐、法律咨询等服务岗位，从思想、政策、法律等方面"量身定做"帮带措施，让辖区群众得实惠。

第三，开通线上业务办理服务，建立民意诉求平台。依托"互联网＋"开通"智慧城东"手机 App，采取"线上学习、线下活动"的模式，线上发布党员活动通知、受理群众办理事项、听取群众意见建议，线下组织开展有针对性的党员服务，实现面对面服务群众。

（二）加强顶层设计，明确基层公共法律服务定位

作为我国基层法治建设的成功实践，公共法律服务是近年来实施服务型政府建设的重要举措和行之有效的方式，主要由司法行政机关统筹提供，以可选择、市场化、公益性和服务对象面向全体公民为主要特征，以满足社会公共需求，向全体人民特别是基层百姓提供平等享有公共法律服务权利为主要目的，涉及律师、公证、法律援助、基层法律服务、法律顾问、司法鉴定、法治宣传、普法教育、仲裁、司法考试、人民调解、安置帮教等诸多方面，服务方式既包括无偿或公益性的法律服务，也包括提供有偿法律服务。公共法律服务体系建设要由司法行政部门来统筹规划全面安排。因此，必须加强对司法行政工作的顶层设计，使司法行政职能在公共性、服务性和法律性上实现统一，使司法行政改革能够整体谋划、系统推进、不断创新，使司法服务网络建设实现全覆盖、无死角。为此，必须将推进公共法律服务体系建设作为全面推进依法治国和发展完善政府公共服务有机结合的一项系统工程，发挥党委、政府的主导作用，适时出台关于加强公共法律服务体系建设的专门意见，明确公共法律服务的性质定位、对象范围、供给机制、保障措施等政策法规，尽快建成覆盖城乡、服务社会不同领域和群体的完备公共法律服务体系。

基层法律服务是公共法律服务体系的重要组成部分，是中国特色法律服务在基层的成功实践。规范和发展基层法律服务工作的根本目的在于着力解决人民群众日益增长的法律服务需求与公共法律服务供给相对不足之间的矛盾，保证人民群众共享法治建设成果。基层法律服务是公益性、基层性、便民性互为统一的整体。基层法律服务是基层公共法律服务的承担者，基层法律服务以农村居民、进城务工人员、城市失业人员、残疾人等低收入或弱势群体为主要服务对象，使他们不因贫困而丧失获得基本法律服务的权利，失去法律保障的权利，切实维护他们的合法权益。基层法律服务与律师的工作相似，业务范围广，除了不能办理刑事诉讼案件以外，几乎可以涉足律师事务所的全部业务范围，是基层法律服务的"全科医生"。基层法律服务可以收取费用，但不得赢利，体现公益性。基层法律服务具有便民性、适时性，不同于律师服务的偶然性，基层法律服务工作者扎根基层，能够随时随地为基层群众提供法律服务。

基层法律服务所是基层司法行政部门，是承接服务工作的载体。司法所是司法行政机关最基层的组织形式，是县（区、市）司法局在乡镇（街道）的派出机构，负责具体组织实施和直接面向广大人民群众开展基层司法行政各项业务。法律服务所也是依法在农村乡镇和城市街道设立的面向基层开展法律服务的组织。目前基层法律服务所的形式多种多样，有自收自支的，有政府补贴的，全社会对基层公共法律服务没有准确统一的定位。从我国现有法律服务机构的性质来看，基层公共法律服务所又不完全是公共服务机构，法律服务中介机构的特色突出，但基层公共法律服务必须突出其公益性质，即使是行政许可的收费项目,价格也比较低廉。基层法律服务工作者,特别是在偏远地区、贫困地区工作的基层法律服务工作者收入微薄,如果将基层法律服务完全推向市场,那么多数基层法律服务工作者将会转行,大量的基层法律服务所将因缺乏工作人员而关闭。法律援助的范围有限,介于符合法律援助的低收入群体与中等收入群体之间的大量群体存在,他们的各种法律问题需要基层法律服务工作者提供,而面对入不敷出的困境和大量服务的需求,要维持运转必然需要政府给予公共财政资金的支持。如果政府不给予一定的扶持,中低收入群体的法律权益维护将举步维艰,这不利于社会的和谐与稳定。因此政府应将基层公共法律服务明确定位于公益性质、普惠性质。

(三)加强组织建设,完善基层公共法律服务体系

党的十九大报告指出:"完善公共服务体系,保障群众基本生活,不断满足人民日益增长的美好生活需要,不断促进社会公平正义,形成有效的社会治理、良好的社会秩序,使人民获得感、幸福感、安全感更加充实、更有保障、更可持续。"这为作为基层公共服务重要组成部分的基层法律服务体系建设指明了方向。国务院《"十三五"推进基本公共服务均等化规划》对推进公共法律服务体系建设作出了部署。

目前,我国的公共法律服务体系建设主要由司法行政部门来统筹规划、全面安排。因此,司法行政部门要立足区域经济社会发展水平和法律服务工作的实际情况,加快构建覆盖城乡、惠及全民的公共法律服务体系,均衡布局城乡之间的公共法律服务资源,为维护社会和谐稳定、促进社会公平正义,提供法治保障。实践中,司法部为认真贯彻中央关于公共法律服务体系建设的决策部署,先后出台《关于推进公共法律服务平台建设的意见》《基层法律服务所管理办法》《基层法律服务工作者管理办法》《关于建立健全基本公共服务标准体系的指导意见》等,要求加强组织建设,完善党委领导、政府主导、部门协调配合、社会公众广泛参与的公共法律服务体制机制,形成齐抓共管、协同配合的工作格局。这些指示、部署和实施意见,在方向、政策和方法上给基层提供了完整的落实依据和标准要求。各级各地司法行政部门要认真落实《全国司法行政工作"十三五"时期发展规划纲要》,把公共法律服务体系建设作为法治政府建设的重要内容，着力构建公共法律服务多元化供给模式和常态化保障机制。司法行政部门要结合实际制定具体实施方案，明确目标责任和路线图、时间表，集中力量推进工作落地，落实到位，全面实现为基层群众提供更高质量的法律服务的目标。

山东省司法行政机关以推进公共法律服务体系建设为总抓手，以落实司法行政改革任务为主线，提供了全方位的保障，先后部署开展了"一村（社区）一法律顾问"、律师参与化解和代理涉法涉诉信访案件、公证执业区域调整试点、"基层法律服务全覆盖"、实施法律援助利民工程等工作，努力让老百姓无论何时何地，都能享受及时便利、优质高效的法律服务。山东省司法厅联合省财政厅在全国率先出台了《政府购买公共法律服务暂行办法》及其指导目录，将五项公共法律服务类项目列入基本公共法律服务事项，把"十三五"规划要求的将基本公共法律服务纳入国家基本公共服务体系整体规划，落到实处。

（四）整合服务资源，拓宽基层公共法律服务领域

基层公共法律服务要坚持公益性、普惠性原则，围绕满足广大人民群众的基本法律服务需求，加快推动公共法律服务向各个领域、各类群体特别是困难群众延伸，让广大人民群众共享法治建设成果。工作中，要紧紧围绕"覆盖城乡、功能完善、便捷高效、群众满意"的目标，整合各类公共法律服务资源，坚持合理布局、供需对接、共建共享，着力打造公共法律服务实体、热线、网络三大平台，实现一站通、一线通、一网通、一键通，实施法律服务进社区、进学校、进企业、进工地、进农户和田间地头，确保广大群众能够获得便捷的公共法律服务。

1. 开展法治宣传服务，提高公民法律素养

第一，加强法治宣传和普法用法教育，提高群众法治意识。坚持以创建法治城市、民主法治村居（社区）、诚信守法企业等活动为载体，深化村居、社区、企业、学校等基层法治宣传教育，通过发放法律宣传手册、宣传资料、设立法律咨询台等方式，向群众普及宣传法律知识，提高群众法治意识，教育引导群众在任何时候都要依法办事，依法维权，依法信访，依法表达利益诉求。

第二,针对不同群体,开展精准有特色的法治宣传教育。充分发挥新闻传媒在法治宣传教育中的导向作用,切实强化广播、电视、报刊等新闻媒体的社会责任,大力开展公益性法治宣传教育。利用网络、微博、微信、微电影、移动TV、户外显示屏、气象屏等新媒体、新载体开展法治宣传,拓展覆盖面。精准把握本地区、本片区一个时间段、一个群体关心的旧村改造、危房改建、土地出让、旧城更新、扶贫济困资金使用、扫黑除恶、基层改选等热点法律问题,开展精准服务释疑解惑。

2. 加强法律援助队伍建设,大力实施法律援助

第一,认真贯彻执行《法律援助条例》,强化法律援助政府责任。按年度制订工作任务目标,分解工作专题,集中力量落实到位。使行政区域内覆盖全面,对特殊人群要突出重点,确保效果。

第二,扩大法律援助业务范围和覆盖面,把更多低收入群体纳入法律援助范围。随着我国经济、社会的高速发展和"互联网+"的全面普及,新职业、新业态、新情况层出不穷,有些是创新创业的产物,对带动发展发挥着正能量的作用;有些则是利用新手段、新工具实施违法犯罪,坑害弱势群体。因此,为了应对新形势,必须将新生效的法律、法规、判例所适用的新范围、适用条件,迅速及时准确地在基层法律服务中展现。对困难群体、流动群体、弱势群体,要服务上门,做到在法治建设、法律服务的道路上一个都不漏下,使他们享受到公平法治、阳光法制。

第三,健全法律援助机构设置,扩大法律援助服务队伍,提高法律援助队伍人员素质。随着法律援助制度的实施,社会对法律援助的需求不断增长,法律援助服务远远不能满足群众的需要。目前来看,一方面法律援助管理队伍力量相对薄弱。在编制方面,全国地市机构平均编制数为5.5个,县区平均3个,不少机构无专门编制,人员多由司法局内部调剂或由其他科室的人员兼任。法律援助服务人员和志愿者队伍力量栢对薄弱。另一方面,律师作为法律援助的主体数量相对较少,地域分布不均。越是经济发达地区或大中城市,律师越多,越是贫困边远地区或小城镇,律师越少。律师提供的法律援助质量和效果参差不齐,法律援助队伍人员素质有待进一步提高。

第四,提高法律援助经费保障水平。法律援助制度是由法律援助机构、人员、对象、经费、设施、规范、理论及法律援助行为等要素构成的有机整体。在这些要素中,法律援助经费是法律援助制度的物质基础和保障①。建立法律援助经费保障制度;扩大援助经费来源范围;除正常预算内财政拨款、转移支付外,可以设立基层法律服务基金,鼓励社会团体和单位捐款,适当发行法律援助福利彩票来筹集资金。同时,加强法律援助经费的管理,做到有资金使用预算,有严格报销审核。只有这样才能提高法律援助经费数额,弥补财政拨款的不足。

3. 开展公益性基础法律服务

以政府购买服务为基础,面向弱势群体,积极开展公益性法律顾问、法律咨询、辩护、代理、公证、司法鉴定等服务业务。实施法律顾问全覆盖工程,推行"一社区一顾问,一村居一顾问",鼓励和引导法律服务人员积极参与社区、村居工作等公益性法律服务,更好满足广大人民群众的法律服务需求,推动法律服务向基层延伸。倡导法律志愿者服务作为有效补充,维护弱势群体的合法权益。

4. 健全矛盾纠纷多元化解机制

司法行政部门负责指导人民调解工作,推动设立行业性、专业性人民调解组织,加强人民调解组织网络化建设,完善人民调解工作机制,促进人民调解与行政调解、司法调解的衔接联动,推动律师事务所、公证机构、司法鉴定机构、基层法律服务所等法律服务组织参与纠纷化解。以山东为例,要贯彻实施《山东省多元化解纠纷促进条例》,健全矛盾纠纷多元化解工作机制,推动调解组织网络和工作平台全覆盖,为人民群众提供灵活便捷、公正高效的矛盾纠纷多元化解渠道,努力把各类矛盾纠纷预防在源头,化解于萌芽,解决在基层,防止发生重大群体性事件和个人极端恶性事件。

(五)重视人才储备,推进基层公共法律服务人才队伍建设

目前的基层公共法律服务队伍不能很好适应社会发展的需要,司法部曾

---

① 张宝群:《法律援助经费在法律援助制度中的地位与作用》,载《法制与社会》2008年第6期。

经组织调研组到各地调研，认为在律师较少的城市和农村对基层法律服务的需求较大，应从以下几个方面加强人才队伍建设。

1. 招录基层公共法律服务工作者要常态化、专业化、规范化

很多省份很长时间内几乎没有招录过基层法律服务工作者，数量萎缩、年龄老化现象严重。招录基层法律服务工作者不仅是加强基层法律服务队伍规范化建设的内在要求，更是促使其充分发挥职能作用，构建覆盖城乡公共法律服务体系的现实需要。要在政策上倾斜，使基层公共法律服务工作者的岗位有吸引力，制订最低服务年限制度，任期届满交流制度，定期接受教育培训制度，职务、职级晋升制度，力争将优秀法律人才吸收到基层法律服务队伍中。

2. 加强对基层公共法律服务工作者的教育培训

2000 年以前基层公共法律服务工作者的专业水平不高，2004 年后各地对基层公共法律服务工作者的准入规定不一致，新进人员素质参差不齐。现在，全国基层公共法律服务工作者大多数具有大专以上学历，但全国基层公共法律服务工作者年龄超过 45 周岁的占了一半左右，存在年龄老化、专业知识老化等现象，急需加强法律服务的专业培训。要发挥好现有法律培训机构的作用，定期组织由名师授课、经验交流、案例指导、观摩交流、庭审观摩等多种形式，既有理论高度又有实践深度还有形态广度的多维度培训。培训中要明确基层法律服务工作的定位和发展方向，树立正确执业理念，依法诚信规范执业，不断提高服务质量和水平。

3. 加强基层公共法律服务工作者的考核、激励

为调动基层法律服务工作者的积极性和主动性，建立一系列奖惩激励机制。对于考核优秀者予以通报表彰和奖励，把一次性奖励、短期激励和累计积分奖励等长效激励相结合，把物质奖励和职务、职级晋升、评先树优相结合，鼓励扎根基层、扎根一线的优秀基层法律服务工作者做表率做楷模；对于考核不及格者予以通报批评并取消法律顾问资格及补助。只有这样才能更好地为群众提供便捷高效的法律服务，维护基层社会和谐稳定，推动全面依法治国的战略部署在基层落地，从而提升全体公民的法治意识、法治理念和

依法办事的自觉性，助力实现中华民族伟大复兴的中国梦。

（六）加强信息化建设，推进基层公共法律服务平台建设

公共法律服务平台建设是推进公共法律服务体系建设的一项基础性工作，是集成司法行政各类法律服务项目、提供多种公共法律服务产品的有效载体，是司法行政机关直接面向人民群众提供服务的窗口。加强公共法律服务平台建设，将公共法律服务网络延伸至基层，是夯实司法行政基层基础建设的必然要求①。

山东省武城县"1344"工作模式、贵州省思南县建立"五基地五体系"、上海市闵行区建立"互联网＋公共法律服务"体系、福建师范大学福清分校法学教育融入公共法律服务、四川省雅安市基层法律服务工作者协会参与公共法律服务的实践探索中，信息化都发挥了重要作用，也为推进基层公共法律服务平台建设提供了借鉴。一是公共法律服务中心、公共法律服务工作站、公共法律服务工作室、村（居）法律顾问的公共法律服务实体平台建设以县（市、区）、乡镇（街道）为重点，通过整合资源，实现将各类别公共法律服务集中进驻，打造综合性、一站式的服务型窗口。二是在热线平台建设中突出"互联网＋12348"的导向，加强热线平台与网络平台的业务融合、数据整合，实现热线平台与网络平台协调联动。实现"12348"公共法律服务热线与"12345"政府公共服务等政务热线、窗口服务和紧急类求助平台之间的协作制度，建立相应衔接联动机制。三是通过一村（居）一法律顾问微信平台，推进公共法律服务网络平台向基层延伸，借助微信平台用户基数庞大的优势，为广大群众提供法律咨询、法治宣传、法律服务机构查询和导航等在线服务，让群众能够随时随地享受公共法律服务②。

基层公共法律服务平台的建设，应以"互联网＋法律服务"为总体思路，综合运用大数据、云计算和人工智能，完善信息共享平台，通过手机 App、微信公众号、门户网站等渠道，为群众提供法律事务咨询、法律服务指引、

---

① 司法部：《关于推进公共法律服务平台建设的意见》，载《中国司法》2017 年第 10 期。
② 司法部：《关于推进公共法律服务平台建设的意见》，载《中国司法》2017 年第 10 期。

法治宣传教育、法律法规与司法案例查询等法律服务。以公共法律服务中心工作平台为依托，整合各层级、各职能部门的公共法律服务项目和服务产品，建设各级网上公共法律服务大厅，为广大人民群众提供法律咨询、网上调解、法律援助受理、公证业务预约和受理、聘请律师和基层法律服务工作者引导、申请司法鉴定引导、查询服务信息等综合性法律服务。积极利用手机客户端、微信、微博、门户网站等网络平台，推进法律服务在线咨询、网上化解矛盾纠纷等，努力让群众足不出户便可享受到及时便利、专业优质的公共法律服务。

（七）强化经费保障机制，为基层公共法律服务体系建设提供支撑

全面建立和完善现有公共法律服务体系，是一项紧迫的任务，没有国外样板可以模仿，只有过去一些发达地区成功的做法可以借鉴，这些成功的共同之处就是政府在资金上的大力支持。因此，需要政府承担基本责任、提供有力的资金支持和持续稳定的政策保障，建立健全基层公共法律服务资金保障制度和补偿激励机制，提高基层公共法律服务工作者的积极性。这就需要通过财政预算，把基层公共法律服务纳入政府基本公共服务范畴。

第一，加大对基层法律服务建设和保障的投入，制定倾斜政策，建立健全政府财政保障机制，推动公益性公共法律服务补偿机制，对积极参与公共法律服务、服务业绩突出的法律服务机构和人员，通过税收、表彰、奖励、培训、补助等手段，加以引导和激励，使更多的力量进入基层公共法律服务领域。

第二，公共法律服务是以公益属性为基础，要强化政府财政支持力度，并逐步提高公共法律服务补贴的范围和标准，探索尝试补贴制、合同制、项目制等多种政府出资方式。

第三，组织多方筹资、鼓励相关机构和个人为公共法律服务提供赞助、建立社会性公益机构，动员社会力量参与公益性法律服务，努力实现公共法律服务体系组织形式的多样化和服务主体的多元化。

第四，确立经费保障机制确保长效运行，构建政府主导提供政策资金支持、司法行政部门组织、法律服务行业实施、社会力量广泛参与的科技化、网络化、数字化服务新格局,形成结构合理、覆盖城乡、网络健全、百姓认同、惠及全民的公共法律服务体系,满足广大人民群众要求解决最关心、最直接、最现实的利益问题的需要。

第五,鼓励法律服务志愿者到基层,到老少边穷地区帮助工作。将公共法律服务体系建设列入政府为民办实事项目,推动建立党委领导、政府负责、司法行政具体实施、相关部门协作配合、社会广泛参与的长效工作机制。同时以政府购买的方式向律师事务所、公证处等自收自支单位购买法律服务,激发基层公共法律服务人员工作热情,让所辖范围群众普遍受惠。

当代中国司法调解制度发展研究[*]

——以上海市奉贤区人民法院实践为例

李黎明 黄 涵 朱凯杰[**]

当代中国司法调解制度，经过半个多世纪的实践，已经取得了一定的成就。国内学者对这一问题的研究从不同的角度展开。有的学者关注诉调对接机制的评估和反思[①]，以调解制度自愿性根本价值为出发点，提出在"争讼型"调解协议的司法审查中视当事人对调解协议的请求与抗辩的具体内容认定双方的权利义务关系进而判断开庭审理纠纷的必要性，针对"非诉型"司法审查则强调司法确认应归位为无争议合同的强制力保障。这对于微观层面厘清司法调解的细致分类、明确诉调对接的理想化流程是非常有意义的。有的学者关注调审分离制度的必要性和落实措施[②]，其对调解与审判的差异性研究从根本上为调审分离提供了依据，亦为微观层面改善司法调解制度指出具体路径。另有学者关注司法 ADR 模式[③]，以我国台湾地区和日本为参照，意图构建审前强制调解程序，辅以全额退诉讼费等鼓励机制，相应的调解协议效力可以等同于国家行政机关文书。这体现着兼顾我国法系归属和传统文化的意图，但值得进一步思考的是，决定一项法律制度应否被采用及如何采用实际上并不取决于该制度本身的优越程度，而反映在对中国特色社会主义法治建设中体现的创新智慧的深度挖掘和把握中。

概言之，以上学者及理论界的大多数学者从司法调解制度微观层面介入，对司法调解制度的现状及制度化和模式化改良做出有益探索，意义非凡。但

---

[*] 本文为华东理工大学 2019 大创研究项目，由李黎明、黄涵、朱凯杰等同学完成。

[**] 作者简介：李黎明，北京大成（郑州）律师事务所。黄涵，上海劲力律师事务所。朱凯杰，国评院法律实施评估研究院。

[①] 潘剑锋：《民诉法修订背景下对"诉调对接"机制的思考》，载《当代法学》2013 年第 3 期。

[②] 李浩：《调解归调解，审判归审判：民事审判中的调审分离》，载《中国法学》2013 年第 3 期。

[③] 马建华：《论我国司法调解制度的完善》，载《当代法学》2010 年第 5 期。

共性是缺乏将司法调解制度放置于中国特色社会主义法治建设背景下探寻中国智慧、中国话语的宏观视角。法治的中国话语建设何以如此重要？对此笔者十分赞同李瑜青教授的观点，即中国在全球化发展过程中要探索适应本国的发展模式，批判性吸收其他国家的知识和智慧是一方面，但更重要的是自己实践探索得来的富有生命力的新理论和新思想，要"体现中国对全人类所做出的一个重要贡献，即在当代社会条件下后发的东方国家现代化模式"。当前中美在贸易、科技方面的摩擦仍在持续，欧美法律因长期在国际贸易中发挥着重要作用往往成为制定标准的规范，此时更加凸显中国法治话语建设和掌握主动权的重要性。中国作为一个以华夏文明为根基繁衍至今的东方国家，深厚的文化基因渗透进中国人的日常生活，检验着抽象的法律规则与现实社会的兼容性，亦于无形中推动和改变着中国法治建设的方向，理应受到学者们的重视。本文所研究的司法调解制度一向以"东方经验"著称，其究竟在哪些方面体现了法治创新的中国智慧，文化基因又在何种程度上发挥了作用，口号和空谈均不能给出答案。这正如法律社会学并不关注法律规范的价值或逻辑体系，而是法律在社会实际生活中具体的运行及其功能发挥的"实际状态"[①]。故笔者选取上海市奉贤区人民法院的实践作为研究对象，对改革开放40年来司法调解制度的发展历程和背后特有的文化因素进行分析，以小见大，观测并证实法治的中国智慧实现的状态。

一、司法调解制度在奉贤区人民法院的建立与发展概述

（一）奉贤区人民法院司法调解制度的建立与发展概述

奉贤区人民法院自1950年建院以来即设有诉调对接中心，主要负责引导当事人调解解决纠纷，是衔接诉讼与非诉讼解决方式之间的桥梁。与中国社会司法调解背景相契合，奉贤区人民法院的司法调解原则同样经历了调解为主到自愿合法调解进而形成"调解优先，调判结合"的最终状态，法官则集

---

① 李瑜青：《法律社会学教程》，华东理工大学出版社2009年版，第7—9页。

审判员和调解员的职责于一身。

2015 年 9 月，奉贤区人民法院诉调对接中心从立案庭分离。诉调对接中心的办公地点设在院本部，与驻院人民调解委员会采取无缝对接。在区交通警察大队、区劳动仲裁委员会等纠纷集中的地点设立调解工作站。在人民法庭设立诉调分中心，诉调分中心的人员由人民法庭进行统一管理与业务指导。

2018 年 7 月，奉贤区人民法院按照上级内设机构改革的要求，诉调对接中心做了重要的机构调整，重新并入立案庭。随着机构的调整，诉调对接中心贯彻的理念也随之被赋予了新的内涵，主要体现在提前介入了解立案情况、注重全程调解、加强职权调查、加强普法教育等方面。

（二）奉贤区人民法院司法调解制度与马锡五审判方式之间的联系

马锡五审判方式以陕甘宁边区从事司法审判工作的马锡五同志的名字命名，采取巡回审判方式，依靠群众，深入调查研究，运用调解与审判相结合的方式，及时审结了缠讼多年的疑难案件，以减轻人民的讼累[①]。转眼如今的司法制度更多强调审判的客观公正性，对调审合一的状况也持批判态度，马锡五审判方式已不再直接适用于当下，但笔者认为，马锡五审判方式亲民便民的内涵依然适用于司法调解领域，基层法院的做法也在便民亲民方面体现着马锡五审判方式的内在精神本质。

首先，在外部机构联动方面，奉贤区人民法院坚持将诉前纠纷解决的重心下沉，深入基层，与行业的人民调解、行政调解联动，并与多部门建立了多种联合调处机制，在矛盾多发的专业领域联合建立调处平台，形成长效机制，为方便人民解决纠纷起到了重要作用[②]。

其次，在内部调解方式和原则上，坚持"调解优先，调判结合"原则，将调解理念贯穿案件审理始终，边审边调，以审促调，强化法律释明，充分告知法律风险和诉讼成本，纠正当事人一些缺乏法律依据的诉请主张，化解当事人赌气、冲动等过激情绪，因人制宜地提出化解方案，达到案结、事了、

---

① 江伟、谢俊：《"马锡五审判方式"的意义及实现》，载《河南省政法管理干部学院学报》2009 年第 4 期。

② 张卫平：《回归"马锡五"的思考》，载《现代法学》2009 年第 5 期。

人和的效果，这正是马锡五审判方式亲民精神的体现。

（三）奉贤区人民法院司法调解制度同步于国家方针政策

1. 新中国成立后至改革开放前期，始终重视调解

1950年召开的全国司法会议明确指出，人民法院必须"始终重视调解工作，诉讼中的调解是我国审判制度的一个必要组成部分"。1963年，在第一次全国民事审判工作会议上，提出"调查研究、就地解决、调解为主"的民事审判方针，1964年又将该方针在原基础上添加了"依靠群众"为前提的四字，成为指导调解的十六字方针①。1991年，《中华人民共和国民事诉讼法》颁布实施，将民事诉讼调解确立为民事诉讼法基本原则，同时强调了调解的自愿和合法性，并以专章（第八章）作出规定，使民事诉讼调解在民事诉讼法中有了全新且明确的定位。

2. 20世纪70年代末至90年代末，调解遭遇冷淡，迎来诉讼热

我国改革开放后，经济文化等各方面都开始得到极大的发展。西方的法制理念逐级注入到中国人的法律生活中，运用法律武器维护自己的权益成了潮流和时尚。大量纠纷涌进法院，人们不再追求和气的中庸之道，而是更加强调是非对错②。

3. 依法治国基本国策的提出，改变审判模式，诉讼不再是首选方式

1999年九届全国人大二次会议通过的宪法修正案规定："中华人民共和国实行依法治国，建设社会主义法治国家。"这是中华人民共和国治国方略的重大转变。

2002年《最高人民法院关于民事诉讼证据的若干规定》出台，改变了以往调节型审判模式，"谁主张，谁举证"分配到当事人双方的举证责任成了官司胜败的关键。在审理过程中，法官对双方陈述的事实不再主动调查，而是主要通过当事人自己提供证据。对大量的诉讼能力和诉讼意识普遍低下的人来说，这样的新改革造成了他们对法官审判的误解和不满。

4. 21世纪调解复兴

鉴于以上情况，到了21世纪，法院对调解又提出了新的认识。整个司法

---

① 何兰阶、鲁明健主编：《当代中国的审判工作（下）》，当代中国出版社1993年版。
② 杨润时：《最高人民法院民事调解工作司法解释的理解与适用》，人民法院出版社2004年版。

的审判，从重判决轻调解又重新回到了重视调解的阶段。2002 年，最高人民法院、司法部联合下发《关于进一步加强新时期人民调解工作的意见》，强调法院对人民调解的指导和经人民调解案件与法院确认的衔接。2003 年，最高人民法院《关于适用简易程序审理民事案件的若干规定》中对调解结案的案件在民诉法规定的基础上又作了更为灵活和简易操作的规定，使民事诉讼调解可以更有效地推广开来。2004 年 11 月 1 日实施的《最高人民法院关于人民法院民事调解工作若干问题的规定》，在肯定调解作用的基础下，又明确了两项新措施：一是承认当事人在调解协议中约定的一方不履行协议应承担额外民事责任的条款的效力；二是准许当事人为调解协议的履行设定担保，使当事人消除了因调解而不能确保自己权益的后顾之忧。

5. 十八届四中全会完善多元化纠纷解决机制

党的十八大以来，以习近平同志为核心的党中央立足中国发展实际，坚持问题导向，从坚持和发展中国特色社会主义全局出发，从实现国家治理体系和治理能力现代化的高度提出了全面依法治国这一重大战略部署。党的十八届四中全会通过的《中共中央关于全面推进依法治国若干重大问题的决定》提出要"完善调解、仲裁、行政裁决、行政复议、诉讼等有机衔接、相互协调的多元化纠纷解决机制"。在中央统一部署下，最高人民法院一直十分重视多元化纠纷解决机制改革，积极发挥司法的引领、推动和保障作用，努力构建具有中国特色的多元化纠纷解决体系，推动多元化纠纷解决机制在法治轨道上不断发展完善。

十八届四中全会提出"保障人民群众参与司法，在司法调解、司法听证、涉诉信访等司法活动中保障人民群众参与，完善人民陪审员制度，构建开放、动态、透明、便民的阳光司法机制。加强人权司法保障"，使人民群众能参与到司法调解过程中，完善司法调解制度的同时，增强人民群众的法制素养。奉贤区人民法院也欢迎社会各界参与司法调解，人民陪审员的设立也让审判人员听到了群众的声音。

二、奉贤区人民调解制度的发展体现了法治的中国智慧

探究我国近代司法调解制度的发展，首先要重点关注我国在近代不同阶

段对于司法模式的选择。学界普遍认为,20世纪40年代开始,尤其是新中国成立以后,受意识形态的影响,我国主要学习苏联的"超职权主义"司法模式,相较程序正义而言更注重实体正义的实现,于是建立起以调解为重心的马锡五审判方式。90年代坚持调解的自愿、合法原则形成"重判轻调"的局面,约束法院对诉讼的干预,大部分来源于对英美法系国家"当事人主义"司法模式的借鉴。如果说近代中国的司法模式选择之路借鉴大于内省,那么新时期重新重视司法调解制度而形成的"调解优先,调判结合"方针,或许可以理解为整合司法改革之后的中国化法治理念的体现和中国本土传统纠纷解决方式的回归,以及对当前我国诉讼案件数量不断攀升的回应,而不仅仅是借鉴曾经根植于"一党专政"背景的苏联抑或坚持"社会契约论"起源的英美法系国家经验。我们从基层人民法院司法调解发展的实践中发现,一些具有中国特色的制度建设理念蕴含其中,包括以人民为中心、和谐法制体系和坚持党的领导等。

(一)把司法调解制度建设作为人民的事业

1. 司法调解制度建设理念:以人民为中心

我们之所以强调以人民为中心,背后既体现着唯物史观的科学理论,也蕴含了中国古代儒家思想文化的精髓。唯物史观分析每一个现实的个人构成最为广泛的人民群众基础,无论是生产力的发展还是生产关系的变革,都依靠人民群众这一强大力量,人民群众通过生产劳动和实践活动共同创造了人类的历史,最广大人民群众的根本利益实质上是社会发展基本趋势的一致体现。这正是党的十九大报告指出改革开放必须以人民为中心,司法体制改革最终归宿是人民的主要原因。中国古代儒家文化的民本思想更是为以人民为中心提供了思想源头,无论是孟子"民为贵,社稷次之,君为轻"的治国理念,还是荀子"水能载舟,亦能覆舟"对民心所向的重视,抑或《尚书》中"民惟邦本,本固邦宁"对人民之于国家根基地位的强调,均体现对民众的关注。但必须明确的是,我们坚持的"以人民为中心"的思想内涵相对于"以民为本"而言是一个更高层次的超越,它强调的是人民主体地位和全心全意为人民服务的根本宗旨。

新时期中国特色社会主义法治建设成就斐然，却依然未能避免出现"当官不为民做主"，甚至官与民争利的现象。"权力需要被关在制度的笼子里"意味着一方面我们强调贯彻以人民为中心的理念，另一方面，最好一项制度本身具备限制权力扩张、关注民众的特质。司法调解制度以尊重当事人意愿为根本原则，注重平等协商，能够最大限度地倾听民众意见、人民心声，深刻体现着以人民为中心的中国法治智慧。

首先，司法调解制度要做到以人民为中心，须想人民所想，急人民所急。人民群众常常因为诉讼周期和成本问题或顾及与对方当事人关系，不愿意将一些小额简单案件诉诸法庭，更希望以调解方式达成协议。然而少有人能够找到除法院外的另一类解决纠纷的对口专业机构，将诉调对接中心囊括在法院内部的做法虽有利于法院直接传送可能适用法院调解的案件，却也成为人民群众对此类机构不甚了解的一大原因。于是便民利民的司法调解法律服务和细致化的调解部门设置成为司法调解制度亟待落实的事项。笔者认为，将诉调对接中心办事机构与法院办公地分离，集中各个调解力量于一处，由机构设置到内部职责划分充分实现调解和审判的剥离方有利于增强调审效率，满足人民群众在调解自愿和审判公平等不同层次的需求。上海市奉贤区人民法院对此尝试新建并集中相关调解办事机构于一体，旨在为市民提供各类公共法律服务。奉贤区新近成立的公共法律服务中心集中了法律援助中心、法院诉调对接中心、人民调解中心、律师调解中心等于同一办公地点。其中，法律援助中心旨在为经济困难的公民和特殊案件的当事人提供无偿法律服务；人民调解中心负责组织区级专业性、行业性人民调解组织开展人民调解工作及人民调解、行政调解、司法调解、仲裁调解、社会调解等联动工作；律师调解中心接受人民法院诉调对接中心的委托，安排律师进行诉前调解；诉调对接中心仍隶属于区法院立案庭，主要负责司法调解与人民调解、行政调解、仲裁调解、社会调解等调解的工作对接，履行纠纷解决、司法确认、审前准备和速裁工作四大职能。

尽管该机构当前尚处于调整适应阶段，法院附设诉调中心从法院内部撤出，或许会使调解工作最后一环的审查缺乏精准度，调解员考核制度也未形成一套合理的标准，但长远来看此种机构设置仍将十分有利于改变人民法院审判、调解含混不清的状态和人民群众欲调难寻场所的尴尬境地。此外，四个核心部门集中办公，职能明确，人民调解中心更是细分医患、交通事故、知识产权、婚姻家庭、涉校、环境、劳动争议、消费等各类纠纷的调处，将在很大程度上激发基层调解活力和专业性，方便人民群众寻求帮助，长远来看也有望缓解近年来人民法院诉讼案件爆炸性的增长速度，缓解法官裁判压力，某种程度上也能够为诉讼案件的全面公正审理换取更多宝贵时间。

其次，司法调解制度应以案结事了作为解决人民群众纠纷的最终目的。近代中国的审判模式主要以借鉴西方国家为主，呈现出的一大特点就是重视程序正义，我国三大诉讼法均将"以事实为依据、以法律为准绳"作为基本原则，可以说审判以准确的法律判断和公正的审判程序为主要追求目标。而调解制度在中国人长久以来的思想观念里无疑是侧重于实体正义的，它关注纠纷本身，也关注纠纷背后的纠纷，将双方当事人经济能力、社会地位、主观过错等因素都纳入考量范围，以期寻求兼顾法理与人情的最终方案。这与马锡五审判方式内在精神相似——深入群众、方便群众、维护群众的根本利益。当代司法体制建设已进入深化改革新时期，在审判方面虽无法复制马锡五的成功经验，但不妨碍司法调解制度对其中蕴含的案结事了观念进行提炼贯彻。同时案结事了的观念也将我国的司法审判模式与西方国家区分开来，与后者重点关注 ADR 制度设置追求诉讼案件高效分流并不相同，我们在重视提高审判效率，争取节约司法资源的同时也应当对维护当事人情感联系和自愿接受调解方案等方面给予足够关注，这正是法治的中国智慧的一大体现。笔者参与调研的奉贤区人民法院的具体做法表现为对调解员的工作要求上，即向当事人强化法律释明，充分告知法律风险和诉讼成本，纠正当事人一些缺乏依据或者不够经济的诉请主张，尽可能消除赌气、冲动等负面情绪，使其回归合理的诉讼预期，在此基础上因地制宜、因人制宜提出化解方案，真正实现案结事了人和。值得肯定的是，这些相对弹性的工作原则赋予了调解员足够的释法协调空间，有助于当事人充分发挥自愿协商的主观能动性，达成一致化解方案，但另一方面也包含着法官可能超越职权的隐忧，与法官担任的被动中立角色存在偏差，因此合理设置调解员角色也是案结事了理念贯彻中必不可少的一环。

2. 积极鼓励更多民众参与司法调解体系

以人民为中心的法治理念还体现在鼓励民众参与司法、集中表达意见的机制建设上。就司法调解而言，党和政府除了直接代表民众的利益行使职权以外，还应当合理设计，让人民群众本身参与到表达机制中来。虽然我国现阶段还没有对于调解社会化的直接立法，但在《民事诉讼法》中有关于单位或个人协助调解的规定，以及在《关于人民法院民事调解工作若干问题的规定》中有关委托调解的规定可以看出立法有将调解主体社会化的趋势。理论界多数学者认为目前我国司法调解中将法官同时作为审判员和调解员的制度设计不够合理，要让调审分离的一个重要措施就是扩大调解员准入范围，减轻法官诉累，实现更大范围的公平正义。

结合奉贤区人民法院在此方面的做法，有以下两个层面的经验借鉴：

第一，将诉前纠纷解决重心下沉，搭建"庭所联动平台"。奉贤区人民法院为保障各个辖区人民群众便利地解决纠纷，分别设置奉城法庭、南桥新城法庭、柘林法庭三个下属机构。各个机构在所属辖区内分别采取独具特色的诉调措施。南桥新城法庭内部设立"小荷调解室"，专门负责对接基层人民调解委员会的工作，培训基层人民调解干部。尤其针对邻里纠纷和家庭内部纠纷，派出法庭法官联合村镇有威望的"老娘舅"共同对当事人进行疏导和沟通，化解纠纷的成功率大大提高。法官弥补基层人民调解干部在法律知识上的不足，而基层人民调解干部帮助送达调解方案促进最终案结事了。奉城法庭则采用与司法所、派出所建立信息相互通报制度，纠纷诉前指导、诉前诉中调解的工作机制完善辖区内的诉调对接工作。不少人民群众在出现纠纷后就近选择司法所、派出所等机构解决，联动机制的建立加强了各个机构间的信息互通，同样实现了基层调解人员丰富的实践经验和指导下的专业知识相结合的效果。

第二，设置专门的调解室和调解员。奉贤区人民法院的诉调对接中心通过设置专门的调解室以达到调解与审判相对分离的效果。返聘退休司法人员作为调解员，并在每个调解室设置一名负责出具调解协议等技术性工作的助理。待当事人双方就调解协议达成一致，法官前往调解室最后审核案件调解结果的合法性及文书的程序性规范。对无法达成调解协议的纠纷，进行无争议事实固定等审前准备工作，或由诉调对接中心的法官直接进行裁判。不难看出，基层法院正在尝试将法官与调解员的身份剥离，总体上确是为司法制度改革进行的有益探索，但仍未真正减轻法官压力和实现人民群众对司法调解过程的直接参与。笔者认为，为促进司法调解的进一步发展，可以将专家学者和社会上热心公益、有一定的文化水平的人民群众纳入到人民调解的队伍中来，加强基本法律知识的考察和培训，将公共法律服务和调解落实到人民生活的各个方面，从便民利民到民众参与，综合实现以人民为中心的司法调解机制。

3. 构建从社区到乡镇到法院一体化的人民调解与司法调解的体系

根据《中华人民共和国人民调解法》规定，各个村民委员会和居民委员会均下设人民调解委员会，企事业单位亦可根据需要建立人民调解委员会。人民调解天然扎根于基层，具有司法调解所不具备的主动性和广泛性特征，基层的邻里、家事纠纷大多能够通过村镇、社区有威望和丰富生活经验的人民调解员调停解决并贯彻实施调解协议，将矛盾及时有效化解。然而大量的实践证明，人民调解也常常因为分散于基层而存在如下两个问题：

第一，各地人民调解员的法律素养参差不齐，导致调解结果于法不一。我们选择人民调解员考量的主要特质是公道热心而非丰富的法律知识，但调解毕竟涉及双方当事人对切身利益的让渡和处分且全国各地法律资源分配相对不均，尤其要考虑到偏远地区的乡镇社区调解员信息流通不便，故有必要加强基层调解员基本的法律知识建设。目前我国主要由区司法所负责人民调解员的培训工作，笔者认为，司法所可以联合法院不定期组织司法调解和人民调解人员的交流沟通，增进联系的同时，互相学习对方的优势。2018年10月18日，上海市奉贤区人民法院、政法委等多个部门联合印发的《关于加强人民调解员队伍建设的实施意见》中表明要丰富对人民调解员的培训方式，主要由区司法局组织实施，建立人民调解业务指导法官名册，同时区人民法院还与区司法局联合建立了驻院联合调委会的联合调处机制以加强人民调解和司法调解的信息流通和联动。

第二，人民调解与人民法院之间缺乏对接机制。对于人民调解员难以调停的矛盾，当事人的第二选择往往是向法院提起诉讼，造成司法调解地位缺失。因此加强人民调解和司法调解的联动对接，至少能够将人民调解无法解决但仍然有调解余地的案件提前输送到司法调解过程中，省却人民法院接受诉讼后再将案件分配至诉调对接中心的步骤，简化流程。在最高人民法院颁布的《关于建立健全诉讼与非诉讼相衔接的矛盾纠纷解决机制的若干意见》指导下，奉贤区人民法院的主要做法为搭建庭所联络平台，将司法调解、行政调解、人民调解有机结合。区人民法院派出的调解员通过与司法所的调解员紧密联系，借助司法所的调解网络，实现法庭联系各镇、开发区，法官联系村居、社区工作制度。其次通过司法所与农村基层调解组织、村民委员会的沟通，借助其现有的场所、设施，建设巡回审判点、司法调解点安排法官定期巡回审理、调解纠纷、审查确定司法调解协议等，真正实现从社区、乡镇到法院一体化的人民调解与司法调解体系。这些联动机制建立在关注人民群众高效便捷解决纠纷、化解矛盾需求基础上，传达出中国独特的以人民为中心的司法调解制度建设理念。

（二）通过司法调解制度建设和谐法治体系

和谐法治体系建设是建设社会主义和谐社会的应有之义。我们倡导和谐法治体系的背后不仅凝结着中国特殊的"息诉""以和为贵"的文化理念，也蕴含着中国法治之于良法之治等更高层次的追求。从法治理念的传承演变来看，中国与西方分属于两种不同的体系。古代西方法治文化可追溯到古希腊、古罗马时期。彼时的亚里士多德在《政治学》一书中强调保全政体的方法为："已经成立的法律获得普遍的服从"和"大家所服从的法律又应该本身是制订得良好的法律"。我们总结为"良法之治"，虽然古代与现代西方法治理论对于"良法"二字应包含的内容是偏重抽象实质的道德还是形式化的制度体系建设存有不同，然而不能否认的是，"良法之治"至今仍是西方法治文化追求的最高境界。同时我们必须承认，这种理念为我国现代化法治建设提供了丰富的理论来源，但中国优秀传统文化精神与内涵蕴藏着的治世理念并不止于"良法之治"，而是追求"和谐法治"。笔者讨论的古代法治理念并非先秦时期占据主流的严刑峻法，而是对当今时代更具有指导意义的儒家学派的治国理念。他们强调忠恕宽容、至诚至性的中庸之道，重视人与人的和谐相处、和睦友好，"礼让三分、宽巷六尺"的典故更成为中国人解决纠纷的典范。因此我们要追求的目标不能止步于良好的法律制度建设，更要考虑到执行完全和案结事了的后续问题。司法调解制度存在的意义就是在一定程度上弥补诉讼在人际关系的维护和自愿高效执行上的薄弱点，尽管目前我国的法治现状尚不能达到这个目标，但我们需要重视中国特色的法治智慧，朝此方向不断努力。笔者所在调研小组在奉贤区人民法院进行了两个月不定期的课题调研，现选取典型调解案例以反映基层人民法院在司法调解方面的中国法治智慧。

甲女士与丈夫乙两人共有一套价值280万元的房产。现丈夫乙因车祸去世，乙的继承人还有两人共同的女儿和乙的母亲。甲女士本人对遗产分配在法律上的规定一窍不通，故求助律师，维护自己的合法权益，希望同时也不要伤害亲人的感情。这类案件最为稳妥的处理方法自然是调解结案，一方面有法律的公信力，方便房屋进行公证手续的办理，另一方面调解以确认权利义务也符合公民的"息诉"心理，维护情感上的联系。本案律师以此为出发点，向甲女士讲解遗产分配的法律依据，甲女士与乙的母亲达成一致：乙的母亲放弃一份遗产继承，并出具授权委托书，委托乙的姐姐处理余下的程序事宜。

整个调解过程由于有律师的参与，双方当事人在调解员主持下从达成调解意愿到出具法律文书不过两个小时，调解氛围也比较轻松，调解员能够把握双方情绪变化，在确保调解协议自愿性的情况下，适时聊一些双方职业、家庭的事情以拉近双方的距离。程序进行到最后，需要有审判法官进行卷宗审理和程序性事项的检查。本案中女儿未满十八周岁，继承遗产的事宜应当由法定代理人代理。这一点在出具的调解书中未被提到，经法官的完善，最终达成一致，双方当事人在轻松的谈话中一同走出调解室，这称得上一次成功的调解。

我们可以看到，本次调解过程中涉及双方当事人、法官、律师、调解员等多元参与主体，律师既帮当事人维护利益，又不强硬坚持诉讼，在情感上也为当事人留有空间，给当事人留下比较好的印象。调解员利用法律知识和情理劝导，高效达成调解协议。法官负责最终的文书法律内容和程序的审核。对比美国ADR制度下注重当事人双方的自由沟通和表达，调解员被动听取意见的调解方式，我国多元化主体参与方式更加具有中国特色，在角色上分配越细致，不同利益主体的声音才越能够被重视，双方也就越容易达成一份真实可靠的调解协议且不容易被单纯的情绪左右。我们应当追求一种理想的调解，它并不作为法律诉讼当庭对峙的最后防线，而是能够成为帮助双方明确权利义务的择优方案，如此才真正符合"息诉""和谐"的法治理念。

（三）司法调解制度建设中党的作用凝聚其中

立足历史发展和实践的角度，坚持党的领导有充分的理论和现实依据。东方国家和西方国家的政党模式之所以存在区别，与各自的演变发展过程密切相关。西方国家强调个体和自由，在走向政治文明和法治文明的道路上经历了激烈的革命，启蒙运动时期的天赋人权、个人本位以及社会契约论是现在西方国家的思想本源。而我们坚持党的领导与中华文明发展历程中崇尚集体主义和注重为政者德行的思想观念是分不开的。中国古代"家国同构"的组织结构从中央集权延伸至伦理尊亲，人民对集体有极强烈的归属感。而凡因长治久安而闻名的朝代往往离不开贤明有德的为政者。《尚书·大禹谟》有言："德为善政，政在养民。"《论语·为政篇》亦言："为政以德，譬如北辰，居其所，而众星拱之。"现代意义上的集体主义观念在继承传统文化的基础上融合了马克思集体主义思想而成为中国特色社会主义理论体系的重要组成部分，而中国共产党提出并践行"党纪严于国法，国法高于党纪"，全面从严治党也成为中国人民选择并依靠中国共产党领导实现民主法治目标的一大原因。改革开放40周年中国取得的巨大成就让这一选择的正确性不证自明。司法体制改革作为依法治国的重要内容，应当以中央全面依法治国领导小组的顶层设计为依据进行细化落实。在司法调解制度建设中凝聚党的作用是对十九大报告中强调加强党对法治建设的统一领导的回应。

宏观来看，奉贤区人民法院司法调解制度的创新做法既有地方智慧，同时也离不开党在思想层面的指导。以近几年奉贤区建立的联动机制为例，区司法局与人民调解组织的联动"大排查、大调解"，以及针对土地承包纠纷、医患纠纷、消费纠纷等由区人民法院与区司法局和各部门联合建立调处机制，均为健全多元化纠纷解决机制起到了重要作用。这些措施的落地和执行离不开党领导的中央和地方政府下发的包括《关于完善矛盾纠纷多元化解机制的意见》和《市委、市政府关于进一步创新社会治理加强基层建设的意见》（沪委发〔2014〕14号）等多份文件的规定，而这些文件的出台根本上又是维护人民群众利益的表现。这种需求自下而上传递，政策自上而下贯彻执行的法治模式以党的领导为凝聚剂，适应中国本土的现实状况，反映出法治的中国智慧。我们学习西方的法律制度最终需要回归中国的风土民情，贸然移植西方国家的法治体系常常会使其成为无源之水、无本之木。

三、关于奉贤区人民法院司法调解制度进一步完善的思考

（一）如何将社会主义法治理念融入调解前置程序

调解前置程序的存在一直以来都是备受青睐的，他的效用在简单民事基础案件中不言而喻。我国在1984年《关于贯彻执行民事政策法律若干问题的意见》中，规定人民法院审理离婚案件应当坚持查明事实，分清是非，进行调解，但没有规定应当先行调解。从实际出发，一般的类似纠纷能够达到寻求法院作出判决的地步，大部分纠纷双方已经不能通过调解来解决纠纷了。从社会法制理念的角度出发，当事双方本来就本着能谈判不诉讼的"和"的态度解决问题，但面对已经送至法院的案件，明显是已经谈判破裂的状态，法院这时再强制双方进入调解阶段，明显与调解制度本身的目的背道而驰。

经过以奉贤区基层人民法院为样本的调研工作，发现此类问题的解决方法可以大致分为两个方面：一是细化案件调解分类，将案件事由在人文社会的理解基础上分为可调解与调解不能的细化指导规定，从根本上简化案件过程的同时，充分发挥调解制度完善上的中国智慧。二是从当事人角度出发，细

致询问当事双方对案件的态度，主审法官要充分理解当事双方的内心诉求，不浪费调解资源，将简单的案件复杂化，也不草率判决，让当事双方彻底决裂，做到案结事了，让当事双方从内心感觉处理结果能够接受，力争实现败诉不怀恨在心，胜诉要以德报怨的良性循环过程。

（二）如何充分发挥社会系统的作用减轻法官诉累

调解社会化是近来讨论十分频繁的问题。所谓调解社会化，主要是指调解主体的社会化，将诸如专家学者、社会热心公益人士引入调解制度，并加以基础培训，扩大调解主体数量。现如今大多数调解主体仍是退休法官，诉调中心依旧要将案件传交法官进行程序和内容上的审阅，这意味着现行调解制度并没有从根本上解决法官的诉累问题。但解决问题的办法并不是盲目扩大调解主体，这样会导致案件调解的专业性大打折扣。笔者认为，充分发挥社会系统作用的正确方法是要规制社会人士进入调解前置程序的审查方式，建立完善的社会系统收纳制度和案件当事方的反馈途径。具体做法从2016年《最高人民法院关于人民法院特邀调解的规定》中可以看出我国对于开放的调解诉讼有效结合的做法倾向，其中第六条规定了特邀调解组织名册制度，符合条件的个人如人大代表、政协委员、人民陪审员、专家学者、律师、仲裁员、退休法律工作者等，以及调解组织，均可以加入特邀调解组织名册。但问题在于具体操作上缺乏统一的、细化的考核标准和选拔标准。笔者认为，调解员的选拔应当更加注重调解员对人情社会的理解程度，调解员本身的性格、待人态度、用词掌握以及语言表达能力，而不是将重心放在调解员的专业知识掌握方面。调解的目的是让当事双方内心真实意思的合意以及让双方之间达成妥协。调解员选拔标准的人性化改善正体现了我国在调解制度方面所展现出的中国智慧。另一方面应当建立可供当事方评价的反馈制度，这种制度的存在本身就足以保证调解质量的价值是无可取代的，本质上也能让法院了解到大众调解员中是否有不符合标准的人员，从而及时做出适当调整。

（三）提供特定资金为社会人士参加司法调解提供保障

依靠社会系统扩大调解员队伍，减轻法官诉累，还需要解决一个动机问题。随着经济的发展，人们生活水平和受教育程度不断提高，选择去法院解决纠纷的人也会越来越多。调解员队伍的扩大正好解决了法官工作任务日益繁重的部分问题，但是对于新纳入的社会人士，甚至可以说对于这一新兴行业来说，亟须解决的一个问题就是资金问题。社会人士对调解的参与本身就意味着，如果调解是公益性的，就存在着极大的不稳定性，毕竟不是每个人每天都有时间参与调解。而解决这一问题的有效途径便是提供特定资金，以普通调解员的法律业务水平和工资薪金为参照，综合调停数量和当事人评价等因素对此类新兴调解员择优录取，发放报酬。笔者认为随着调解制度的发展，调解员的专业性也将逐渐得到加强，社会人士参与司法调解的保障问题也将不再是问题。

参考文献：

［1］李瑜青、张建：《司法实践中"案结事了"理念——以法社会学为视角》，载《华东理工大学学报（社会科学版）》2014年第2期。

［2］李瑜青：《论当代中国改革的历史主题与法治之路》，载《上海党史研究》1999年第S1期。

［3］李浩：《调解归调解，审判归审判：民事审判中的调审分离》，载《中国法学》2013年第3期。

［4］潘剑锋：《民诉法修订背景下对"诉调对接"机制的思考》，载《当代法学》2013年第3期。

［5］马建华：《论我国司法调解制度的完善》，载《当代法学》2010年第5期。

［6］王志民：《我国现行民事调解制度的反思与完善》，载《河南省政法管理干部学院学报》2010年第6期。

［7］王美利：《习近平"以人民为中心"发展思想对传统民本思想的继承和发展》，载《中共合肥市委党校学报》2018年第6期。

［8］陈明辉：《中国宪法的集体主义品格》，载《法律科学（西北政法大学学报）》2017年第2期。

［9］柯卫、马腾：《新自然法学法治论之旨趣及启示》，载《广东社会科学》2017年第1期。

[10] 梁聪:《中西方传统法文化中的"法治"及其逆向》,载《广东社会科学》2007年第1期。

[11] 石先广:《人民调解、行政调解、司法调解有机衔接的对策思考——以上海市杨浦区整合调解资源的实践探索为视点》,载《中国司法》2006年第8期。

[12] 汪太贤:《从"良法之治"到"制约权力"——古代西方法治理论的发展轨迹》,载《西南民族学院学报(哲学社会科学版)》2000年第8期。

[13] 陈凤、徐慧、韩青宏:《上海奉贤:乡村里的人民法庭》,载《人民法院报》2006年第1期,http：//rmfyb.chinacourt.org/paper/html/2016-01/19/content_107207.htm? div=-1。

关于西方陪审团制度运行的隐形逻辑的探索
——对影片《失控的陪审团》的反思

郭晓娜*

摘要：西方的陪审团制度因其政治民主性和司法公正独立性一直被津津乐道。但是没有一种制度是完美的，陪审团制度在发挥其功能价值的同时也存在漏洞。以影片《失控的陪审团》中被告方维克斯堡武器制造公司的行动视角，抽象出资本主义经济运行中陪审团在物欲化倾向下存在受金钱操纵的可能，因此要限制陪审员心证形成的任意性。联系我国人民陪审员制度存在陪而不审、审而不议的现状，进而提出合理定位陪审员参审与法官审判之间的关系、扩大陪审员的遴选范围、构建专家陪审问询制度三点建议。

关键词：陪审团制度　操控　人民陪审员　陪而不审

一、问题的提出

（一）影片中反映的问题

西方陪审团制度是指国家审判机关依据法律或民间惯例，吸收非职业法官的普通民众为陪审团成员，与职业法官共同行使审判权的一种司法民主制度[①]。在英美国家尤其盛行，譬如《美国宪法》第六修正案规定了美国的陪审团制度，"在一切刑事诉讼中，被告有权由犯罪行为发生地的州和地区的公正陪审团予以迅速和公开的审判，该地区应事先已由法律确定；得知控告的性

---

* 作者简介：郭晓娜，山东莒县人力资源和社会保障局任职。
① 钱弘道：《英美法讲座》，清华大学出版社 2004 年版，第 93 页。

质和理由；同原告证人对质；以强制程序取得对其有利的证人；并取得律师帮助为其辩护"①。这对美国诉讼制度的建构和运行具有独特而重大的意义，甚至起到了塑造性和支柱性的作用。西方的陪审团制度契合了资本主义经济发展过程中要求的公平、正义、民主、自由的价值追求，最大限度地吸收普通民众参与，将法官的审判权一分为二，普通民众组成的审判团负责事实认定，专业法官负责法律适用，陪审团和法官彼此间既相互配合又相互制约。陪审团制度的民主价值在一段时间内得到广泛称赞，许多国家纷纷效仿。

影片《失控的陪审团》无论是演员演技、题材背景还是整部电影最后翻转到让人瞠目结舌的结局，都让这部电影高高地挂在了"神坛"之上，但在惊叹之余，电影中的一些法律问题也足够引起我们深思，其中比较突出的一个就是陪审团制度。电影以蓝金·芬奇与尼克的行动为主线，向观众展示了陪审团成员的可操控性，赋予了我们一个研究陪审团制度的全新视角，审判法庭非专业和专业两部分的内部分化为陪审团的暗箱操控提供了发展空间。陪审团成员的遴选所遵循的"充分代表性"原则被控辩双方的"有因回避"和"无因回避"权利及选择技巧破坏殆尽，更是衍生出一种奇特的"陪审团遴选顾问"职业，被告方凭借着金钱力量对陪审团名单上的成员进行全面的社会调查，综合考虑他们的性别、宗教信仰、教育程度等因素，最终选出最有利于被告人的陪审团成员，从而使陪审团制度丧失了公平性和民主性，也并不能代表社会大众的公共价值观。影片虽然是夸张虚构的，但是也引起了笔者的思考：陪审团被操纵的隐形逻辑是什么？导致陪审团被操控的原因有哪些？如何摆脱陪审团被操控的可能？对我国的人民陪审员制度有何借鉴意义？

（二）学术界研究状况概要

以中国知网的检索结果来看，国内关于西方陪审团制度的研究数量繁多，从国内学者研究的侧重点来看，大体分为以下几种研究路径：

其一，肯定陪审团的正面价值。例如高一飞教授在《陪审团的价值预设与实践障碍》一文中主要从陪审团的价值预设与实践障碍两方面研究陪审团

---

① 《美国最高法院报告》（1896年），第161卷，第475页。

制度，认为陪审团具有价值上的正当性：一是陪审团体现了直接民主，陪审员作为普通公民直接参与国家审判活动，使法律与道德统一于裁判中，体现了实质法治；二是公正价值，即陪审团能够防止司法贿赂，保障独立审判，增加司法公信力；三是自由与人道价值，即通过一致裁决防止侵犯少数派的自由，通过"陪审团废法"防止政府侵犯个人自由，通过死刑裁判体现司法人道主义。即使陪审团在实践中存在成本高、效率低，代表性欠缺，复杂案件审理能力受质疑，非理性裁判的问题，仍然不能影响陪审团制度的存在价值及其"高度民主"的象征意义[1]。张志伟教授在《陪审制度的民主问题分析》一文中对陪审制度的研究焦点也主要集中于其民主政治和程序正义方面[2]。

其二，从陪审制度的历史发展脉络及其性质定位的角度进行研究。李昌道、董茂云教授在《陪审团制度比较研究》一文中首先论述了陪审制度的古典渊源形态，陪审制度起源于古希腊时期，并在古罗马共和宪制时期得到进一步发展，出现独立的陪审团，但在古罗马帝国时期，因为权力太大被废除；其次，文章介绍以英美为典型的陪审团制度的由来、发展、变化及其衰落，以及陪审制度在大陆法系国家的变异形态，特别是在德国，形成一种混合审判庭模式，被称为"参审制"，这与原始的英国模式具有显著差别，其陪审员名单事先由政府提供，陪审员根据法官提出的事实问题决定和宣布裁判结果；最后，文章阐述了陪审团在中国的形态以及对改善人民陪审员制度的法律思考，他认为应该明确陪审员的任职资格、任期期限，统一产生方式，改变陪而不审的状态[3]。王思杰博士在《论陪审制在中世纪欧陆的起源因素》一文中介绍了陪审制起源的历史因素包括民众参与审判的传统、巡阅使制度、承审员（scabini）审判方式、纠问式审判方法以及宣誓调查法等[4]。

其三，从陪审团的结构、原则等角度进行研究。陈卫东教授、陆而启博士在《打开陪审团暗箱——事实认定的法庭结构理论分析》一文中指出陪审

---

[1] 高一飞：《陪审团的价值预设与实践障碍》，载《北大法学》2018年第4期。
[2] 张志伟：《陪审制度的民主问题分析》，人民出版社2010年版，第103—109页。
[3] 李昌道、董茂云：《陪审制度比较研究》，载《比较法研究》2003年第1期。
[4] 王思杰：《论陪审制在中世纪欧陆的起源因素》，载《厦门大学法律评论（总第三十辑）》，厦门大学出版社2017年版，第235—245页。

团制度具有三种结构要素：一是陪审员个体素质的外行特征；二是陪审团事实认定集体交流方式和秘密色彩；三是陪审团与法官组成的二元审判法庭。因此，陪审员容易产生"群体思维"现象，陪审员之间相互影响，会倾向于选择比其事先已选定的裁决意向要更为宽容的裁决结果[①]。张鹏程在《美国陪审团的秘密评议原则》一文中指出秘密评议原则在维护裁决的公正性、终局性、民主性价值的同时，也有可能因为媒体的报道侵犯陪审员的隐私与安全[②]。

（三）论文研究的意义

国内研究陪审团制度的学者繁多，学术成果也是琳琅满目，但大都集中在论述陪审团制度的渊源，陪审团制度的模式比较及其优缺点，并对我国的人民陪审员制度提出完善意见，或者是肯定陪审团制度的正面逻辑价值。本文从批判的角度，依托于影片，从被告方维克斯堡武器制造公司（以下简称"维轻公司"）顾问团队的行动视角，剥掉陪审团制度自身华美的外衣，回顾陪审团制度的历史并发现制度背后所隐藏的能够让陪审团被操控的漏洞，探索并跳出陪审团被操控的隐形逻辑。从全新的视角来看待陪审团制度，对陪审团制度进行反思和研究。

我国一直致力于司法改革，建设社会主义法治国家，司法民主也成为法治建设进程中的重要一环，陪审制度作为司法民主制度之一受到广泛的肯定和赞赏。我国实行的是人民陪审员制度，因为国情与传统法治文化不同，其与英美法系的陪审团制度运行模式存在显著区别，主要表现在陪审员行使审判权的方式及诉讼结构上。我国正在进行人民陪审团制度的改革，了解西方陪审团制度的设计路径及运行结构，避免出现陪审团制度中的漏洞和缺陷，对我国人民陪审员制度的完善具有现实的借鉴意义与参考价值，能更好地发挥其司法民主、司法公平的作用。

---

① 陈卫东、陆而启：《打开陪审团暗箱——事实认定的法庭结构理论分析》，载《江苏行政学院学报》2010年第5期。
② 张鹏程：《美国陪审团的秘密评议原则》，载《江西师范大学学报》2011年第3期。

二、西方陪审团制度隐性逻辑分析

西方陪审团制度历史十分悠久,并且在世界范围内对许多国家的审判模式的构建产生了重大影响。但是,世界上没有任何一种制度是完美无缺的,陪审团制度也不例外,在其发挥功能价值的同时可能隐含着漏洞,要想了解陪审团制度,首先要搞清楚陪审团制度的来龙去脉。

(一)西方陪审团制度的渊源

一般认为,陪审团制度最初起源于古希腊雅典与古罗马时代,公元前6世纪,梭伦为了改革司法,设立"赫里埃"机构,即民众审理法庭,具有司法、行政权力,并对立法也有一定影响[1]。随后在克里斯提尼立法改革中明确年满30周岁的公民被选举为陪审员的权利[2]。到伯里克利时期,"赫里埃"审判范围扩大,可以作为重罪案件的初审法庭,如果不服第一级审理结果,也可把它作为该案的上诉机构,直接向其申请上诉。古罗马时期沿袭古希腊的审判方式设立陪审法院,但是严格限制陪审员资格,只有贵族、骑士等特权阶级的人才有权参与庭审。古罗马帝国时期,古罗马帝王认为陪审团权力过大,于公元前352年废除了陪审法院,由法官独立审理案件[3]。

具有现代意义的陪审团制度发端于英国。1066年,诺曼底公爵威廉征服英国后为了巩固统治、防止犯罪,在英国施行询问制度。威廉曾命令其官员到每个地区、村落召集一些人询问土地、人口等情况,对这些询问的回答构成了英国历史上著名的"末日审判书"。这加强了威廉的统治,对政府的财政、税收政策的确定也起到了极大的作用。至1179年,英国国王亨利二世颁布《大程序法令》(The Grand Assize),规定在土地所有权争议案件中,被告有权选择司法决斗的裁判方式或者陪审团裁判方式。这意味着把陪审团制度正式引入司法程序,陪审团在英格兰迅速得到发展。直到《克拉林顿法》和

---

[1] 林榕年:《外国法制史新编》,群众出版社1994年版,第145页。
[2] 姜小川、陈永生:《国外陪审制的起源与变革》,载《比较法研究》2000年第7期。
[3] 朱塞佩·格罗索:《罗马法史》,载《比较法研究》2003年第1期。

《诺珊姆顿法》这两部法典的颁布标志着陪审团制度的形成，这也为克拉林顿诏令确立大陪审团或起诉陪审团奠定了基础。14世纪中期，爱德华三世颁布诏令，在大陪审团之外，设立另外的12人陪审团，其承担在法庭上进行事实认定的职能，故又称为小陪审团。随着英国殖民活动的扩张，陪审团制度也在美国落地生根，并找到了适合其生长的土壤。

（二）陪审团制度的价值功能

陪审团制度最初的兴起与设立是为了对抗贵族的统治，让全体雅典公民都可以参与审判，以此分散贵族法院的权力，其本质是一种权力的让渡和分化，后来逐步沉淀完善下来成为一种专门的司法制度。法国先哲托克维尔说过如下的观点："在讲陪审制度时，必须把这个制度的两种作用区分开来，第一，它是作为司法制度存在的；第二，它是作为政治制度来起作用的。把陪审制度只看作是一种司法制度，这是十分狭窄的看法。"① 因此，我们在讨论陪审团的价值功能时，应该从司法、政治两方面入手。

陪审团的政治价值功能主要体现在它的民主性，而且是一种典型的直接民主而不是间接民主，陪审员作为普通公民直接参与国家审判活动，这实际上就是将法官的部分职能赋予陪审员。正如担任过法官的政治思想家托克维尔所说："实行陪审制度，就是可以把人民本身，或至少把一部分公民提到法官的地位，这实质上是把领导的权力置于人民或一部分公民之手。"②三权中，司法权被认为是确保国家和社会正义的最后一道屏障，公民对其公正性的关注远大于其他两权。陪审团制度通过人民分享司法审判权，以权力制约权力，从而有效防止司法的独断与专横，保障审判的公正以及公民的自由、民主。

陪审团的司法价值功能主要体现在司法正义和司法独立上。司法正义包括程序正义和实体正义。陪审团制度体现了程序正义，法官在组成陪审团时，与当事人对预备陪审员的资格进行预先审核，通过有因回避和无因回避排除不能保持中立的陪审员，这样组成的陪审团能最大限度保证陪审员在案件裁

---

① [法] 托克维尔：《论美国的民主》，董国良译，商务印书馆1988年版，第315页。
② [法] 托克维尔：《论美国的民主》，董国良译，商务印书馆1997年版，第325页。

决过程中保持公平、公正。另外，陪审团的秘密评议和裁决是独立完成的，不受法官或者当事人这些外在因素的影响，陪审团参与案件裁决的整个过程保证了审判程序的公正性。陪审团的成员是来自社会各个阶层的普通民众，他们没有接受专门的法学知识和法律思维训练，一般按照自己的生活经验和普通常识分析当事人的行为达到对案件事实的认定。而且，陪审团制度奉行一致裁决原则，一般是由12位陪审员一起决定案件事实认定的裁决，具有普遍代表性，既容易使当事人接受，也比较符合广大人民群众的正义观念与司法期望，有利于判决结果的执行和提高司法公信力。

（三）陪审团被操控的路径分析

电影虽然在某些故事情节上采用了夸张的艺术表现手法，但是它所展现出来的内容并非无的放矢，电影里面对于整个庭审过程进行了细致入微的拍摄，使观众看到了控辩双方和陪审团以及法官之间的冲突，这些内容在现实生活中并非无迹可寻。陪审团制度自诞生以来，社会各界对于它的评价褒贬不一，这部电影剑走偏锋，将焦点放在"陪审团被操控"上，向我们呈现了陪审团背后的暗箱操作。

事件发生在美国新奥尔良州，一名证券经纪人在儿子生日那天因枪击事件死在公司。两年后，死者遗孀控告枪支制造商维轻公司，索取巨额赔偿。尽管控告枪支公司的案件胜少败多，但维轻公司仍然高薪聘请著名陪审团筛选顾问蓝金·芬奇，由麻省理工的佼佼者，包括证据收集专家、语言和心理学专家组成顾问团队，以期筛选对自己有利的陪审员，掌控陪审团。

在组成陪审团之前，维轻公司的顾问团队利用跟踪录像、窃听等技术手段分别对候选陪审员进行摸底调查，了解预选陪审员的职业、婚姻状态、爱好、党派、宗教信仰等，并对其精神、言行举止进行科学分析，推测出他们的性格、做事习惯和其他个人信息以探究陪审员在庭审中的裁决倾向。第一位被考察的候选陪审员是德洛丽丝金纳利，女，46岁的胖女人，未婚，民主党派人士，职业是治疗师，喜欢养猫，在监视中，因为躲避行人的微表情及动作被顾问团队认为冷漠、铁石心肠，不会同情原告的遭遇，被列入维轻公司期望的陪审团名单；第二位被考察的候选陪审员是弗兰克希特拉，古巴人，

43岁，退休少尉，参加过巴拿马和格林纳达行动，有过两次婚姻，现任职游泳池清洁工，顾问团队分析此人怀念任职时当官的感觉，在推选陪审团主席时肯定会积极争取，除此之外，他爱好枪支，因此是陪审团主席的上好人选。除此之外，他们还分析出本案中操控陪审团的另一主角尼克·伊斯特是一个危险人物，容易打乱并破坏他们期望中的陪审团。

除此之外，维轻公司对诉讼代表律师进行全方位的"仪器改造"，在眼镜上、文件箱上，甚至是耳朵上安装微型摄像头、监视器及耳机，以方便顾问团队能够在第一时间观察到法庭中陪审员的反应，并及时跟出庭律师进行沟通协调从而及时调整辩护策略，排除对己方诉讼结果不利的陪审员。庭审过程中，顾问团队将视角完全集中于陪审席，分析预选陪审员的微表情及动作，例如，顾问团队通过柯曼太太在回答问题时耸肩的动作判断她在揣测提问者，试图给出提问律师想要的答案，也就是说她是在刻意营造出"我很可靠和正直"的形象，这样的人容易为了迎合他人而改变自己的真实想法。但是，之所以同意科尔曼太太成为陪审员，是因为他们发现了科尔曼太太婚外情的证据，掌握了科尔曼太太的把柄。就这样，维轻公司最终挑选出12位理论上倾向于己方诉讼立场的陪审员组成陪审团。这向我们传达了这样一个信息——谁掌控了陪审团，谁就可以胜诉。顾问团队巧妙利用其享有"有因回避""无因回避"的权利，使陪审团的"充分代表性"原则成为乌托邦，背离了"司法民主化"的初衷。

电影的高潮部分，因为尼克的介入，使得陪审团逐渐脱离了维轻公司的掌控，因此他们变本加厉，彻查所有陪审员的底细，收集所有资料。他们挖出科尔曼太太出轨、维斯吸毒的证据，设局引诱米莉的先生贿赂政府官员，派人非法潜入尼克家中盗取硬盘资料等，以此威胁陪审员，企图操控他们。

影片中的陪审团虽然数次被操控，但是通过原告律师和主角尼克的说服和影响，最终使得陪审团凭借一般的理性和丰富的社会经验做出了忠于自己内心的表决，正义的一方取得了胜利。电影情节的真真假假已经无从区分，但这部电影让我们看到了一种可能性，那就是陪审团是可以被操控的。被操控下的陪审团偏离了陪审制度本来的运行模式和过程，损害了司法审判的公平和公正，损害了司法的公信力，使陪审团制度丧失了民主和自由的价值。

（四）对陪审团被操控的隐形逻辑的探索

影片中陪审团被操控的基础是有着维轻公司雄厚的资金支撑，在经济社会里，"一切等级和固定的东西都烟消云散了，一切神圣的东西都被亵渎了"①，金钱不再只是标价商品、制度、人性、社会生活里的部分内容，都可以被标价和量化。维轻公司对于胜诉结果的追求本质上是要逃避对原告的巨额赔偿，遂从利益最大化的角度考虑，雇用陪审员遴选团队，借助一系列的操控陪审团的行为达到自己追求的目的。一旦操控了陪审团，就操控了法官，操控了法官就可得到自己想要的判决结果，这是不言而喻的。操控下的陪审团丧失了它本来的制度属性和价值功能，沾染上了资本主义社会物欲化的味道。维轻公司唯一需要考虑的就是该行为的本身是否符合自身的功利追求，符合自身的利益，这实质上反映的是资本主义经济运行的隐形逻辑，即陪审团在当事人物欲化倾向下存在受金钱操纵的可能。维轻公司站在金钱垒砌的高塔上，轻而易举地摧毁了陪审员的精神防线与道德底线，人性的脆弱使得他们只能被迫接受操纵者的要求。

陪审员的许多看法、价值观或偏见不仅影响到他们个人的裁决，而且会左右陪审团的集体裁决。通常情况下，陪审员趋向于认同与自己更相像的诉讼当事人。被告与自己的性别、社会地位、种族或民族存在差异时，陪审员更倾向于作出有罪判决。影片也向我们呈现了这样一个事实，陪审员的个性特点、心理因素、价值观因素、认知因素深深影响着陪审员的裁决结果。但是，陪审员最初的裁决意向并不预示着陪审团的最终裁决，公众的意识具有无序性，当陪审员发现自己处于集体中的少数派时，很有可能会按照多数人的证据标准来调整自己的。例如，赞成无罪判决意见的某个陪审员在发现自己的意见在某一案件中属于少数派时，他可能因此而断定自己采用的证据标准太严格，从而改变自己的立场。意识形态具有复杂性与可塑性，再高明的制度设计遇到形而上的问题时都显得苍白无力，同时也使得操控意识就操控

---

① ［德］马克思、恩格斯：《共产党宣言》，中共中央马克思恩格斯列宁斯大林著作编译局译，人民出版社 1997 年版，第 30—31 页。

了制度的想法成为可能,双方诉讼代表人也正是利用这一点,通过威逼利诱对陪审团成员的意识形态进行操纵。

陪审团意识形态遭到操控的一个很重要的原因就是陪审团心证的形成具有任意性,主要是源于美国不要求陪审团作出决议时附加理由,仅仅需说明被告人有罪或者无罪即可,这有利于保护陪审团成员作出决议的独立性,但是却无法防范心证形成的恣意。因此,应当强调陪审团作出裁决的理由,应当向当事人和法官公开说明心证形成的过程,如何运用证据进行事实认定,其推理的逻辑是什么,是基于什么法律规范或者经验法则等。这样,法官和当事人也可进行适当的监督,形成对陪审员的约束,这样才能更好地保证陪审团心证形成不会过于恣意,让双方律师在庭审中的焦点回归案件本身,而非挖空心思用尽手段说服陪审团。这种制度可以从一定程度上避免陪审团被律师操控的情形的出现,有利于审判公正目标的实现。

三、对我国人民陪审员制度的反思

(一)人民陪审员制度的渊源

我国的人民陪审员制度是在学习和借鉴苏联以及大陆法系国家的陪审制度基础上形成的。但是早在清朝末期清政府学习西方时已经出现了萌芽,沈家本等人主张效仿西方实行陪审团制度,1906年编成的《大清刑事民事诉讼法》首现陪审团制度,并详细规定了陪审员的产生办法、任职资格、具体职责等。民国时期南京临时政府在《中央裁判所官职令草案》中提出制定类似西方陪审团制的设想。1927年武汉国民政府制定《参审陪审条例》,这是我国首次出现参审制。然而清政府和国民政府提倡的陪审团制与西方陪审团制大相径庭,他们是为了巩固政权而设,更多的是体现其政治价值,缺乏民主因素。

1932年,中华苏维埃中央执行委员会颁布的《中华苏维埃共和国裁判部暂行组织及裁判条例》中规定了陪审员是各级法庭的法定组成人员,成为我国陪审制度确立的标志,此后继续实行人民陪审员制度。新中国成立后,1954年颁布《中华人民共和国宪法》第七十五条规定:"人民法院审判案件依照法律实行人民陪审员制度。"这是人民陪审员制度首次作为一项制度写入宪法。"文化大革命"期间，人民陪审员制度被破不，直到1978年宪法、1979人民法院组织法及刑事诉讼法重新规定才得以恢复正常。2004年，全国人大常委颁布了《关于完善人民陪审员制度的决定》，首次以法律的形式明确规定了人民陪审员的遴选条件和任职条件，也进一步规范了管理人民陪审员的相关制度。《关于完善人民陪审员制度的决定》将人民陪审员的工作细化分解，从而使我国人民陪审员制度的体制与机制逐渐走向完善。

（二）人民陪审员制度运行中的摆设性

《中华人民共和国人民陪审员法》（以下简称《人民陪审员法》）使人民陪审员制度有了确定的法律依据，使人民陪审员进行各项工作有法可依，有利于人民陪审员进一步明确工作中的责任。但是该法对于人民陪审员制度规定过于宽泛，欠缺具体的可操作细节。它规定人民陪审员与法官享有同等的权利义务，将陪审员的地位上升为与法官地位相当，人民陪审员除不能担任审判长外，基本具备了同职业法官相同的职权，但并未对权利和义务作详细规定，这就容易导致人民陪审员制度只停留在形式上。因此，法律实践中，人民陪审员在参审过程中几乎是"摆设"，陪而不审、审而不议现象普遍存在。大多数人民陪审员在庭审前并不了解案件事实情况；庭审过程大多完全由法官主导，人民陪审员基本全程沉默，消极听审，不会对当事人进行询问；评议阶段人民陪审员往往成为合议庭的陪衬，在法律专业知识薄弱的情况下，很少发表自己对案件的看法，经常唯法官的意见是从，即使表达了自己的意见，也容易顺从法官的角度考虑。

人民陪审员的摆设性也反映了人民陪审员的参审积极性不高，仅仅只是将参与司法审判作为兼职。陪审员通常有自己的本职工作，故其对法院的职责缺乏荣誉感、责任心和热忱。另外，介入陪审的经历本身就耗时耗力，故而不免引起陪审员本职工作与参与陪审工作发生矛盾的情形：工作时间与庭审时间冲突时是陪审员的本职工作要紧还是陪审公务要紧？本职工作的单位领导或者单位相关制度是否支持或准许？这些问题都会让陪审员无所适从。在现实生活中，一些单位往往对陪审员参与陪审工作缺乏应有的支持和理解，这就导致陪审员缺乏参加案件审理的积极性,也并不愿意在司法审判中发表自己的意见或观点。

(三) 人民陪审员制度的完善

1. 合理定位陪审员参审与法官审判之间的关系

适用陪审制的国家,陪审团与法官的职能有着明确区分。影片所呈现的实践中,陪审团主要负责案件的事实认定问题,法官主要负责法律适用问题,法官按照陪审团的裁决作出判决。尽管,陪审团和法官的分权存在审判法庭被操控的可能,但这实际上是限制了法官的审判权,分工的意义在于合理而有效地发挥各自的功能,并且能够相互发生一定的制约作用。美国陪审团中陪审员的积极参与恰与我国实践中人民陪审员"陪而不审"的尴尬局面相反。

因此,无论是西方陪审团制度,还是我国的人民陪审员制度,要想改变这种尴尬的局面,必须合理定位陪审员参审与法官审判之间的关系:一方面陪审员既可以有效参与到案件的审理过程中,实现司法民主,为案件审判结果的公平公正保驾护航,减少冤假错案的出现;另一方面对于法官的审判也能起到有效的监督和制约,预防出现法官"枉法裁判"的情况。基于此,首要就是明确细化人民陪审员制度的适用范围,我国现行法律,如《人民陪审员法》规定,合议庭审理的第一审程序案件中应当有人民陪审员参加,参审范围过于宽泛,未来必须进一步明确人民陪审员所参与审理的案件类型,例如量化案件涉及金额指标或者详细解释人民陪审员制度中的相关规定。必须明确两者之间的界限,否则就会打破法官与陪审员之间的制约与平衡。

2. 扩大陪审员的遴选范围

我们应该吸收和借鉴西方陪审团制度的民主价值,陪审团代表人民,必须具有广泛的代表性。因此,要尽可能扩大人民陪审员的遴选范围,广泛吸收民众参与到司法审判中,既可以保证司法的民主性,又能促使陪审员成为无偏见的、公平的事实认定者。陪审员通常都是来自各行各业的普通群众,他们没有专业的法律知识,这样可以保证他们在参审过程中不被惯性的法律思维所影响,有利于保障案件审判结果的公平公正。现实中,我国挑选陪审员时有学历的限制,《人民陪审员法》第五条规定:"担任人民陪审员,一般应当具有高中以上文化程度。"这一点和西方的规定不同,英国《陪审团法》规定,凡 18 周岁以上 70 周岁以下、在英国居住 5 年以上且正式登记合格的选民均有担任陪审员的资格,并且还规定了司法人员、神职人员、精神病人和受刑人员需要回避。美国对于候选陪审员也没有过多的限制,只要是接受一定教育,有阅读能力和基本认识能力,有固定收入并遵纪守法的公民,就具备成为陪审员的资格。我国的学历限制规定实际上是缩小了陪审员预选的范围,容易走向"精英化"审判。另外,我国《人民陪审员法》规定,人民陪审员参加的是一审案件,未来我国有必要扩大人民陪审员制度的诉讼范围,即可以要求人民陪审员参与到第二审案件中来。二审程序中往往更需要公平公正,解决职业法官在审理案件过程中缺乏非法律思维和社会经验的问题。通过人民陪审员制度可以加强对司法机关的监督,保障人民群众的民主权利。

3. 专家陪审问询制度

社会发展日新月异,诉讼案件越来越复杂,所涉及领域的专业程度显著增高,法律专业程度高的法官处理此类案件尚且棘手,更遑论没有接受专业训练的普通人民陪审员。因此,大多数人民陪审员往往因为对某些专业性领域知识的缺乏而不敢说话,成为合议庭中的"花瓶"。因此,我们可以仿照西方国家的咨询陪审制,例如,《美国联邦民事诉讼规则》规定,在所有无权要求陪审团审理的案件中,法院可以基于申请或依职权在咨询陪审团的参加下审理任何争点①。这给我们完善人民陪审员制度提供了一个新思路,可以设立专家陪审咨询制度,组建一个各行各业专家的信息库,庭审前由双方当事人随机共同抽选出三位专家陪审员。但专家陪审员只在庭审前提供咨询,并不参与案件审判的全过程。在庭审前,如有必要,法官和人民陪审员统一向抽选出的专家陪审员咨询。有专家咨询陪审员的参与,既可以弥补法官在专业知识上的不足,同时又向公众普及领域知识,不至于在参审过程中因理论性知识的欠缺而陪而不审。

---

① 《美国联邦民事诉讼规则·证据规则》,白绿铉、卞建林译,中国法制出版社 2000 年版,第 78 页。

严格执法、公正司法的实践路径

李丰安[*]

摘要： 在中国特色社会主义法律体系已经形成，总体上解决了有法可依问题的同时，执法司法不严格、不规范、不公正、不文明等问题依然存在，损害了人民群众的获得感、幸福感、安全感。"政法机关要完成党和人民赋予的光荣使命，必须严格执法、公正司法。"严格执法、公正司法意义重大。严格执法是实现公正司法的基本前提，公正司法则是受到侵害的权利一定会得到保护和救济，违法犯罪活动一定要受到制裁和惩罚。公正司法要求禁止执法不严、司法不公的行为。公正司法有利于提高司法公信力。

关键词： 严格执法　公正司法　执法不严　司法不公　司法公信力

在中国特色社会主义法律体系已经形成，总体上解决了有法可依问题的同时，执法司法不严格、不规范、不公正、不文明等问题依然存在，损害了人民群众的获得感、幸福感、安全感。2012年11月，党的十八大提出："法治是治国理政的基本方式。要推进科学立法、严格执法、公正司法、全民守法，坚持法律面前人人平等，保证有法必依、执法必严、违法必究。"党的十八大以来，以习近平同志为核心的党中央从坚持和发展中国特色社会主义全局出发，作出了全面依法治国的重大部署，开启了中国法治建设的新时代。

习近平总书记在2014年1月中央政法工作会议上对政法工作提出了明确要求："政法机关要完成党和人民赋予的光荣使命，必须严格执法、公正司法。"因此，研究报告立足政法机关，研究加强严格执法、公正司法的理论和实践。

---

[*] 李丰安，菏泽市定陶区人民法院诉前调解室主任。

一、严格执法、公正司法的重大意义

司法是社会正义的最后一道防线。司法从产生起就作为定分止争的手段,用以解决社会矛盾,实现社会的公平与正义。公正是人类所公认的崇高价值,而公正的价值对于司法犹如生命与灵魂。随着社会的发展,法作为分配正义的重要方式,越来越被人们所倚重。

(一)"严格执法、公正司法"提出的时代背景

特定时期的司法政策,取决于该时期国家的治理方略以及对司法状况的认识和判断。要准确理解司法政策,必须把握其时代背景①。实际上,新中国的司法早在革命根据地时期就已现端倪。1946年《陕甘宁边区宪法原则》"三、司法"条款规定:各司法机关独立行使职权,除服从法律外,不受任何干涉。新中国成立前夕诞生的1949年《共同纲领》第十七条也明确规定:废除国民党反动政府一切压迫人民的法律、法令和司法制度,制定保护人民的法律、法令,建立人民司法制度。新中国诞生之后,人民司法制度不断得到健全和完善。虽然1954年宪法、1975年宪法、1978年宪法和1982年宪法文本中并没有出现"司法",但是以审判机关、检察机关履行国家机关职能活动为主体的人民司法工作在党的司法政策指导下不断得到发展和完善②。

1978年12月,党的十一届三中全会拨乱反正,提出了"有法可依、有法必依、执法必严、违法必究"社会主义法制建设十六字方针。改革开放初期,有法可依是最迫切的现实要求。之后,人民司法制度随着改革开放和社会主义现代化建设事业的不断发展和创新逐步体现司法公正。2012年11月,党的十八大把法治建设摆在了更加突出的位置,强调"全面推进依法治国",明确提出:"法治是治国理政的基本方式。要推进科学立法、严格执法、公正司法、全民守法;坚持法律面前人人平等,保证有法必依、执法必严、违法必

---

① 沈德咏:《沈德咏谈坚持严格司法保证司法公正》,载《中国审判》2018年第7期。
② 莫纪宏:《司法公正的脚步从未停止 | 改革开放40周年系列报道⑨》,载《法治周末》(第432期)2018年8月15日。

究。"社会主义法治建设新十六字方针即"科学立法、严格执法、公正司法、全民守法"正式提出。

党的十八大以来，司法工作得到了进一步加强，对严格执法、公正司法的要求也逐渐被提到司法体制改革的日程上来。2013年11月，党的十八届三中全会审议通过的《中共中央关于全面深化改革若干重大问题的决定》，首次提出了司法体制改革的目标与司法公正之间的关系，指出："深化司法体制改革，加快建设公正高效权威的社会主义司法制度，维护人民权益，让人民群众在每一个司法案件中都感受到公平正义。"为了保证司法公正，还进一步提出了"确保依法独立公正行使审判权、检察权""健全司法权力运行机制"以及"完善司法人权保障制度"。2014年10月，党的十八届四中全会审议通过了《中共中央关于全面推进依法治国若干重大问题的决定》，明确指出："公正是法治的生命线。司法公正对社会公正具有重要引领作用，司法不公对社会公正具有致命破坏作用。必须完善司法管理体制和司法权力运行机制，规范司法行为，加强对司法活动的监督，努力让人民群众在每一个司法案件中感受到公平正义。"党的十九大报告再一次强调："深化司法体制综合配套改革，全面落实司法责任制，努力让人民群众在每一个司法案件中感受到公平正义。""全面依法治国是国家治理的一场深刻革命，必须坚持厉行法治，推进科学立法、严格执法、公正司法、全民守法。成立中央全面依法治国领导小组，加强对法治中国建设的统一领导。"

比较党的十一届三中全会提出的"有法可依、有法必依、执法必严、违法必究"十六字方针，"科学立法、严格执法、公正司法、全民守法"新十六字方针有了三大发展：一是立法从解决"有无"问题，转变为解决"科学"问题。几十年前，中国面临的是"无法可依"问题，在中国特色社会主义法律体系已形成的今天，其主要问题已是"立法是否科学"。二是将"司法"列入"法治元素"，将"公正"明确为司法的价值目标。三是提出和强调"全民守法"的要求，没有全民守法的基础，法治就是空中楼阁。新十六字方针的提出，标志着我国的法治建设从基础打造到系统建构的演进，从重点突破向全面展开的战略推进，是实现"中国梦""法治梦"的重要步骤。

2014年1月，习近平总书记在中央政法工作会议上对政法工作提出了明确要求："政法机关要完成党和人民赋予的光荣使命，必须严格执法、公正司法。"① 严格执法，是社会主义法治的基本要求之一，是实现司法公正权威的基本前提。"严格执法、公正司法"是十八大以来筑牢公平正义的一道防线。2018年1月，中央政法工作会议进一步明确，要更加注重改进执法司法方式，深化执法权力运行机制改革，逐步构建起完备的执法制度体系、规范的执法办案体系、系统的执法管理体系、实战的执法培训体系、有力的执法保障体系，推动执法规范化建设提档升级；要加强和规范检察机关提起公益诉讼工作，完善刑事检察、民事检察、行政检察制度，强化检察机关对执法办案的监督，促进严格执法、公正司法。

中央直面执法司法问题，积极回应社会对司法公正的关切，适时提出严格执法、公正司法政策，有助于推动改革完善司法制度，保证公正司法，不断提高司法公信力，努力让人民群众在每一个司法案件中感受到公平正义。

（二）"严格执法、公正司法"的重大意义

党的十八大以来，习近平总书记就"严格执法、公正司法"提出了许多重要思想和观点，集中体现了党的意志主张，反映了党和人民对法治建设的时代要求，是习近平新时代中国特色社会主义政法思想的重要内容，开辟了马克思主义公平正义观的新境界，为推进平安中国、法治中国建设指明了方向，为做好新时代政法工作提供了行动指南。政法机关作为执法司法的主体，能否做到严格执法、公正司法，无疑是实施依法治国、建设法治中国的关键②。

健全防范冤假错案机制、严格规范减假暂、完善执法司法制度、深化司法公开……党的十八大以来，政法机关深刻领会和把握习近平总书记关于"严格执法、公正司法"一系列重要论述的基本内涵、时代特征和实践要求，依法履行职责，把严格执法、公正司法摆到更加突出的位置来抓，下大气力

---

① 马璐璐：《浅析社会舆论对量刑的影响》，载《法制与社会》2014年3月25日。
② 乔晓阳：《严格执法、公正司法是当前实施依法治国的关键》，载《人民日报》2014年10月21日。

解决人民群众反映强烈的执法司法突出问题，深入推进执法规范化建设，不断提升执法司法公信力，努力让人民群众在每一个司法案件中都感受到公平正义。因此，"严格执法、公正司法"是提高执法司法公信力、促进社会公平正义的首要之义，是推进国家治理能力现代化的现实需要，是全面推进依法治国，建设平安中国、法治中国的根本要求，是政法机关完成党和人民赋予的光荣使命的制胜法宝①。

人民群众切实增强了获得感。党的十八大以来，司法机关进一步创新体制机制，让司法公正体现在每一起具体案件中，体现在当事人和人民群众的切身感受中。立案登记制的实施，使整个司法渠道畅通，更好地保障了群众的诉讼权益。实施繁简分流措施，实现了司法公正和司法效率的平衡，让更多人民群众感受到公平正义。执行体制改革，破解了执行难问题，保障了当事人合法权益，彰显了司法公正和权威。检察机关提起公益诉讼制度的建立、法律援助制度的完善、司法救助力度的加大，从源头上推动解决了群众反映强烈、对生产生活影响严重的老大难问题，法治建设的获得感越来越强②。

司法效率和司法公信力得到了提高。以司法公开倒逼司法公正，人民法院建设审判流程公开、庭审活动公开、裁判文书公开、执行信息公开四大平台；全国检察机关建成案件信息公开系统，正式运行案件程序性信息查询、法律文书公开、重要案件信息发布、辩护与代理预约申请等四大平台，全面落实行贿犯罪档案公开查询，推行刑事诉讼案件公开听证；公安系统打造"阳光警务"，建立运行统一的执法公开平台③。

二、严格执法、公正司法政策的理论解析

尽管我国的司法改革部署全面而宏大，但我国的法治理论研究仍然不够系统、深入、细致。党的十八届四中全会要求"推进法治理论创新，发展符

---

① 隋从容：《论习近平的"严格执法、公正司法"思想》，载《东岳论丛》2016 年第 2 期。
② 姚莉：《公正司法让人民有更多获得感》，载《求是》2017 年第 1 期。
③ 姚莉：《公正司法让人民有更多获得感》，载《求是》2017 年第 1 期。

合中国实际、具有中国特色、体现社会发展规律的社会主义法治理论,为依法治国提供理论指导和学理支撑。汲取中华法律文化精华,借鉴国外法治有益经验,但决不照搬外国法治理念和模式"。根据这一要求,我国的法治理论研究依然艰巨而伟大。严格执法是实现公正司法的基本前提。"严格执法、公正司法"是中央在全面推进依法治国背景下提出的重要司法政策,包含着评价标准、核心价值观、实现途径等深刻的理论内涵。

(一) 严格执法的理论解析

1. 严格执法的基本内容

"政法机关要完成党和人民赋予的光荣使命,必须严格执法、公正司法。"严格执法是法律的具体实施,主要体现在两个方面:一是要求司法人员必须秉公执法,严肃执法,严格按照法律规定和程序办案,做到以事实为依据,以法律为准绳,只服从事实,只服从法律,做到追究和处罚有据;二是要求司法人员必须尽职尽责,对发生的违法犯罪行为都要依法追究,依法处罚,不搞"态度执法""关系执法""人情执法"[①]。

第一,严格执法需要从根本上坚持党对政法工作的领导。在我国,中国共产党是执政党,我们党的政策和国家法律都是人民根本意志的反映,在本质上是一致的。党领导人民制定宪法法律,也领导人民执行宪法法律。因此,司法工作中严格执法,就是自觉维护党的政策和国家法律的权威性,是从根本上坚持党的领导。

第二,严格执法要求遵从法定原则。法定原则是法治的重要原则,也是严格执法的合法性基础。法定原则要求:一是职权法定,即执法机关的权力必须来自法律具体而明确的授予,执法机关必须在严格依据法律规定的权限内履行职责,而不能超越法律滥用权力。二是实体法法定和程序法法定。即执法机关的活动,不仅要求有实体法上的根据,而且要有程序法上的根据,并且这些相关法律应当由立法机关预先规定,否则,可能导致国家司法权的恣意与专断。同时,法定原则还意味着不得因针对特定案件或者特定的人员事

---

① 宋英辉:《严格执法是社会主义法治的基本要求》,载《检察日报》2014年1月27日。

后设立实体法和程序法，也不得在实施法律中任意创制法律，以保证所有案件、所有当事人受到公平的待遇。由于执法活动关乎公民的财产权、自由权乃至生命权等最重要的人权，因此法律的确定性、公平性就显得尤为重要，应事先明确予以规定，并严格遵守。

第三，严格执法要求司法机关应当承担法定职责。即有权必有责，法律赋予了司法机关相应权力，而司法机关必须履行应尽的职责。法定职责不去履行或者履行不到位，就是不尽职，就是失职渎职，就要承担相应的法律责任。同时，司法机关行使权力，要对所引起的法律后果负责任。在任何时候、任何情况下，都必须坚决克服那种权力在我手、想用就用、想不用就不用、想怎么用就怎么用的错误观念和做法，既要慎用手中权力，还要用好手中权力。

第四，严格执法要求司法机关在司法活动中接受监督。我国《宪法》第二十七条明确规定了一切国家机关和国家工作人员必须接受人民的监督的原则。司法机关掌握着与公民人身、财产以及其他权利密切相关的权力，这种重要权力一旦被腐蚀滥用，将导致司法腐败，损害公民的合法权益，损害司法公正与司法权威。因此，权力必须严格依照法定权限、程序行使，整个行使过程必须受到严格的监督和制约[①]。

第五，严格执法要求违法执法行为必须受到追究。只有执法者违法行为都毫无例外地依法受到追究和惩罚，才能给整个社会树立严格依法办事的良好示范。

第六，严格执法需要制度予以保障。主要是指完善、规范办案活动和程序。习近平总书记指出："在执法办案各个环节都设置隔离墙、通上高压线，谁违反制度就要给予最严厉的处罚，构成犯罪的要依法追究刑事责任。"同时，为了保障司法机关严格执法，不仅各级领导干部要带头依法办事，带头遵守法律，牢固树立法律红线不能触碰、法律底线不能逾越的观念，不去行使依法不该由自己行使的权力，不以言代法、以权压法、徇私枉法，还需要在

---

① 查庆九：《牢固树立依法治国的理念》，载《中国司法》2007年第4期。

制度上建立健全违反法定程序干预司法的登记备案通报制度和责任追究制度。

第七，严格执法要求文明执法。严格执法是为了司法公平公正，既要对违法犯罪行为依法严肃追究，也要文明司法，在方式方法上符合文明要求，在办案中切实维护当事人合法权益。任何野蛮、粗暴、简单执法，都是背离严格执法要求的。

2. 评价严格执法的标准

第一，评价严格执法，应当在深刻领会法律原则和法律条文规定的基础上，就具体案件进行综合考量，公平、公正地适用法律，而不是机械执法。例如，在逮捕条件的把握上，除了案件事实及可能判处刑罚的情况，还要特别考量是否属于严重疾病患者、怀孕、哺乳自己婴儿的妇女等，是否具有重新危害社会或者串供、毁证、妨碍作证等妨害诉讼进行的可能，有无稳定的社会关系，是否流窜作案，有无固定住址，是否工作或就读，有无帮教，监管条件，案件基本证据是否已经收集固定，是否有翻供翻证的可能等；对未成年的犯罪嫌疑人、被告人批准或者决定逮捕时，还应当充分考虑逮捕对其学习、工作或者获得学习、工作机会的影响，以及中断学习、工作或者丧失学习、工作机会对其以后成长的影响；对于取保候审不会妨碍诉讼进行，不具有人身危险性和社会危害性，有监管条件的情形，一般都可以取保候审；对于共同犯罪的犯罪嫌疑人、被告人在逃，取保候审有碍侦查、起诉、审判的，以自伤、自残等方法逃避侦查、起诉、审判的，有脱保、伪造、毁灭证据或者串供、妨碍证人作证记录，或者有证据表明有逃跑、伪造、毁灭证据或串供，妨碍证人作证，重新犯罪可能的，有报复、威胁被害人的行为，或者有证据表明有报复、威胁被害人的可能的等情形，则不能取保候审。

第二，评价严格执法，应当注重办案效果，实现法律效果、社会效果和政治效果的统一。案件的办理应当重在化解、减少社会矛盾，维护社会秩序稳定，而不应产生或者激化矛盾。如果司法工作中机械执法，案件办理了，当事人不满意，老百姓不满意；或者案件办完了，矛盾没有得到解决，就不能说达到了严格执法的目的。例如，把刑事案件都起诉到法院，社会效果是否一定就会好？还有逮捕，是否都有必要，后果如何？这是值得思考的。严格执行法律还要考虑社会效果，对于符合法定条件的案件，如果不起诉社会效果更好，更有利于化解矛盾和犯罪嫌疑人回归社会，就应当不起诉；不需要逮捕的，就不应当逮捕。严格执法，要考虑短期利益与长远利益的关系。严格执法也不是一律严厉处罚，不能将严格执法简单理解成把涉嫌犯罪的都逮捕、起诉定罪。实际上，对所有犯罪一律严厉处罚，会带来很多问题，如增加国家关押场所负担，交叉感染将使社会为此付出很高的代价等。

（二）公正司法的理论解析

党的十八届四中全会作出的《中共中央关于全面推进依法治国若干重大问题的决定》指出："公正是法治的生命线。司法公正对社会公正具有重要引领作用，司法不公对社会公正具有致命破坏作用。"这是我党对公正司法在依法治国中极端重要性的理性认识，标志着公正司法已经成为运用法治思维和法治方式治国理政的关键环节。

1. 公正司法的基本内容

公正司法又称司法公正。司法，又称"法的适用"，是国家司法机关依据法定职权和法定程序具体应用法律处理案件的专门活动。公正，与英文的 justice 相对应，在字面上具有正直公平、公正、不偏不倚等含义。"所谓公正司法，就是受到侵害的权利一定会得到保护和救济，违法犯罪活动一定要受到制裁和惩罚。"① 司法公信力是指裁判过程和结果得到民众的充分信赖、尊重与支持。公正司法包括实体公正、程序公正。

实体公正是指法官坚持"以事实为依据，以法律为准绳"的原则，对案件事实作出合理认定，并准确适用法律而对案件作出的正确处理，简而言之，就是司法活动对当事人的实体权利义务关系作出公正的裁判。

程序公正又称正当程序，是指司法程序必须符合公正、公开、民主的原则，对当事人的诉讼权利的基本保护，切实保障法官的独立、公正，即诉讼活动整个过程对所有诉讼参与人而言都是公正的。公正司法的对象是司法机关的司法活动，一般不包括对立法机关的立法活动与对现行司法制度的要求。

---

① 习近平在十八届中央政治局第四次集体学习时的讲话，2013年2月23日。

所以，公正司法更加强调过程的合法性。程序公正是实体公正的前提，是实体结果的公正的保证。

马克思认为："审判程序和实体法的关系就像植物的外形与植物的关系，动物外形和血肉的联系一样，审判程序只是法律的生命形式。"① 这体现了实体公正与程序公正的关系，即实体公正是程序公正的前提和基础，程序公正是实体公正的保障。

2. 评价公正司法的标准

评价司法公正与否，是任何文明社会公民的正当权利。公正与司法有关，自然就离不开法律的尺度和标准，同时公正作为一种社会评价，它又是社会主体对司法机关的司法活动是否符合社会正义的一般认识。因此，认识和评价司法是否公正，有两个最基本的标准是不可缺少的：一是法律标准，二是社会标准。"努力让人民群众在每一个司法案件中感受到公平正义"，更是把对司法公正与否的评判权交给人民，这凸显了中国特色社会主义法治的人民主体地位②。

第一，法律标准是指人民法院的裁判一定要符合法律规定，违法的裁判一定是司法不公正的裁判。司法公正的法律标准以裁判适用的法律分为实体法和程序法两类规范，自然派生出的实体法律标准与程序法律标准是两个既相互依存又彼此可分，具有各自独立判断价值尺度的标准。适用实体法律是否公正，必须且只能根据裁判结果作出判断，人民法院只要是在法律规定的范围、幅度内作出的裁判，就是公正的。适用程序法律是否公正，则只能以适用程序法是否严格和正当作为标准，根据案件审理的过程和方式作出判断。只要没有违反程序法，而且程序正当，就是司法公正。由于司法活动认知能力的有限性和诉讼规则的确定性，法院只能根据现有的证据予以判断并认定案件事实，通过证据认定的案件事实只能是法律事实，它与客观事实有所不同，法律事实和客观事实既可能存在重合的一面，也可能存在冲突的一面，

---

① 《马克思恩格斯全集（第一卷）》，人民出版社1956年版，第178页。
② 崔正军：《保证公正司法　推进依法治国》，载《世纪行》2014年第11期。

从这个意义上讲，司法公正也是相对的。

第二，社会标准是指舆论、广大人民群众对人民法院裁判的态度是赞同还是反对。在社会群体对人民法院司法公正进行的评议中，往往采用的是这一标准。但作为司法公正的社会标准，在作为特定标准使用时，必然显示其双重特征：一方面它是客观的，反映了社会舆论对人民法院裁判结果的态度，在一定条件下它是确定的；另一方面它又是主观的，作为思想意识各异的个人，以其个人的价值观念、法律意识等形成自己的感受对人民法院所作出的裁判的评价往往带有很大的随意性，作为司法公正评价的社会标准其实质和要害恰恰表现在这种不确定性上①。

对司法公正评价的法律标准和社会标准，如何把握？公正是个体权利的理性感受，是正当权利顺利实现的理念评价；一般而言只要权利正当行使，国家就应给予权利上的正义保护，那么个人就会感到社会的公正，否则就会因社会的不公正而对社会丧失信心。从社会主体的主观评价看，司法公正是社会主体对司法主体将法律平等地适用于相同的行为而得出相同结果的一种满意程序，即如果依照法律相同的行为产生出相同的结果，人们就会满意而感到司法的公正性，反之则会怨情陡生而感到司法的不公正。由于人们往往将司法判决结果的公正即实体公正作为衡量是否公正的主要标准，所以长期以来在我国的司法活动与司法行为中存有重实质正义而轻程序正义的价值取向。但是，结果公正的实质正义却是人们主观最难评价与衡量的，由于评价主体法律认知能力的差异以及受主观期望与司法结果之间反差程度的影响，不同的人面对相同的结果会有不同的公正感。因而程序公平对于司法公正的界定与维护有着至关重要的意义②。可见，处理司法公正评价的法律标准和社会标准关系问题，并不是一个新命题。可以肯定的是，在法治社会，对于司法公正与否的评价，法律标准是基本的也是根本的标准，应当成为评价司法公正社会标准的基准。

---

① 丁建军：《我国司法活动评价机制与现代司法理念的悖离及其原因》，载《社会科学家》2006年第4期。

② 徐显明：《程序公平：司法公正的逻辑起点》，载《法制日报》1999年10月7日。

三、严格执法、公正司法的实践探索

目前,我国有法律 250 多部、行政法规 700 多部、地方性法规 9 000 多部、行政规章 11 000 多部,中国特色社会主义法律体系已经形成,诸多关乎群众切身利益的问题都有了法律的坚强保障。但是,"天下之事,不难于立法,而难于法之必行",法律的生命力在于实施,法律的权威也在于实施。而法律的有效实施,是全面依法治国的重点和难点。为此,政法机关在严格执法、公正司法方面进行了大量有益的探索,成效显著。仅以山东法院家事审判为例,分析如下:

(一)山东法院家事审判改革的实践探索

家庭的和谐稳定是国家发展、社会进步、民族繁荣的重要基石。但是,随着我国社会的变迁、经济社会的发展、中西观念的融合冲突,婚姻家庭关系中的新情况新问题不断显现,其中尤为突出的是离婚数量逐年攀升。通常一件离婚案件会影响到两个以上的家庭,不健全的家庭形态对家庭成员人格养成起到巨大负面作用,还会带来一系列社会问题,严重影响社会的和谐稳定。详见图表 1。

图表 1 2012—2016 年全国民政部门登记离婚及人民法院受理离婚案件情况

类别 \ 年份	2012 年	2013 年	2014 年	2015 年	2016 年
全国民政部门登记离婚数据[1](万对)	242.3	281.5	295.7	314.9	346.8
全国法院受理离婚纠纷数据[2](万件)	125.1	130.5	130.7	139.1	139.7

为了发挥人民法院维护家庭、婚姻、亲情关系稳定的家事审判基本功能。

---

[1] 数据来源:民政部 2012—2016 年社会服务发展统计公报,http://www.mca.gov.cn/article/sj/。
[2] 数据来源:2012—2013 年数据来源于最高人民法院民一庭第二合议庭:《关于 2012—2014 年离婚案件相关情况的调查分析报告》,载《民事审判指导与参考》2015 年第 4 辑(总第 64 辑);2014—2016 年数据来源于杜万华:《大力推进家事审判方式和工作机制改革试点》,载《人民法院报》2017 年 5 月 3 日。

2016年5月,最高人民法院召开视频会议,下发《关于开展家事审判方式和工作机制改革试点工作的意见》(法〔2016〕129号)和《关于在部分法院开展家事审判方式和工作机制改革试点工作的通知》(法〔2016〕129号),正式开启了为期两年的家事审判方式和工作机制改革。山东省的章丘市法院、即墨市法院、潍坊市潍城区法院、东平县法院被确定为全国试点法院,省法院又选取烟台市牟平区法院、五莲县法院、武城县法院、巨野县法院作为省内试点法院,同时支持和鼓励各中院在辖区内自行主动进行试点,开展家事审判方式和工作机制改革工作,家事审判改革成效显著。

1. 山东法院家事案件审判概况①

第一,家事案件总量持续居高。以 2013—2017 年山东全省法院民商事一审收案数与家事案件收案数为例,山东法院一审民商事案件收案数中,家事案件数所占比例保持在 20% 左右,持续居高不下。其中值得关注的是,随着改革的深化和试点工作的推进,山东全省法院家事案件一审收案数量出现连续两年下降的趋势,案件数量由 2015 年的 144 229 件下降到 2016 年的 141 913 件,2017 年为 141 832 件,不断攀升的家事案件增长势头得到有效遏制,反映出山东法院积极推进家事审判改革工作取得一定成效,严格执法、公正司法效果得以彰显。详见图表 2、图表 3。

图表 2 2013—2017 年山东法院一审民商事案件与家事案件收案量对比(万件)

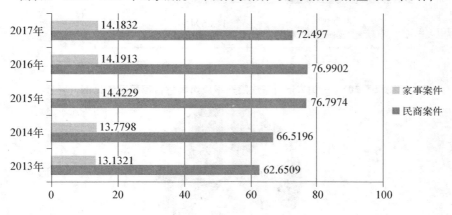

① 数据来源:山东省高级人民法院研究室。

图表3 2013—2017年山东法院一审家事案件收案量变化情况

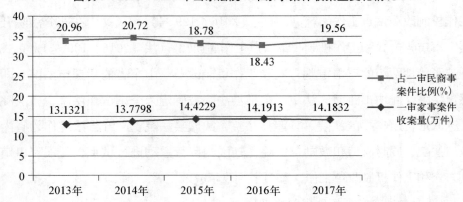

第二,离婚案件在家事案件中占比高。山东全省法院离婚案件在家事案件中的比重保持高水平,占整个家事案件总量的80%以上。详见图表4、图表5。

图表4 2013—2017年山东法院一审家事案件与离婚案件收案量对比(万件)

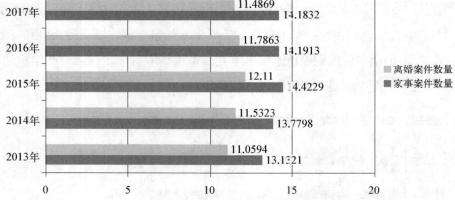

图表5 2013—2017年山东法院一审离婚案件占家事案件比例(%)

第三，家事案件调撤率高。在家事审判改革中，着重加强调解优先原则，将调解作为处理家事纠纷的必要前置程序，山东全省法院家事案件调撤率保持在60%左右，其中继承纠纷案件调撤率高于离婚案件。详见图表6、图表7、图表8、图表9。

图表6　2013—2017年山东法院家事案件一审结案方式情况

方式＼年度	2013年	2014年	2015年	2016年	2017年
结案总数（件）	127 884	133 144	144 477	141 723	144 669
判决结案（件）	40 503	46 827	55 594	57 444	58 086
调解结案（件）	57 296	54 820	54 247	50 268	51 632
撤诉结案（件）	28 544	29 837	32 493	30 669	32 004
调撤率（%）	67.12	63.58	60.04	57.11	57.81

图表7　2013—2017年山东法院离婚案件一审结案方式情况

方式＼年度	2013年	2014年	2015年	2016年	2017年
结案总数（件）	108 038	111 658	121 362	118 663	117 398
判决结案（件）	35 070	40 602	48 006	49 723	49 581
调解结案（件）	46 992	43 924	43 544	39 943	38 699
撤诉结案（件）	24 927	25 892	28 291	26 556	27 137
调撤率（%）	66.57	62.53	59.19	56.04	56.08

图表8　2013—2017年山东法院继承纠纷案件一审结案方式情况

方式＼年度	2013年	2014年	2015年	2016年	2017年
结案总数（件）	5 993	7 177	7 165	7 440	8 962
判决结案（件）	1 351	1 535	1 832	1 815	1 951
调解结案（件）	3 709	4 582	4 277	4 459	5 648
撤诉结案（件）	788	889	815	829	987
调撤率（%）	75.04	76.23	71.07	71.08	74.04

图表9 2013—2017年山东法院离婚案件与继承纠纷案件一审调撤率（%）

年份	继承纠纷案件一审调撤率	离婚案件一审调撤率
2013年	75.04	66.57
2014年	76.23	62.57
2015年	71.07	59.19
2016年	71.08	56.04
2017年	74.04	56.08

第四，家事案件结案率高。切实转变家事审判理念、方式、机制和作风，家事案件结案率持续保持较高水平。详见图表10。

图表10 2013—2017年山东法院家事案件一审结案情况

审级 年度	旧存（件）	收案（件）	结案（件）	结案率（%）
2013年	6 360	131 321	127 884	92.88
2014年	9 788	137 798	133 144	90.22
2015年	14 453	144 261	144 477	91.03
2016年	16 134	141 913	141 723	89.67
2017年	14 450	141 832	144 669	92.57

第五，试点法院成效良好。山东法院坚持贯彻"和为贵、调为先、重修复、扶弱势"的工作理念，创新建立"党委重视、政府支持、法院主导、各界参与、专业介入"的工作机制，扎实推进家事审判改革。各试点法院积极探索、大胆尝试，在完善多元纠纷解决机制，探索建立家事审判专业化模式、家事案件心理测评干预、婚姻冷静期、人身安全保护令、案后回访等制度方面成效良好。省法院、武城法院、东平法院受邀参加全国部分法院家事审判改革推进会并作为典型发言，改革经验做法多次被中央电视台等多家新闻媒体报道，起到改革示范作用。详见图表11。

图表 11 2016—2017 年山东法院试点法院案件情况[①]

项目\法院	家事案件数量（件）	调解案件数量（件）	诉前调解案件数量（件）、成功率（%）	诉中调解案件数量（件）、成功率（%）	开展调查案件数量（件）	开展心理测评干预案件数量（件）	开展回访帮扶案件数量（件）	设置婚姻冷静期	超过六个月审理期限案件数量（件）	开展心理测评干预及情况调查等工作经费来源
章丘	1 519	666	273 64%	393 52%	412	110	48	3 个月	101	公益
即墨	940	882	126 80%	756 80%	132	26	4	6 个月	20	法院
东平	1 630	1 273	214 11%	1 059 65%	386	86	246	20 天	0	法院
潍城	243	138	78 41%	60 56%	40	16	76	3 个月	0	法院
武城	478	813	512 31%	301 63%	216	17	82	15 天	2	财政
牟平	575	699	229 95%	470 90%	56	27	36	1 个月	0	法院
五莲	599	420	129 31%	291 69%	142	26	32	15 天	0	法院
巨野	1 392	750	189 95%	561 61%	8	3	32	6 个月	0	法院
合计	7 376	5 641	1 750	3 891	1 392	311	556		123	

2. 山东法院家事审判改革的工作措施[②]

分析 2013—2017 年山东法院一审家事案件审判概况，不难看出，家事案件审判呈现的整体态势是：家事案件总量持续居高，在传统民事案件收案数中所占比例持续保持在 20% 左右；离婚案件在家事案件中占比很高，持续保持

---

① 《山东法院家事审判改革工作白皮书（2016—2017 年）》，山东省高级人民法院网 2018 年 6 月 25 日讯。

② 参见《山东法院家事审判改革工作白皮书（2016—2017 年）》，山东省高级人民法院网 2018 年 6 月 25 日讯。

在80%以上；家事案件调撤率高，案件调撤率保持在57%以上；一审服判息诉率较高，服判息诉率高达90%。山东法院多举措化解众多家庭纠纷，维护中华民族重视家庭和睦的优良传统，让家庭成为人生的幸福港湾。家事无小事，家事即国事。家事审判追求的不仅是个案公正，更是希望夯实社会和谐稳定的基石，为进一步研究家事审判改革提供实践经验。

第一，倡导以和为贵价值理念，发挥司法引领作用。习近平总书记指出："核心价值观，承载着一个民族、一个国家的精神追求，体现着一个社会评判是非曲直的价值标准。"社会主义核心价值观源于中国几千年的传统文化，并有相当一部分蕴含在家庭伦理道德中。人民法院作为国家审判机关，不但肩负着定分止争的重要职责，还在培育和践行社会主义核心价值观方面发挥着引领导向作用，通过倡导以和为贵的价值理念，避免当事人赢了官司，割裂了亲情；得到了钱财，伤透了心，全力促进家庭和睦、社会和谐。

一是积极创建以"和为贵"为主题的审判环境。各试点法院积极改建、增设家事审判硬件设施，凸显契合、彰显家事审判柔性司法、温情司法的特点，形成和谐化解家事纠纷的浓厚氛围。如武城法院家事审判专区配备家风文化墙、时光大厅，章丘法院通过建立圆桌式、客厅式的家事审判庭、冷静室、心理辅导室、单面镜观察室、儿童游乐区等设施，既改变了传统法庭给人庄严肃穆沉重的感觉，减轻当事人对抗心理，又能更好地观察、把握当事人关系和心理变化，有效辅助家事审判方式改革成效的发挥。

二是建设倡导"和为贵"理念的专业化家事审判法官队伍。家事审判是一门专业性很强而且跨学科领域的工作，坚持"和为贵"的司法理念需要专门的法官队伍。自家事审判改革启动以来，各试点法院纷纷选拔任用熟悉婚姻家庭审判业务、具有一定社会阅历、掌握相应社会心理学知识、热爱家事审判工作的法官组建起家事审判团队。如即墨法院对于家事审判专业化探索较早，于2002年便成立"女子法庭"，负责婚姻家事案件的审判。目前，该审判团队的6名家事审判法官均取得了国家三级心理咨询师资格，能够发挥专业领域的特长与经验，快速准确发现家事纠纷情感上的症结及其他方面的顾虑，最大限度促进家事纠纷和谐化解。

三是营造家事纠纷化解"和为贵"的社会环境。各试点法院积极动员社会各方面力量参与家事纠纷化解，不断拓宽处理家事纠纷的途径。积极聘请特邀家事调解员、家事调查员，引入专业人员协助家事法官开展工作，借助专业力量开展调解、调查工作，并及时为当事人提供心理疏导和治疗服务。积极吸纳公安、妇联、民政、共青团等单位成为家事调解委员会的成员单位，制定家事调解委员会章程，明确成员单位及家事调解员职责，利用社会资源促进家事纠纷多元化解决。

第二，贯彻调解优先原则，创新调解方式方法。在家事审判改革之前，面对家事纠纷数量不断攀升的态势，一些法院为尽快办结案件，将家事案件作为其他普通民事案件对待，特别是对于离婚问题达成一致的案件，只对财产和抚养等问题进行处理，忽视了对矛盾纠纷的化解。这种"一审了之，一判了之"的做法，往往导致案结事不了。因此，在家事审判改革中，着重加强了调解优先原则。

一是强化对家事案件调解优先的认识。家事纠纷交织着情感和伦理，较其他民事纠纷，更是充满人情味。法院判决象征着司法权威，代表着公权力对私权利的介入，刚性有余而柔性不足。然而，调解作为一种特殊的审判方式，充满了温情包容，拉近了法官和当事人之间的距离，对于解决充满感情纠葛、人伦色彩的家事纠纷具有特殊优势，用好用活调解手段显得尤为重要。因此，尽管案件审判压力大，调解需要耗费更多的司法资源和精力，会延长结案的时间，但在家事审判中仍应坚持并进一步加强调解优先原则。

二是将调解作为处理家事纠纷的必要前置程序。为缓和家事纠纷矛盾，多数试点法院采取了调解前置的做法，对于家事纠纷优先进行诉前调解。为了保证调解的顺利进行，需要给予家事审判法官或者人民调解员了解案情、进行释明以及具体调解实施的时间。考虑到家事纠纷可能出现的各种复杂的具体情况，调解的时间不计入审限。2016—2017 年，八个试点法院共前置调解案件 1 630 件，其中调解结案 876 件，促进了家事纠纷的有效化解。

三是推行冷静期制度。对于当事人之间矛盾较深、争议问题分歧较大、情绪态度激烈的离婚纠纷，设置"离婚冷静期"，让当事人有时间平复心情，进行有效诚恳的沟通,也让法官有时间深入了解当事人实际家庭生活状况,提高调解工作的针对性、有效性。2016—2017年,八个试点法院在630件案件中设置了冷静期。"离婚冷静期"的设置,帮助很多因一时冲动而选择离婚诉讼的当事人破镜重圆,也使得很多离婚夫妻能够在解决好孩子抚养、财产分配的情况下,一别两宽,彻底化解家庭纠纷。

第三,注重家庭成员关系修复,准确把握家事审判职能。家事审判改革的目标是维护婚姻家庭和谐稳定,依法保障未成年人、妇女、老年人的合法权益,培育和践行社会主义核心价值观,促进社会和谐健康发展。这一目标决定了家事审判不能再像以前那样仅限于裁判这一职能,还要包括婚姻家庭救治、家庭成员情感修复。

一是准确判断婚姻状态。在离婚案件中,首先对是否及如何进行关系修复作出判断,注意甄别"婚姻死亡"与"婚姻危机",对于已经亮起黄灯的婚姻,努力调和矛盾,挽救家庭。"甄别婚姻状态",帮助很多处于婚姻危机中的离婚案件当事人幡然悔悟、重归于好,也使得很多离婚夫妻在解决好孩子抚养、财产分配的情况下,平和解决离婚争议,缓和家庭矛盾。

二是引入心理疏导机制。对双方矛盾对抗激烈、情绪波动较大的当事人,涉及未成年人权益保护以及持续时间较长的家暴受害人等,聘请专业心理咨询辅导人员进行心理评估和心理疏导,找到矛盾根源、抚平创伤、缓和关系,对于纠纷所涉家庭的感情修复和未成年人健康成长都有特别重要的意义。如东平法院与泰安市应用心理学会建立协作机制,联合出台了《关于建立家事案件心理疏导协作机制的实施方案》,通过政府购买服务的方式,选聘13名在化解婚姻家庭关系方面心理问题上具有丰富经验的心理咨询师为家事案件情感导师,有针对性地为家事案件当事人提供心理咨询和情感疏导服务,向法院出具专业的心理辅导报告,提出纠纷解决方案。2016—2017年,八个试点法院共聘请心理咨询师58名,为900多名当事人进行了心理测试和心理咨询。

三是强化不公开审理原则。为加强对家事案件当事人的人文关怀,防止因案件诉讼激化家庭矛盾,不利于双方及家庭成员之间的感情修复,在推进家事审判改革过程中，与普通民事案件的公开审理原则相区别，全面落实家事案件的不公开审理原则。这样可以使双方当事人打消思想顾虑、敞开心扉，充分陈述内心真意，不会对当事人造成不良的社会影响，双方仍有回旋缓和的余地，不会造成矛盾的升级和加剧，给双方关系修复打下较好的基础。

四是推行离婚生效证明书制度。判决书和调解书中往往记载着大量当事人不愿被外人所知的矛盾纠纷信息，不利于家庭关系的缓和。为保护离婚案件当事人隐私、缓和家庭矛盾，2016—2017年，各试点法院积极推行离婚生效证明书机制，仅武城法院就发放离婚证明书472份，最大限度避免隐私泄漏对家庭关系引发二次伤害，有效防止不利于家庭关系修复情形的发生。

第四，维护弱势群体合法权益，实现案件审理的公平正义。维护婚姻家庭中弱者的合法权益是公正司法的题中之义，在现有的民事诉讼法和民事证据规则的框架内，人民法院一般采取"当事人主义"的审理模式，赋予当事人更多的自由权和选择权，让双方进行平等的对抗。家事纠纷当事人之间的诉讼能力和实际地位往往存在客观的不平等，如未成年人、妇女和老年人受自身能力的限制，往往难以平等地与对方进行抗辩。在此情况下，继续采用"当事人主义"的审理模式，被动、消极地进行审判，已经不能满足家事案件中处于弱势地位当事人的司法需求。根据家事案件特点，各试点法院积极探索尝试，加大职权干预力度，取得了较好的效果。

一是坚持未成年人利益最大化原则。联合国1989年《儿童权利公约》第一次将"儿童最大利益原则"写入条约。我国《婚姻法》第三十六条规定：父母与子女间的关系，不因父母离婚而消除。离婚后，父母对子女仍有抚养和教育的权利和义务。在家事审判中，为维护未成年人合法权益，对于夫妻双方均不愿意抚养子女的情况，一般判决不准离婚，而对于双方都争取抚养子女的情况，通过家事调查制度，走访社区、单位、幼儿园、学校，了解未成年人的真实抚养状况，通过儿童托管室，了解孩子和父母的亲近程度，判断由谁抚养对孩子更为有利。如武城法院，将应当判决父母离婚案件中的未成年人，纳入心理辅导机制和长期回访机制，通过多方的主动干预，最大限度地减少家庭因素对未成年子女的伤害。

二是建立庭前财产申报制度。在离婚诉讼口，经常有一方为了获得更多的财产，采取隐瞒、转移、变卖、毁损夫妻共同财产，甚至通过伪造债务的方法达到侵吞另一方财产的目的。为查明夫妻共同财产和个人财产状况，维护婚姻关系中弱势一方的合法权益，很多试点法院建立了庭前财产申报制度。法院向离婚案件当事人各方发送财产申报表，要求其全面详细申报各方名下或者双方的各类财产，固定庭审争议的财产范围，当事人不实申报且被证实的，法院在分配财产时对其少分甚至不分财产。司法的威慑力有效遏制了离婚诉讼中不诚信的诉讼行为，维护了弱势一方的合法权益。

三是推动建立反家暴整体防治网络。家庭暴力不只是家庭问题，也是社会问题。为推动反家暴工作的深入开展，落实人身安全保护令制度，各试点法院与检察院、公安、妇联等相关部门，搭建联动工作平台，建立反家暴防控网络。2016年以来，山东全省法院共作出人身安全保护令134件。在发出人身保护令的同时，及时向当地政府、派出所、妇联、村委会、居委会等发送协助执行通知书，要求相关部门协同保护家暴受害方，借助当地网格化管理服务平台，将人身保护裁定申请人及其住所地列为重点保护区域。同时建立沟通平台，联系工会、共青团、妇联、残联等群团组织，居委会、村委会等群众性自治组织，学校、幼儿园、医疗机构、社会工作服务机构、救助管理机构、福利机构等其他组织，促进反家暴网络的健全。

第五，积极争取党委、政府重视和支持，建设多部门联动机制。当前家事纠纷日渐增多，矛盾日趋复杂，化解难度越来越大。由于纠纷往往是各种社会因素所导致，需要社会化的化解方式。家事审判改革是一项综合性改革，不但需要法院推动，还需要凝聚社会各界力量，特别是党委的重视和支持，如果没有党委的重视和支持，仅靠法院单打独斗根本无法做好家事审判改革工作。因此，各试点法院积极争取党委的重视和支持，与当地公安、民政、司法行政、妇联、教育、社区等部门创建了形式多样的合作方式。如德州中院积极争取党委、政府支持，德州市委出台《关于推进人民法院家事审判改革试点工作的意见》，推动建立了联席会议机制，为实现矛盾纠纷的多元化解奠定了坚实基础。武城法院、潍城法院等多处试点法院均成立了以县委副书记为组长，人民法院及各乡镇、司法局、民政局、妇联、关工委等有关部门主要领导人为成员的家事审判改革工作领导小组，建立联动机制，充分发挥司法、行政和民调组织等社会调解资源的功能，在家事案件调查取证、调解等方面密切配合，努力实现多元化纠纷解决机制的有机衔接，形成社会化纠纷化解整体合力。

总之，山东法院的家事审判改革，为进一步研究家事审判改革提供了实践经验。2018年7月，最高人民法院召开家事审判方式改革试点工作总结大会暨联席会议第二次全体会议，并下发《最高人民法院关于进一步深化家事审判方式和工作机制改革的意见（试行）》（法发〔2018〕12号），明确提出："积极推进机构队伍专业化建设，组建专业化家事审判机构或者团队，探索建立特别的家事法官准入机制、培训机制和考核机制，探索配备专门从事家事调解、家事调查、心理辅导等工作的司法辅助人员，加强家事法官的职业安全保障，完善极端化事件防控措施。"基于家事审判改革涉及面大而广，建立符合我国国情的独立的家事审判制度尚有很多理论和实践问题需要探索。今后，要继续推进家事审判方式改革，做到在严格执法的同时兼顾义理人情，在公正司法的同时促进家庭和睦、社会和谐。

（二）严格执法、公正司法的实践成效

山东法院家事审判改革的成效，从一个侧面反映出，党的十八大以来，在以习近平同志为核心的党中央坚强领导下，坚持以习近平新时代中国特色社会主义思想为指导，全面贯彻落实党的十八大和十九大精神，忠实履行宪法法律赋予的职责，紧紧围绕"努力让人民群众在每一个司法案件中感受到公平正义"工作目标，不断加强严格执法、公正司法，推动各项工作取得重大进展。

第一，以人民法院为例，人民法院作为全国政法战线的重要一员，通过发挥审判职能，为统筹推进"五位一体"总体布局和协调推进"四个全面"战略布局提供有力司法服务和保障，不断增强人民群众获得感、幸福感、安全感。2013—2017年，最高人民法院受理案件82 383件，审结79 692件，分别比前五年上升60.6%和58.8%，制定司法解释119件，发布指导性案例80件，加强对全国法院审判工作监督指导；地方各级人民法院受理案件8 896.7万件，审结、执结8 598.4万件，结案标的额20.2万亿元，同比分别上升58.6%、55.6%和144.6%[1]。全国法院在践行严格执法、公正司法方面发挥了应有作用。源自《最高人民法院工作报告》的几组2013—2017年的具体数据可为明证[2]：

一是严惩贪污贿赂犯罪。会同最高人民检察院制定办理贪污贿赂案件司法解释，审结贪污贿赂等案件19.5万件，涉及26.3万人，其中，被告人原为省部级以上干部101人，厅局级干部810人，依法惩治行贿犯罪，判处罪犯1.3万人，严惩贪污贿赂犯罪。

二是严惩严重危害群众生命财产安全犯罪。制定办理盗窃、敲诈勒索、抢夺、抢劫等刑事案件司法解释，审结相关案件131.5万件，判处罪犯153.8万人。严厉打击黑恶势力犯罪，依法审结刘汉、刘维等36人组织、领导、参加黑社会性质组织等案件。严惩重大责任事故、危险驾驶等危害公共安全犯罪，审结相关案件127.1万件。积极参与禁毒斗争，审结毒品犯罪案件57.1万件。

三是严惩侵害妇女儿童权益犯罪。会同有关部门出台指导意见，坚决惩治针对妇女儿童的暴力、虐待、性侵害行为，审结相关案件13.1万件。制定审理拐卖妇女儿童犯罪案件司法解释，对偷盗婴幼儿等行为依法从严惩处，审结拐卖妇女儿童犯罪案件4 685件。

四是坚决纠正和防范冤假错案。坚持实事求是、有错必纠，再审改判刑事案件6 747件，其中依法纠正呼格吉勒图案、聂树斌案等重大冤错案件39件，涉及78人，并依法予以国家赔偿，让正义最终得以实现，以纠正错案推动法治进步。出台防范刑事冤假错案指导意见，落实罪刑法定、证据裁判、疑罪从无等原则，对2 943名公诉案件被告人和1 931名自诉案件被告人依法

---

[1] 数据来源：《最高人民法院工作报告》，2018年3月9日十三届全国人大一次会议。
[2] 本部分数据来源：《最高人民法院工作报告》，2018年3月9日十三届全国人大一次会议。

宣告无罪，确保无罪的人不受刑事追究、有罪的人受到公正惩罚。

五是完善人权司法保障措施。认真落实习近平主席特赦令和全国人大常委会决定，依法特赦罪犯 31 527 人。

六是妥善审理涉民生案件。各级法院审结一审民事案件 3 139.7 万件，同比上升 54.1%。依法惩处恶意欠薪行为，为农民工追回"血汗钱"294.4 亿元。

七是妥善化解行政争议。各级法院审结一审行政案件 91.3 万件，同比上升 46.2%，支持、监督行政机关依法履职。

八是着力破解执行难。各级法院加大执行工作力度，受理执行案件 2 224.6 万件，执结 2 100 万件，执行到位金额 7 万亿元，同比分别上升 82.4%、74.4%、164.1%。与公安部、银监会等 10 多个单位建立网络执行查控系统，通过信息化、网络化、自动化手段查控被执行人及其财产，共查询案件 3 910 万件次，冻结款项 2 020.7 亿元，极大提高了执行效率。

九是司法公开取得重大进展。截至 2018 年 2 月底，中国庭审公开网直播庭审 64.6 万件，观看量 48.5 亿人次；中国裁判文书网公开文书 4 278.3 万份，访问量 133.4 亿人次，用户覆盖 210 多个国家和地区，成为全球最大的裁判文书资源库。加强网站、微博、微信、客户端等新媒体建设，主动公开司法信息，让司法公正看得见、能评价、受监督。

十是以零容忍态度坚决惩治司法腐败。各级法院查处违反中央八项规定精神的干警 1 011 人，对 1 762 名履职不力的法院领导干部严肃问责。坚持反腐败无禁区、全覆盖、零容忍，最高人民法院查处本院违纪违法干警 53 人，各级法院查处利用审判执行权违纪违法干警 3 338 人，其中移送司法机关处理 531 人。

十一是强力实施联合信用惩戒。全国法院累计公开失信被执行人信息 996.1 万人次，限制 1 014.8 万人次购买机票，限制 391.2 万人次乘坐动车和高铁，221.5 万人慑于信用惩戒主动履行义务；加大对抗拒执行行为惩治力度，以拒不执行判决裁定罪判处罪犯 9 824 人，"一处失信、处处受限"的信用惩戒格局初步形成，有力促进了社会诚信体系建设。

第二，以人民检察院为例，全国各级检察机关以社会公正为核心价值追求，对执法不严、司法不公"零容忍"，强化对诉讼活动的法律监督，坚决维护法律尊严，坚决捍卫公平正义，2013—2017年，交出了一份令人民满意的答卷①。

一是切实保护公民人身权、财产权、人格权。共起诉故意杀人、绑架、放火等严重暴力犯罪40.5万人。深入推进扫黑除恶、缉枪治爆、禁毒扫黄等专项斗争，起诉刘汉、刘维等为非作歹的黑社会性质组织犯罪8 932人，立案侦查为黑恶势力充当"保护伞"的国家工作人员333人。坚决惩治抢劫、抢夺、盗窃等多发性侵财犯罪，起诉172.4万人。起诉重大责任事故、危险物品肇事等犯罪1.4万人，查处事故背后失职渎职等职务犯罪4 368人，较前五年分别上升10.4%和80.1%。起诉侮辱、诽谤、诬告陷害等犯罪1 472人，依法保护公民人格尊严。

二是突出惩治电信网络诈骗犯罪。2016年与公安部、工信部、人民银行等共同发布通告，与公安部共同挂牌督办"徐玉玉案"等62起重大案件。加强境外司法合作，广东、北京、江苏检察机关提前介入侦查，及时批捕起诉崔培明等130人、张凯闵等85人、邱上岢等61人特大跨境电信诈骗案。

三是突出查办大案要案。立案侦查职务犯罪254 419人，较前五年上升16.4%，为国家挽回经济损失553亿余元。其中，涉嫌职务犯罪的县处级国家工作人员15 234人、厅局级2 405人。在党中央统一领导下，党的十八大以来，检察机关对120名原省部级以上干部立案侦查，对105名原省部级以上干部提起公诉。依法办理衡阳破坏选举案、南充拉票贿选案、辽宁拉票贿选案涉及的职务犯罪。坚持受贿行贿一起查，严肃查办国家工作人员索贿受贿犯罪59 593人、"围猎"干部的行贿犯罪37 277人，较前五年分别上升6.7%和87%。严肃查办不作为、乱作为的渎职侵权犯罪62 066人，依法查处"万吨小麦霉变""地铁问题电缆"等事件背后的渎职等犯罪。

四是坚决惩治"小官大贪"和"微腐败"。持续开展查办和预防发生在群

---

① 本部分数据来源：《最高人民检察院工作报告》，2018年3月9日十三届全国人大一次会议。

众身边、损害群众利益职务犯罪专项工作，在涉农资金管理、征地拆迁、社会保障、扶贫等民生领域查办"蝇贪"62 715 人。

五是坚持不懈开展职务犯罪国际追逃追赃。在中央纪委统一领导下，2014 年 10 月起持续开展专项行动，与相关部门密切协作，加强与有关国家、地区司法合作，已从 42 个国家和地区劝返、遣返、引渡外逃职务犯罪嫌疑人 222 人，包括 35 名"百名红通人员"。与公安部、人民银行等共同开展预防打击利用离岸公司和地下钱庄转移赃款专项行动。检察机关对任润厚等 45 起职务犯罪嫌疑人逃匿、死亡案件及时启动没收违法所得程序，决不让腐败分子躲进"避罪天堂"，决不让腐败分子在经济上捞到好处。

六是坚决贯彻党中央关于国家监察体制改革的决策部署。2017 年北京、山西、浙江检察机关先行试点，取得重要经验。其他非试点省区市检察机关立案侦查职务犯罪 46 032 人，同比上升 4.7%。四级检察院反贪、反渎和预防部门职能、机构及 44 151 名检察干警已全部按时完成转隶。

七是一批重大冤错案件得到纠正。对受理申诉或办案中发现的"张氏叔侄强奸杀人案""沈六斤故意杀人案""卢荣新强奸杀人案""李松故意杀人案"等 18 起重大冤错案件，及时提出抗诉或再审检察建议，人民法院均改判无罪。对人民法院再审的聂树斌案、呼格吉勒图案、王力军无证收购玉米案等案件，检察机关同步成立专案组，重新复核证据、明确提出纠正意见，共同纠错。颁布履行检察职能纠防冤错案件等系列指导意见，建立刑事申诉案件异地审查等制度。

八是坚决纠正违法减刑、假释、暂予监外执行。对提请"减假暂"不符合法定条件或程序，以及裁定或决定不当的，监督纠正 11.8 万人。针对人民群众反映强烈的"以权减刑""提钱出狱"等问题，以职务犯罪、金融犯罪、涉黑犯罪为重点，强化对异地调监、计分考核、病情鉴定等环节监督，共监督有关部门对 2 244 名罪犯收监执行，其中原厅局级以上干部 121 人。

九是坚持不懈清理久押不决案件。在中央政法委统一领导下，检察机关牵头，对政法各机关羁押 3 年以上仍未办结的案件集中清理。经政法各机关共同努力，2013 年核查出的 4 459 人，至 2016 年 10 月全部清理纠正完毕。

十是强化民事行政诉讼监督。对认为确有错误的民事行政生效裁判、调解书提出抗诉 2 万余件、再审检察建议 2.4 万件,对审判程序中的违法情形提出检察建议 8.3 万件,对民事执行活动提出检察建议 12.4 万件。针对民间借贷、企业破产、房屋买卖、驰名商标认定等领域,为谋取不正当利益打"假官司"问题,开展虚假诉讼专项监督,重点监督"规模性造假"和中介服务机构"居间造假",2016 年以来共向人民法院提出抗诉或再审检察建议 3 877 件,对构成犯罪的起诉 452 人。

十一是坚决惩治司法腐败。注重在诉讼监督中发现执法不严、司法不公背后的职务犯罪,立案侦查以权谋私、贪赃枉法、失职渎职的司法工作人员 11 560 人。

十二是以审判为中心的刑事诉讼制度改革有力推进。充分发挥审前主导和过滤作用,督促侦查机关立案 9.8 万件、撤案 7.7 万件,追加逮捕 12.4 万人、追加起诉 14.8 万人,对不构成犯罪或证据不足的不批捕 62.5 万人、不起诉 12.1 万人,其中因排除非法证据不批捕 2 864 人、不起诉 975 人,依法纠正"王玉雷故意杀人案"。加强刑事审判活动监督,对认为确有错误的刑事裁判提出抗诉 3.5 万件,最高人民检察院对"陈满故意杀人案""谭新善故意杀人案"等 11 起重大案件向最高人民法院提出抗诉或再审检察建议。监督相关政法机关纠正阻碍律师行使执业权利 6 981 件。

十三是刑事案件速裁程序和认罪认罚从宽制度试点扎实开展。根据全国人大常委会授权决定,2014 年 6 月起在 18 个城市开展为期两年的刑事案件速裁程序试点,共对 5.6 万件轻微刑事案件建议适用速裁程序,审查起诉周期由过去平均 20 天缩短至 5 天。2016 年 11 月又部署认罪认罚从宽制度试点,人民法院适用该制度审结的刑事案件中,由检察机关建议适用的占 98.4%,人民法院对检察机关量刑建议的采纳率为 92.1%。

十四是坚持规范司法永远在路上。2014 年起连续 4 年开展规范司法行为专项整治,坚决纠正违法扣押冻结涉案财物、暴力取证、不依法听取当事人和律师意见等突出问题。最高人民检察院挂牌督办 193 起司法不规范案件,公开通报典型案例。颁布职务犯罪侦查工作八项禁令、指定居所监视居住监督规定、刑事诉讼涉案财物管理规定。修订完善检察机关司法工作基本规范，发布 9 批 38 个在审查证据、适用法律方面具有指导意义的典型案例，统一和规范办案标准。

十五是持之以恒正风肃纪，以零容忍态度严惩自身腐败。严肃查处违纪违法检察人员 2 089 人，其中最高人民检察院 11 人，违反中央八项规定精神 543 人。严肃追究 531 名领导干部失职失察责任。

四、执法不严、司法不公的问题与成因

党的十八大以来，政法战线以实际行动维护社会公平正义，让人民群众切实感受到了公平正义就在身边。与此同时，不可否认的是，也还有个别政法干警宗旨意识淡化、群众观念淡薄，存在对待群众冷硬横推、粗暴野蛮执法，吃拿卡要、与民争利，司法不公甚至司法腐败问题，例如，2013—2018 年，最高人民法院查处本院违纪违法干警 53 人，各级法院查处利用审判执行权违纪违法干警 3 338 人，其中移送司法机关处理 531 人。2013—2018 年，检察机关严肃查处违纪违法检察人员 2 089 人，其中最高人民检察院 11 人，违反中央八项规定精神 543 人。严肃追究 531 名领导干部失职失察责任。执法不严、司法不公的表现形式有很多，严重损害群众利益，破坏政法机关和政法队伍的良好形象。本研究报告仅就执法不严、司法不公的共性突出问题进行研究。

（一）执法不严、司法不公的主要问题

1. 全面依法治国理念尚难全面落实

全面依法治国，有赖于全体人民信仰法治、认同法治。全面依法治国理念与人民群众对法治的认同存在差距。以家事审判为例，部分当事人对家事审判改革理念认同度不高：审判理念的转变不仅包括审判人员理念的转变，还包括案件当事人及委托诉讼代理人理念的转变以及人民群众的社会认同。自 2016 年 6 月最高人民法院在全国开展家事审判方式和工作机制改革试点以来，全国试点法院不断创新工作机制，积极转变审判理念，取得了良好的成效。

但因家事审判改革的目标、内容与传统的审判方式存在较大的差异,部分群众对家事审判改革不了解、不认可,甚至存在误解。例如设立诉前委派调解制度,在当事人向法院起诉时,先不予立案,而是委派调解组织进行调解,但当事人认为法院不立案就是故意刁难,违反了立案登记制的规定;离婚冷静期的设置势必导致案件的审理周期较长,当事人以违反法定审限为由进行投诉、举报的情况亦时有发生;对于离婚财产申报的重视程度不够,不能认真、详细地如实填写法院向其送达的财产申报表,法院以此判其承担未如实申报财产的不利后果时又强烈抵触。这些误解和抵触,一定程度上影响着家事审判工作顺利推进,不利于实现法律效果与社会效果的有机统一。因处理家事纠纷引发的恶性极端事件[1],屡屡见诸各种媒体报道,从另一个视角映射出家事利益对当事人的重要程度。家事案件处理不妥当,极易引发当事人的极端情绪,甚至将怨气、怒气转移到审判者身上,引发恶性事件。类似当事人对家事审判改革理念认同度方面存在的问题,不同程度地存在于执法司法的各项工作中。

2. 司法公信力低

司法权从司法机关的角度看是一种裁判权,从公民的角度看是一种救济权。司法不公将导致司法公信力低,主要表现形式如下:

第一,认定事实或裁判结果明显有违常理。对于引起社会广泛关注的案件,如孙志刚案、聂树斌案、"临时性强奸"案、"躲猫猫"案、"喝开水死亡"案、崔英杰杀死城管案、许霆案、彭宇案、雷洋案、于欢辱母案等,都存在与基本常理相悖之处。在这个信息爆炸的时代,它们之所以能引起广泛关注,原因皆在于司法机关认定的事实或裁判结果明显有违基本常理。

第二,案件终而不结。我国实行两审终审制,从程序上看生效判决是最终的裁判文书。但是,有不少当事人对案件裁判过程和结果不服。正如习近平总书记所言:"一纸判决,或许能够给当事人正义,却不一定能解开当事人

---

[1] 北京市昌平区法院马彩云法官事件:2016年2月26日,马彩云因公殉职,年仅38岁。犯罪嫌疑人李某是马彩云审理的一起离婚后财产纠纷案件的原告。

的'心结','心结'没有解开,案件也就没有真正了结。""如果通过正常程序不能得到公平正义,群众对政法机关不托底、不信任、不放心,那光说加强法制观念也没有用。"

第三,权利得不到救济和权利滥用并存。在涉法涉诉信访领域,一方面是访民的正当权利得不到救济,走投无路之后的选择。另一方面访民滥用权利。"有的地方突破政策法律底线,简单地'花钱买平安',引发新的涉法涉诉信访问题,等等。"出现信访工作人员"在劝说无效的情况下,就只能陪上访人喝茶、吃饭、打麻将、钓鱼,甚至陪旅游等"。

3. 基层基础建设存在薄弱环节

加快覆盖城乡公共法律服务体系建设,顺应了人民群众日益增长的法律服务需求。但是,在组织机构建设、队伍建设、基础保障能力、规范化建设、履职能力和服务水平等方面均存在薄弱环节。以基层公共法律服务机构建设为例,截至 2017 年底,全国共有基层法律服务机构 1.6 万多家,其中乡镇所 1.1 万多家,街道所 5 700 多家。全国基层法律服务工作者 7 万人,其中在乡镇所执业的基层法律服务工作者 3.55 万多人,在街道所执业的基层法律服务工作者 3.51 万多人。2017 年,全国基层法律服务工作者共办理诉讼案件 81.9 万多件;办理非诉讼法律事务 31.5 万多件;为 11.6 万多家党政机关、人民团体、企事业单位担任法律顾问;参与仲裁 9.3 万多件。2017 年,基层法律服务工作者共提供各类公益法律服务 263.5 万多件,其中办理法律援助案件 20.9 万多件,参与人民调解 39 万多件,参与接待和处理信访案件 7.7 万多件,为 18.8 万多个村(居)担任法律顾问,为弱势群体提供免费法律服务 54.7 万多件①。与总量的增长相比较,受各方面因素的制约,基层法律服务机构普遍存在规模小、场所设施不完善、人才短缺等现象。多数法律服务工作者同时担任几个村的法律顾问,时间、精力有限,每月到村居(社区)提供法律服务的时间较少,在解决群众法律诉求时出现不及时情况,难以满

---

① 《律师、公证、基层法律服务最新数据出炉》,司法部政府网,http://www.moj.gov.cn/government_public/content/2018-03/14/141_17049.html。

足群众需求。基层法律服务人员尤其是乡镇（街道）、村居（社区）两级公共法律服务中心人员综合素质参差不齐，在解决群众法律诉求时，因工作人员专业水平限制不能给予及时解答，致使解决问题的效率不高，公共法律服务的公信力受到质疑，社会认可度也大打折扣。乡镇（街道）公共法律服务工作站多是依托司法所设置，司法所除了承担司法行政职能外，还加塞了很多工作职责，有的司法所门口挂的牌子普遍多达10个以上，多数司法所工作人员平均3人，人少事多的矛盾十分突出。大部分村居（社区）办公条件简陋拥挤，难以设置独立的公共法律服务窗口和法律顾问办公室，法律服务工作开展无法持续保障。

4. 不作为、乱作为问题突出

有的政法机关和干警执法随意性大，粗放执法、变通执法、越权执法现象比较突出，要么有案不立、有罪不究，要么违规立案、越权管辖；有的滥用强制措施，侵犯公民合法权益；有的办关系案、人情案、金钱案，甚至徇私舞弊、贪赃枉法等。这些问题，不仅严重败坏政法机关形象，而且严重损害党和政府形象，还易诱发失信于法事件。司法实践中，时有不正常败诉情形的发生。不正常败诉主要包括当事人之间串通使另一方当事人败诉的假诉案件、法官责任心不强的败诉、法官限于业务水平的败诉以及徇私枉法的败诉等情况。这些不正常败诉都是违反法律规则所致。其中，在当事人心理上造成压力最大的是法官渎职或枉法所致的败诉。不正常的败诉，是一方当事人主张和请求合情、合理、合法，事实所依托的证据充分、有效的情况下，由于对方当事人的不正当行为和案外人的恣意干扰，以及法官缺乏应有的业务水平和职业道德而有意、无意偏袒一方，或因其审判责任心不强，导致有理有据的一方当事人吃冤枉官司。其结果必然引起败诉者的异常心理压力，引发不正常败诉当事人和社会公众对法律公正、权威的怀疑，有些当事人因不堪挫折而实施攻击行为，且往往不计代价，又大多指向对方当事人和司法人员的人身，危害较大。

5. 司法改革配套措施不健全

一些关联度高、相互配套的改革举措推进不同步，改革的系统性、整体性、协同性有待进一步增强,很多司法改革的成效,有待实践的进一步检验。以法院内设机构改革为例,法院内设机构改革与审判专业化在一定程度上存在冲突:2013 年以来,新一轮司法体制改革深入推进并取得明显成效,各地法院普遍完成了法官员额制、司法人员分类管理等改革,新型审判权力健康平稳运行。目前,包括法院内设机构改革在内的司法改革相关配套措施正在紧锣密鼓推进。2018 年 5 月 25 日,中央机构编制委员会办公室、最高人民法院联合下发了《关于积极推进省以下人民法院内设机构改革工作的通知》(法发〔2018〕8 号),不管从上级政策导向来看,还是从基层试点情况来看,其趋势都是去除行政化和科层式结构,实行扁平化管理,基层法院机关的内设机构由现有的 30 个左右压缩为 10 个或 10 个以下,审判业务部门将实行"大部制"改革,原有的业务性质相同的庭室可能整合为一个大的业务部门,取消庭长,由分管院长直接管理员额法官。根据山东省高级人民法院的安排部署,山东法院 2019 年 3 月底之前全部完成内设机构改革,改革的原则就是压缩内设机构,实行扁平化管理,届时,各审判业务部门将原则上按照审判类别进行设置,如刑事审判撤销刑一庭、刑二庭、刑三庭等设置,改为一个大的刑事审判业务庭,民事审判撤销民一庭、民二庭、民三庭、民四庭,改为民事审判庭和商事审判庭等。总之,法院内设机构改革呈现的是一种"合"的趋势。从家事审判试点情况看,推进家事审判专业化、设立专门的家事审判机构成为一种趋势。有学者提出,我国未来不仅有必要对家事审判程序制定详细规范,还有必要对管辖法院和审理法官进行改革,以实现家事审判专业化、集中化与判例统一[①]。2018 年 7 月,最高人民法院召开家事审判方式改革试点工作总结大会暨联席会议第二次全体会议,并下发《最高人民法院关于进一步深化家事审判方式和工作机制改革的意见(试行)》(法发〔2018〕12 号),明确提出:"积极推进机构队伍专业化建设,组建专业化家事审判机构或者团队,探索建立特别的家事法官准入机制、培训机制和考核机制,探索配备专门从事家事调解、家事调查、心理辅导等工作的司法辅助人

---

① 赵秀举:《家事审判方式改革的方向与路径》,载《当代法学》2017 年第 4 期。

员,加强家事法官的职业安全保障,完善极端化事件防控措施。"可见,无论理论界还是司法实务界,在家事审判机构和人员问题上整体倡导的是一种"分"的趋势。这一专业化的倾向,与法院内设机构改革关于压缩内设部门、实行"大部制"的改革趋势一定程度上存在冲突。如何既实现家事审判专业化,又与司法改革要求相符合,值得探索思考。

6. 执法司法主体素质参差不齐

极少数司法人员政治素质、业务素质低,导致以权谋私、违法裁决等现象,这是造成执法不严、司法不公的内在根源。而执法司法主体能力素质发展不平衡的现象却比比皆是。以家事审判法官队伍为例,家事案件兼具人身性和财产性的特点,家事案件的复杂性、特殊性要求"全科型"的裁判者,既要重视身份关系确认,更要重视情感弥合,既要重视财产分配,更要重视婚姻家庭关系修复,既要重视法律刚性,更要重视司法柔性。政治素质高、业务能力强,熟悉未成年人身心特点,能办理民事、刑事、行政等各类案件,热爱妇女及未成年人权益保护工作,善于做思想工作等都成为家事审判法官队伍建设的要求。再以基层法律服务人员为例,尤其是乡镇(街道)、村居(社区)两级公共法律服务中心人员综合素质参差不齐,在解决群众法律诉求时,因工作人员专业水平限制不能及时给予解答,致使解决问题的效率不高,公共法律服务的公信力受到质疑,社会认可度也大打折扣[1]。

7. 领导机关和领导干部违法违规干预执法司法情况依然存在

领导机关和领导干部违法违规干预执法司法活动是导致执法不公、司法腐败的一个顽瘴痼疾。一些党政领导干部出于个人利益,打招呼、批条子、递材料,或者以其他明示、暗示方式插手干预个案,甚至让执法司法机关做违反法定职责的事[2]。

8. 权力运行制约和监督体系不完善

司法人员在处理具体案件中,有很大的自由裁判权,有的甚至掌握着生

---

[1] 郭瑾剑:《我国政府购买公共法律服务问题研究》,载《山西财经大学学报》2017年第3期。
[2] 习近平在中央政法工作会议上发表重要讲话,2014年1月7日。

杀予夺大权。在整个司法活动的过程中，司法人员的法律认知能力、法治信念、职业道德经受着极其严峻的考验。因此，加强对他们的监督，特别是在个案中实行监督，尤其显得迫切和必要。就目前我国的监督机制来讲，有权力机关的法律监督、人民群众的监督、社会舆论的监督等。目前，我国在惩治和预防司法腐败的立法方面存在不足，对司法部门的监督尤为不力。就人大及其常委会的法律监督而言，由于长期以来没有法律依据，缺少监督程序和措施，常常是过问一下案件的审理情况，而不能发现程序和措施的问题，更不能发现掌握司法腐败的实质问题；就人民群众监督而言，由于不少群众认为"民告官"徒劳无益，害怕受到打击报复，对司法腐败现象采取一种克制、忍耐的态度，造成司法人员违法违纪的传闻多，真正受到查处的少；就内部监督而言，由于司法人员具有特定的身份，他们的违法犯罪活动又往往是在"执法"的名义下进行的，犯罪行为具有较大的隐蔽性，查处工作阻力、压力比较多，使一些案件难以查处，或者严查宽处，甚至不了了之。在司法人员缺乏社会各方面有效监督的情况下，就难免使一些腐败滋生和蔓延。

（二）执法不严、司法不公的主要原因

客观地说，执法不严、司法不公的现象不仅不同程度存在，而且在一些地方和一些部门还比较突出。尽管政法机关作出很多努力，并收到相应的成效，但执法不严、司法不公的现象还没有从根本上得到遏制。执法不严、司法不公的原因是多样的、复杂的，既有历史、社会、环境、机制、舆论导向等方面的外在原因，也有司法人员个人的品质、性格等方面的内在因素。主要原因集中在以下几点：

1. 司法腐败客观存在

司法领域中的一些腐败案件触目惊心。我国古代就有"衙门八字开，有理无钱莫进来"的说法。而"现在，一个案件在审理过程中，当事人到处找门路、托关系、请客送礼，不托人情、不找关系的是少数。过去讲'有理走遍天下'，现在有理的也到处找人。这从另一角度说明，老百姓要办点事多么不易，不打点打点，不融通融通，不意思意思，就办不成事！""一些有权人、有钱人搞花钱捞人、花钱买命、提钱出狱,为什么能得手,原因就是政法队伍中存在腐败现象。有的干警同黑恶势力串通一气、充当保护伞,胆大妄为、无法无天!"既然存在司法腐败,就必然少不了司法掮客。律师若是司法机关工作人员的近亲属、同学、故旧、朋友,则在承揽案件时具有某种优势。律师行业中关系型律师与业务型律师的区分明显,不少律师向关系型律师发展。司法腐败并不必然导致裁判错误,但一定损害司法公信力。花钱买来的"公正"不是公正,而是违法犯罪。

有关制度和体制的问题,都可以通过改革来解决,但司法腐败问题是目前司法不公成因中最突出和最严重的现象。司法腐败使司法权力异化,成为形式主体(司法人员)私利的商品,必然带来司法不公的结果。严重的司法不公现象背后,绝大多数有贪赃枉法、徇私舞弊等违法犯罪问题。少数法官、检察官在新形势下滥用管辖权,违反审判程序,办"关系案、人情案、金钱案"。司法腐败是司法不公最重要的成因,它从根本上动摇了人民群众对司法公正,甚至对政权的信心。

2. 诚实守信的经济社会环境缺失

虽然新中国成立以来,特别是改革开放以来,伴随着我国社会主义市场经济体制的建立和完善,人们的权利意识、主体意识等逐渐加强,但是在市场经济、民主大潮的不断冲击下,"目前信用缺失仍是我国发展中突出的'软肋'。制假售假、商业欺诈、逃债骗贷、学术不端等乱象屡见不鲜,广大企业和公众深受其害。必须采取有力措施,切实改善社会信用状况"。在市场的引导下,很多人投身于利益的追逐中,以经济利益为追求的目标,甚至不惜一切代价,敢于使用任何手段,根本没有诚信可言。一些当事人将对经济利益追求的某些病变心态带到诉讼中,出现以经济利益为唯一目的的诉讼,而忽视法律对公平正义的追求。

3. 中国传统诉讼观念的影响

回望中国传统文化,儒、道、法、释等思想都曾在社会发展过程中发挥过重要作用。但是,从整体上看,中国传统法律文化更多地受到以"礼"和"德"作为核心的儒家思想的影响,并为中华文明的发展留下了丰富的精神财富。在儒家看来,诉讼违背自然秩序,破坏社会秩序,是对"父子有亲,夫妇有别,长幼有序,君臣有义,朋友有信"伦理秩序的挑战,由此在社会上形成"厌诉""息诉"的诉讼心理。中国传统诉讼文化作为传统法律文化的重要组成部分,同样受其渗透,为了实现"无讼"理想与"和谐"精神的价值取向,"封建统治者将许多权利包括生杀予夺之权也下放到家族中的长者"。针对"已发生纠纷"这一现实,将大部分民间纠纷视为"民间细故",采取了"息讼"的各种手段,试图让老百姓远离争讼,以达到消灭诉讼的目的。其中,拖延诉讼是一种颇为见效的息讼方式,当事人"或是因为不堪忍受拘禁之苦,或终于良心发现而生惭愧之意",总有主动终止诉讼的情况。例如,明朝以"松江太守明日来"来形容一位太守经常拖延诉讼,而无论是官方还是民间舆论,对此都无谴责之意。中国历代统治者也看到了设立诉讼机制的必要性,对那些必须诉诸公堂的少数纠纷,在实体法上,律典中对民事责任刑罚化,加重侵权、违约等民事责任的法律制裁,消减人们侵权、违约的念头,以达到消除争讼的效果。例如,《唐律疏议·杂律》规定:"诸负债违契不偿,一匹以上违二十日笞二十,二十日加一等,罪止杖六十;三十匹,加二等;百匹,又加三等。各令备偿。"因此,"在传统的司法体制下,法律只有在推行极端化的'以法治国'的秦代获得过真正'权威',而司法在很大程度上是劝谕教化和刑杀威吓的代名词"。

中国传统诉讼观念延绵传承,至今仍然对我国社会产生着巨大的影响,并一定程度地强化了人们对自然正义的追求,形成"清官情结"。"清官情结"的致命弱点是,它将对绝对公平正义的追求和具体的"人"结合到一起,极易滋生司法腐败。

五、严格执法、公正司法的实践路径

党的十八大以来,以习近平同志为核心的党中央从坚持和发展中国特色社会主义全局出发,不断推进严格执法、公正司法,切实增强了人民群众的获得感。在收获成绩的同时,也存在着不可回避的问题,不断探索加强严格执法、公正司法的路径势在必行。

(一) 毫不动摇坚持党的绝对领导

政法机关作为人民民主专政的国家政权机关，是党和人民掌握的刀把子。政法战线要旗帜鲜明坚持党的领导。政法工作要自觉维护党的政策和国家法律的权威性，确保党的政策和国家法律得到统一正确实施。法治中国建设是一个包含依法治国、依法执政、依法行政共同推进，包含法治国家、法治政府、法治社会一体建设，包含依法治国与以德治国相结合，包含依法治国与依规治党有机统一的系统工程，是国家治理的一场深刻革命，其对经济基础会产生巨大的影响①。因此，党的十九大作出决定，成立中央全面依法治国领导小组，加强对法治中国建设的统一领导，平稳有序地推进法治中国建设。

(二) 牢牢掌握意识形态工作领导权

2013年8月19日，习近平总书记在全国宣传思想工作会议上强调："经济建设是党的中心工作，意识形态工作是党的一项极端重要的工作。"② 习近平总书记提出要坚定中国特色社会主义道路自信、理论自信、制度自信、文化自信，阐明了意识形态工作的现实依据；提出要牢牢掌握意识形态领导权、管理权、话语权，点出了意识形态工作的核心要害；提出要密切关注网络意识形态斗争的最新动向，抓住了意识形态工作的战略之需。习近平总书记在党的十九大报告中指出，"意识形态决定文化前进方向和发展道路"，关乎旗帜、关乎道路、关乎国家安全，"各级领导干部要落实意识形态工作责任制"，"牢牢掌握意识形态工作领导权"。党的十八大以来，习近平总书记开创了意识形态工作的崭新局面，形成了一系列富有中国特色的意识形态工作创新思路。全党全社会都必须把学习和掌握马克思主义基本原理和根本方法作为思想理论建设的主要任务，切实提高思想觉悟。

(三) 牢固树立以人民为中心的司法理念

习近平总书记指出，"司法体制改革成效如何，说一千道一万，要由人民

---

① 张小帅：《深化依法治国实践的根本遵循》，载《人民政坛》2017年第12期。
② 《习近平在全国宣传思想工作会议上强调——胸怀大局把握大势着眼大事 努力把宣传思想工作做得更好》，载《人民日报》2013年8月21日。

来评判,归根到底要看司法公信力是不是提高了",明确了判断司法体制改革成效的标准。党的十九大报告中鲜明提出了"中国特色社会主义进入新时代,我国社会主要矛盾已经转化为人民日益增长的美好生活需要和不平衡不充分的发展之间的矛盾"的重大判断。这一重大判断,不仅为新时代的经济建设、政治建设、文化建设、社会建设和生态文明建设指明了新的发展方向,而且为牢固树立以人民为中心的司法理念提供了理论支撑。人民美好生活需要日益丰富广泛,不仅对物质文化提出了更高的要求,而且在民主、法治、公平、正义等方面的需求日益增长。从而对政法工作提出了更高的要求。要牢固树立以人民为中心的司法理念,"努力让人民群众在每一个司法案件中感受到公平正义",通过严格执法,做到"事实认定符合客观真相、办案结果符合实体公正、办案过程符合程序公正"。

(四)狠抓执法司法规范化制度化建设

对司法不公的治理,最重要的是加强规范化制度建设。邓小平同志曾说:"制度好可以使坏人无法任意横行,制度不好可以使好人无法充分做好事,甚至会走向反面。"司法人员的腐败都与司法权力体制的弊端有着直接的关系。要从体制上建立防止权力腐败的有效机制。要靠制度来保障,在执法办案各个环节都设置隔离墙、通上高压线,谁违反制度就要给予最严厉的处罚,构成犯罪的要依法追究刑事责任。要坚持以公开促公正、以透明保廉洁,增强主动公开、主动接受监督的意识,让暗箱操作没有空间,让司法腐败无法藏身[①]。

马克斯·韦伯曾说:"法律权威的确立,取决于传统、个人魅力和理性的力量。"[②]只有奉行法律至上和维护司法权威,才能真正有利于公正司法,只有为司法机关公正司法创造良好的环境,才能真正树立起司法权威,国家的司法权威体现的是党的执政权威和国家的法治权威。为了维护司法权威,提升

[①] 习近平:《坚持严格执法公正司法深化改革 促进社会公平正义保障人民安居乐业》,载《人民检察》2014年第1期。

[②] 葛洪义:《理性化的社会与法律——略论韦伯社会理论中的法律思想》,载《检察日报》2012年4月25日。

司法公信力，程序公正是重要的体现和保障。卢梭曾经描述，"当正直的人对一切人都遵守正义的法则，却没有人对他遵守时，正义的法则就只不过造成了坏人的幸福和正直的人的不幸"，"就需要有约定和法律来把权利和义务结合在一起"，"使正义能应用于社会现实，而不是停留在概念上"①。这恰如其分地说明必须通过程序法保护正直的人的实体权利。"正是程序决定了法治与恣意的人治之间的基本区别。"② 通过合理的司法程序、信息化建设等，促进执法司法公开，减少人民群众对司法活动的怀疑。

（五）健全司法体制综合配套改革保障机制

党的十九大报告指出，"深化司法体制综合配套改革，全面落实司法责任制，努力让人民群众在每一个司法案件中感受到公平正义"。深化司法体制综合配套改革，就是既要加强司法体制改革的顶层设计，又要从人、财、物、权等方面为平稳有序地推进司法体制改革提供支撑。为此，要从我国国情出发，从市场经济的要求出发，进一步认识和尊重司法规律，改革和完善司法机关的设置机制、工作管理机制、司法人员遴选机制和经费保障机制，为司法机关独立行使司法权提供机制和制度保障，有效地解决司法权地方化、司法工作管理行政化和司法人员职业大众化等问题，坚决克服司法工作中的地方保护主义和部门保护主义，确保司法公正。一是健全依法独立行使司法权的保障机制。完善确保依法独立公正行使审判权和检察权的制度，司法机关要贯彻落实中央要求，建立健全干预司法的防范机制，引导各级党政机关和领导干部支持司法机关依法独立公正行使职权，尊重并执行法院依法作出的生效裁判，同时进一步完善司法人员履职保障机制。二是健全司法考核机制。实践中有些考核指标不够科学，特别是单纯强调定罪率、追求零差错考核指标，明显有违法律规定和诉讼规律，容易导致司法偏离正义的轨道，甚至酿成冤假错案。有必要进一步清理、取消不合理的执法司法考核项目，建立科学的激励机制，引导和确保干警严格依法办案。三是健全司法责任制。规范

---

① ［法］卢梭著：《社会契约论》，何兆武译，商务印书馆1996年版，第49页。
② 梁迎修：《法官自由裁量权》，中国法制出版社2005年版，第92页。

办案质量责任认定机制,明确各类司法人员工作职责、工作流程、工作标准,确保谁办案谁负责,谁违法谁担责。健全错案责任倒查问责机制,通过责任倒查总结教训,完善制度,避免错案重复发生,倒逼提升办案质量和水平①。

(六) 全面强化政法队伍建设

"徒法不能自行。"司法是靠司法人员去操作的,司法人员的道德修养和业务素质,对于整个司法活动是否公正起着直接的作用。司法人员没有良好的道德品行,没有过硬的业务素质,必然会妨碍对整个法律条文的正确理解和把握,必然会妨碍对事实的正确认定和法律的正确适用,甚至出现办人情案、关系案、金钱案、权力案等违法犯罪现象,损害整个司法活动的规范性、科学性、公正性,从而无法公正地、有效地解决各种社会矛盾,进而不利于整个社会的和谐与稳定。为了确保实现司法公正,就要建设一支高水平的专业化司法队伍,提高司法人员的整体素质,提高公正、高效司法的能力和水平,满足人民群众对司法公正的需要。可以通过组织集中学习交流,与高校开展合作、网上课堂平台、微信公众号等多种方式,对政法干警进行系统的专业辅导培训、综合素养培训。

(七) 优化司法内部和外部的监督机制

习近平总书记指出,要加强对执法活动的监督,坚决排除对执法活动的非法干预,坚决防止和克服地方保护主义和部门保护主义,坚决惩治腐败现象,做到有权必有责、用权受监督、违法必追究②。一旦出现司法不公的现象,要使之能够得到及时有效的矫正。应当看到,司法机关的内部监督虽然重要,但实践证明最有效的监督应当是来自外部的。当前应当强化人大对司法工作的监督,这是宪法和法律规定的人大的一项权力,也是人大的一项职责。应当对人大监督司法工作的监督机构、监督程序、监督效力等进一步明确化、制度化、程序化。对司法工作的监督,除了对裁决结果的公正性监督

---

① 沈德咏:《沈德咏谈坚持严格司法保证司法公正》,载《中国审判》2016年第7期。
② 《习近平在中共中央政治局第四次集体学习时强调 依法治国依法执政依法行政共同推进 法治国家法治政府法治社会一体建设》,载《人民日报》2013年2月25日。殷啸虎:《推进依法治国,建设法治中国——学习习近平同志关于法治中国建设的重要论述》,载《上海市社会主义学院学报》2014年第2期。

外,更应当注重司法程序公正性的监督。媒体被称为"第四种权力"。它已经不仅仅涉及一般的公众知情权问题,而且是已经构成一种强大的社会影响力量,成为一种没有强制力的"权力"①。政法机关要自觉接受媒体监督,以正确方式及时告知公众执法司法工作情况,有针对性地加强舆论引导。新闻媒体要加强对执法司法工作的监督,但对执法司法部门的正确行动,要予以支持,加强解疑释惑,进行理性引导,不要人云亦云,更不要在不明就里的情况下横挑鼻子竖挑眼②。同时,司法责任制改革后,不能弱化监督,相反对法官、检察官的监督不能削弱,但坚决不能以监督为由重搞审批制,走回头路。从法院来看,对一个案件的监督,首先有诉讼制度程序来保障,如我国有二审制度、再审制度等;其次有来自当事人、律师及诉讼代理人最直接有效的监督,还有来自人大、政协、监察机关、检察机关、新闻舆论乃至其他社会各界的监督;同时法院内部还有严格的监督管理制度,院庭长负有监督管理案件公正高效审理的法律职责,还有大力推进司法公开和信息化建设,创新完善信息化全流程的审判监督管理机制,实现司法活动公开透明、全程留痕,改变过去人盯人、人盯案的传统监督模式,确保司法权始终在阳光下运行。

(八)加强法治文化建设和宣传

法治文化是在一定的治国理念和与此相适应的制度模式确立过程中,不断丰富和发展起来的一种社会文化形态和社会生活方式。党的十九大报告指出,"加大全民普法力度,建设社会主义法治文化,树立宪法法律至上、法律面前人人平等的法治理念"。法治文化的建设、法治理念的树立,是中国特色社会主义法治建设的根基,夯实这一根基,应重点从以下几个方面入手:一是把法治教育纳入国民教育体系和精神文明创建内容,从娃娃抓起,由易到难、循序渐进不断增强青少年的规则意识③;二是处理好法治文化建设中出现的重情轻法的传统,处理好天理人情国法的关系,培养人们对法治的信仰。三是完

---

① 蒋惠岭:《法官维护司法独立的义务——司法职业道德基本准则之一》,载《法律适用》2001年第2期。
② 习近平在中央政法工作会议上发表重要讲话,2014年1月7日。
③ 张小帅:《深化依法治国实践的根本遵循》,载《人民政坛》2017年第12期。

善守法诚信褒奖机制和违法失信行为惩戒机制,通过建立健全公民和组织守法信用记录,在全社会形成守法光荣、违法可耻的社会氛围,使尊法守法成为全体人民的共同追求和自觉行动。四是确立司法的社会价值引领功能,助推民众信仰法律。例如,从于欢故意伤害案、医生电梯内劝阻吸烟案等案例带来的社会影响及效应来看,可以说是舆论与司法的双赢。《人民日报》载《劝阻不当行为值得鼓励》一文表示:"面对不当行为,应当鲜明地表达司法机关的态度:劝阻吸烟不仅有利于保护环境,有利于维护公共利益与公序良俗,也有利于维护社会主义核心价值观。"[①] 最高人民法院拟制定相关文件,引导法官在裁判文书中"愿说理""敢说理""说好理",以此打造更多的全民法治公开课。五是建立公平正义的法治价值体系[②]。公平正义是法治的精髓,以公平正义为核心的法治价值文化观,是法治社会的必然要求。要通过严格执法和公正司法,提高司法公信力。六是拓展法治文化宣传平台。强化法治文化宣传,既要继承我国传统文化中的法治元素,又要借鉴域外先进的法治文化,加强法治文化评论工作,推出各种形式的法治文化服务和法治文艺活动,努力为群众提供丰富的法治文化产品[③]。

[①] 喻中:《劝阻不当行为值得鼓励》,载《人民日报》2018 年 1 月 14 日。
[②] 李妙雪:《弘扬法治精神加强法治文化建设》,载《新西部(下旬刊)》2015 年第 7 期。
[③] 李妙雪:《弘扬法治精神加强法治文化建设》,载《新西部(下旬刊)》2015 年第 7 期。

[学术评述]

《经济、社会和文化权利国际公约任择议定书》中的来文程序实施述评

郭曰君　张笑雪[*]

摘要：《经济、社会和文化权利国际公约任择议定书》生效于2013年5月5日。截至2018年1月，经济、社会和文化权利委员会根据《经济、社会和文化权利国际公约任择议定书》共收到来文23件，通过14件审议决定。其中多数来文未通过程序性审议，被申诉国集中并逐步扩展到越来越多的缔约国，缔约国对最终审议结果反应较为积极。来文程序的功能得到初步实现：救济当事人遭受侵害的权利；审查缔约国法律、惯例是否违反《经济、社会和文化权利国际公约》；发展《经济、社会和文化权利国际公约》及《经济、社会和文化权利国际公约任择议定书》的法理。经济、社会和文化权利委员会在来文程序实践中积累的成功经验主要包括：律师作用显著；委员会与非政府组织合作紧密；借鉴和引用其他条约监督机构、国内法院的判例以及其他权威机构的理论；后续行动作用明显。

关键词：《经济、社会和文化权利国际公约任择议定书》　经济、社会和文化权利委员会　来文程序

2013年5月5日，《经济、社会和文化权利国际公约任择议定书》（以下简称《任择议定书》）生效，其后经济、社会和文化权利委员会（以下简称"委员会"）根据《任择议定书》规定的来文程序接收和审议了一些来文，而

---

[*] 作者简介：郭曰君，法学博士，华东理工大学法学院教授，主要研究领域为人权法。张笑雪，华东理工大学法学院2016级法律硕士。

国家间来文程序和调查程序尚无实践。来文程序是《任择议定书》规定的主体内容①。本文首先描述和分析了委员会根据《任择议定书》规定的来文程序接收和审议来文的状况，在此基础上对来文程序的三项功能的实现进行了评述，最后总结了委员会在实施来文程序过程中取得的成功经验。

一、《任择议定书》中的来文程序的实施状况

（一）适用来文程序处理的案件概述

截至 2018 年 1 月，委员会根据《任择议定书》规定，共收到来文 23 件。其中，已审议来文 14 件，终止审议来文 2 件，待审议来文 7 件②。下面依照委员会通过其审议结果的顺序，简要介绍已公开的 13 起案件的基本情况③。

No. 002/2014，I.D.G. 诉西班牙。该案的案由为"法院对住房权缺乏有效的保护"，主要涉及提交人适当住房的权利。委员会在其第 55 届会议（2015 年）上作出了最终的审议结果。委员会认定：其一，法院没有采取一切合理措施将贷款机构的抵押权执行诉讼申请充分地通知提交人，以确保提交人知道诉讼程序已经启动，导致提交人无法出庭为自己的住房权进行适当辩护。其二，由于未能履行向提交人提供有效补救的义务，缔约国侵犯了提交人根据《经济、社会和文化权利国际公约》中与第二条第一款一并解读的第

---

① 参见郭曰君等：《国际人权救济机制和援助制度研究——以〈经济、社会和文化权利国际公约任择议定书〉为中心》，中国政法大学出版社 2015 年版，第 99—121 页。

② Statistical survey of individual complaints dealt with by the Committee on Economis, Social and Cultural Rights under the Optional Protocol to the International Covenant on Economic, Social and Cultural Rights, https://www.ohchr.org/Documents/HRBodies/CESCR/StatisticalSurvey.xls. 终止审议的两件来文是 C.D.V. 等人诉西班牙（E/C.12/60/D/15/2016）和 F.J.T.L. 诉西班牙（E/C.12/61/D/16/2016），参见 E/2018/22、E/C.12/2017/3，《经济、社会和文化权利委员会第六十届、第六十一届和第六十二届会议报告》，第 85 段。

③ 另外一起第 021/2017 号来文，Coelho 诉葡萄牙。E/C.12/61/D/21/2017，委员会关于第 021/2017 号来文的决定，审议结果是不可受理。参见 E/2018/22、E/C.12/2017/3，《经济、社会和文化权利委员会第六十届、第六十一届和第六十二届会议报告》，第 85 段。在人权高专的官网上暂时找不到该文件。

十一条第一款享有的权利①。

No. 001/2013，Miguel Ángel López Rodríguez 诉西班牙。该案的案由为"获得囚犯的非缴费伤残津贴"，主要涉及提交人的养恤金权利、社会保障权利和缔约国非歧视的法律义务。委员会在其第 57 届会议（2016 年）上作出最终的审议结果。委员会认定，扣减提交人的非缴费性残疾人福利金，不构成对他根据《经济、社会和文化权利国际公约》第二条和第九条所享有权利的侵犯的情况②。

No. 003/2014，A. M. B. 诉厄瓜多尔。该案的案由为"在参与青少年足球锦标赛方面歧视一名外国未成年人"，主要涉及提交人之子的受教育权、参与文化生活的权利和缔约国非歧视的义务、保护儿童和青少年的特别措施。委员会在其第 58 届会议（2016 年）上作出了审议结果。委员会认定，根据《任择议定书》第三条第一款，来文不予受理，并指出该决定不妨碍厄瓜多尔宪法法院在依职权复核省法院 2012 年 11 月 19 日判决的过程中可能作出的任何有利于 C. A. P. M. 的决定③。

No. 004/2014，Imelda Merino Sierra 和 Juan Luis Merino Sierra 诉西班牙。该案的案由为"未经同意的治疗，第三方提供的医疗照料不及时、不适当"，主要涉及提交人及其母亲的健康权、身心健康权及获得充分照料和医疗服务的权利。委员会在其第 59 届会议上（2016 年）作出审议结果。委员会认定，根据《任择议定书》第三条第一款，该来文不可受理④。

No. 006/2015，V. T. F 和 A. F. L. 诉西班牙⑤；No. 008/2015，L. A. M. C. 诉

---

① E/C. 12/55/D/2/2014，委员会关于第 002/2014 号来文的决定，http：//juris. ohchr. org/Search/Details/2010。

② E/C. 12/57/D/1/2013，委员会关于第 001/2013 号来文的决定，http：//juris. ohchr. org/Search/Details/2095。

③ E/C. 12/58/D/3/2014，委员会关于第 003/2014 号来文的决定，http：//juris. ohchr. org/Search/Details/2137。

④ E/C. 12/59/D/4/2014，委员会关于第 004/2014 号来文的决定，http：//juris. ohchr. org/Search/Details/2140。

⑤ E/C. 12/56/D/6/2015，委员会关于第 006/2015 号来文的决定，http：//juris. ohchr. org/Search/Details/2093。

西班牙①；No. 011/2015，F. G. M. 等诉西班牙②；No. 012/2016，J. M. R. H. 等诉西班牙③；No. 013/2016，E. C. P. 等诉西班牙④；No. 17/2016，A. C. G. 等诉西班牙⑤；No. 18/2016，F. M. B. 等诉西班牙⑥。这七个案件的案由都是"集体协议中规定的补充社会福利"，主要涉及的都是提交人享有公正和有利工作条件的权利、社会保障权。委员会分别在其第 56 届会议（2016 年）、第 57 届会议（2016 年）、第 58 届会议（2016 年）、第 60 届会议（2017 年）上作出了相同审议结果。委员会认为，根据《任择议定书》第三条第二款第（二）（四）项的规定，这七个案件均不可受理⑦。

No. 005/2015，Mohamed Ben Djazia 和 Naouel Bellili 诉西班牙。该案的案由为"承租人由于出租人提起的司法程序而被驱逐"，主要涉及提交人的适足住房权。委员会在其第 61 届会议（2017 年）中作出最终审议结果。委员会认为，缔约国没有对用尽现有资源采取的一切措施作出合理论述，缔约国整体（包括马德里地区当局）在不保障替代住房的情况下驱逐提交人，构成侵犯其适足住房权的情况。缔约国有义务给予提交人有效补救，特别是：如提交人没有适足的住处，则应考虑本意见确定的标准评估其现状，并在与其真正协商后使其享有适足的住处；对提交人遭受的侵权行为给予其经济补偿；报销提交人因处理本来文而合理产生的法律费用。并且，委员会对缔约国提出了一般建议，以减少此类案件的发生，要求缔约国在限定时间内向委员会提交书面答复，通报在落实委员会意见和建议的后续行动中采取

---

① E/C. 12/56/D/8/2015，委员会关于第 008/2015 号来文的决定，http：//juris. ohchr. org/Search/Details/2094。

② E/C. 12/57/D/11/2015，委员会关于第 011/2015 号来文的决定，http：//juris. ohchr. org/Search/Details/2136。

③ E/C. 12/58/D/12/2016，委员会关于第 012/2016 号来文的决定，http：//juris. ohchr. org/Search/Details/2138。

④ E/C. 12/58/D/13/2016，委员会关于第 013/2016 号来文的决定，http：//juris. ohchr. org/Search/Details/2139。

⑤ E/C. 12/60/D/17/2016，委员会关于第 17/2016 号来文的决定，http：//tbinternet. ohchr. org/_layouts/treatybodyexternal/Download. aspx？symbolno=E%2fC. 12%2f60%2fD%2f17%2f2016&Lang=zh。

⑥ E/C. 12/60/D/18/2016，委员会关于第 18/2016 号来文的决定，http：//tbinternet. ohchr. org/_layouts/treatybodyexternal/Download. aspx？symbolno=E%2fC. 12%2f60%2fD%2f18%2f2016&Lang=zh。

⑦ 值得注意的是，这七件来文提交人的代理律师为同一人，即 Antonio Álvarez-Ossorio Gálvez。

的措施①。

No. 007/2015，Jaime Efraín Arellano Medina 诉厄瓜多尔。该案的案由为"拒绝根据集体劳动协议支付遣散费，减少特殊养恤金措施"，主要涉及提交人的工作权、健康权、职业健康和安全条件。委员会在其第63届会议（2018年）上作出审议结论。委员会认为：根据《任择议定书》第三条第一款，有关其在厄瓜多尔石油公司（Petroecuador）的工作条件而对提交人健康造成的损害的指控不可受理；根据《任择议定书》第三条第二款第（五）项，有关拒绝特别追加付款（根据第六项集体劳动协议下的赔偿）的指控不可受理。因此，来文不可受理②。

（二）适用来文程序处理的案件的特点

分析委员会受理的23件来文，特别是上述已公开的13起案件，大致可以归纳出委员会使用来文程序处理的案件具有以下特点：

第一，收到和审议的来文数量较少。在过去的5年，委员会共收到23起来文，审结14起来文。委员会平均每年审议2—3起案件，与人权事务委员会、禁止酷刑委员会等其他联合国条约机构相比，委员会收到和审议来文的数量较少③。

第二，多数来文未通过程序性审议。在委员会公布了其审议结果的13起案件中，10件来文均被裁定不予受理。委员会宣布来文不可受理的理由包括：未用尽国内补救办法；所述事实发生在本议定书对有关缔约国生效之前；不符合《经济、社会和文化权利国际公约》的规定；明显没有根据或缺乏充分证据。

第三，被申诉国较为集中。23件来文中，被申诉国为西班牙的16件，厄

---

① E/C.12/61/D/5/2015，委员会关于第005/2014号来文的决定，http://tbinternet.ohchr.org/_layouts/treatybodyexternal/Download.aspx?symbolno=E%2fC.12%2f61%2fD%2f5%2f2015&Lang=zh。

② E/C.12/63/D/7/2015，委员会关于第007/2015号来文的决定，http://tbinternet.ohchr.org/_layouts/treatybodyexternal/Download.aspx?symbolno=E%2fC.12%2f63%2fD%2f7%2f2015&Lang=zh。

③ 据不完全统计，2013—2018年，人权事务委员会公布318起来文的处理结果，禁止酷刑委员会公布106起来文的处理结果，残疾人权利委员会公布15起案件的处理结果，消除对妇女歧视委员会公布13起来文的处理结果，消除种族歧视委员会公布7起来文的处理结果。而经济、社会和文化权利委员会的案件1起，儿童权利委员会1起，强迫失踪问题委员会1起。参见 http://juris.ohchr.org/zh。

瓜多尔 4 件，意大利 1 件，卢森堡 1 件，葡萄牙 1 件①。可以预测，随着时间的推移，来文会涉及越来越多的缔约国。

在已公布的 13 起案件中，有 11 起案件的被申诉国是西班牙。在这 11 起案件中，涉及社会保障权中养恤金权利、适当生活水准权利中的住房权利、健康权和工作权等，所有提交的来文均是与社会保障权相关的案件。被申诉国为西班牙的案件之所以比较多，可能有以下三方面的原因：其一，《任择议定书》在西班牙国内得到较好宣传；其二，西班牙国内的非政府组织较为发达，能够为国内民众提供专业的技术性支持；其三，西班牙存在着较为严重的侵犯社会保障权等经济、社会和文化权利的问题。2008 年金融危机爆发之后，西班牙面临着较为严重的债务危机。据统计，在 2010 年 2 月，西班牙政府财政赤字规模已经达到国内 GDP 的 11.4%，失业率更高达 20%，过度的流动性使得西班牙国内的通胀问题严重，CPI 等通胀指标数据已经连续多月保持在两位数水平②。截止到 2015 年，西班牙共有 77 万个家庭处于无任何收入来源的状态，占西班牙家庭总数的 5%。在失业家庭中，有 440 万个家庭的收入来源是一个人的养老金，10 万个家庭的收入来源是两个人的养老金③。近些年来，西班牙国内经济的低迷也使得福利国家面临沉重的压力，导致国内民众的养老金及其他福利拖延发放，对在西班牙经济衰退和大量失业背景下拖欠抵押贷款的公民的住房权构成了普遍威胁。2008—2012 年期间，西班牙估计有 40 万按揭抵押品赎回权，此外，根据官方数据，2010—2014 年期间，国家住房预算下降了 47%④。

---

① Statistical survey of individual complaints dealt with by the Committee on Economis, Social and Cultural Rights under the Optional Protocol to the International Covenant on Economic, Social and Cultural Rights, https://www.ohchr.org/Documents/HRBodies/CESCR/StatisticalSurvey.xls.

② 西班牙或为欧债危机主角希腊只为配角_财经_凤凰网，http://finance.ifeng.com/forex/hsfx/20100316/1932293.shtml。

③ 西班牙家庭真实经济情况：77 万户无任何收入来源_国际新闻_环球网，http://world.huanqiu.com/hot/2015-05/6462225.html。

④ UN Committee on ESCR issues historic recommendations to Spain related to the right to housing | ESCR-Net, https://www.escr-net.org/news/2015/un-committee-escr-issues-historic-recommendations-spain-related-right-housing。

第四，缔约国对最终审议结果反应较为积极。在委员会关于第 2/2014 号、第 5/2015 号来文的决定中，委员会对被申诉国西班牙提出了一般建议，以减少此类案件的发生，要求缔约国在六个月内向委员会提交书面答复，通报在落实委员会意见和建议的后续行动中采取的措施。西班牙对委员会的上述处理结果作出了积极回应，并按照委员会的要求，在西班牙第六次缔约国定期报告（2017年）第 6 章住房权中报告了所采取的措施。为落实第 002/2014 来文审议决定的建议，缔约国采取了如下措施：第一，制定了第 25/2015 号法令和第 5/2017 号法令以修改第 6/2012 号法令和第 27/2012 号法令；第二，当贷款购买不动产的债务人无法顺利偿还债务时，金融实体追偿债务要遵守三个连续阶段。第一阶段对抵押贷款进行可行的重组；如果重组不可行，第二阶段贷款机构可能会提出注销部分欠款；如果以上措施都不可行，第三阶段为最终解除债务，贷款机构可以接受该财产退还或转让。在经过以上三个阶段后债务人仍无法偿还的，家庭可以支付租金留在住所两年。第 5/2017 号法令规定，如果一个人惯常居住的房屋被取消赎回权，有权出租该房屋。为落实第 005/2015 号来文审议决定的一般建议，缔约国采取了以下措施：第一，西班牙政府为保障适足的住房权为已经被逐出住所的人设立了住房社会基金；第二，司法机构与社会服务机构和行政部门签署合作协议，促进司法当局与社会服务部门之间的沟通以防止因抵押丧失抵押品赎回权或出租房产的租户被驱逐出境。确保当债务人面临困难时，社会服务机构能够将债务人安置在低收入住房项目中①。

二、《任择议定书》中的来文程序功能的实现

（一）救济当事人遭受侵害的权利

在上述两起认定缔约国侵犯了受害人权利的案件中，均涉及西班牙公民

---

① E/C. 12/ESP/6, Sixth periodic report of Spain, due in 2017, under articles 16 and 17 of the International Covenant on Economic, Social and Cultural Rights, 31 October 2017, https://tbinternet.ohchr.org/_layouts/treatybodyexternal/Download.aspx?symbolno=E%2fC.12%2fESP%2f6&Lang=zh.

的适足住房权,委员会要求缔约国为提交人提供适足的住处,赔偿经济损失并报销法律费用,旨在救济提交人的住房权。委员会也针对此类案件对缔约国提出了一般性建议,要求缔约国采取措施保护处于脆弱境地的家庭,用尽现有资源最大可能地确保被驱逐者拥有替代住房等,以减少此类案件的发生,委员会这一举措在西班牙国内得到了大力的支持①。2017—2018年期间,西班牙政府同经济、社会和文化权利网(ESCR-Net)等非政府组织合作,致力于调查侵犯住户和社会弱势群体的住房权的案件,并将这些案件与西班牙经济危机和紧缩措施联系起来,共同探讨解决办法②。西班牙政府结合国内实际情况,采纳委员会提出的建议,采取多项措施保障公民住房权的实现。

在认定缔约国未违反《经济、社会和文化权利国际公约》的案件中,委员会同样对案件事实进行了核实并尽最大努力保障提交人的权利。在关于第001/2013号来文的决定中,虽然委员会认为缔约国减少非缴费型残疾福利金的行为没有侵犯提交人的社会保障权,但委员会要求缔约国必须采取有效措施确保为个人和家庭提供最低限度的福利水平。

在未通过可受理性审议的案件中,委员会也不是完全无所作为。例如,在关于第003/2014号来文的决定中,虽然因提交人未用尽国内救济导致来文未能通过程序性审议,但委员会仍然强调,缔约国在处理和解决涉及《经济、社会和文化权利国际公约》权利的案件时应特别恪尽职守,委员会的决定不妨碍宪法法院在依职权复核省法院判决的过程中可能作出的任何有利于指称的受害人的决定。

(二)审查缔约国法律、惯例是否违反《经济、社会和文化权利国际公约》

委员会在审议来文的过程中,必然对缔约国的法律、惯例进行审查以确认其是否违反《经济、社会和文化权利国际公约》。对于违反《经济、社会和文化权利国际公约》的条文,会向缔约国提出修改建议,帮助缔约国完善其

---

① Tenants' right to adequate housing is recognized by the UN Committee on Economic, Social and Cultural Rights | ESCR-Net, https://www.escr-net.org/news/2017/tenants-right-adequate-housing-recognized-un-committee-economic-social-and-cultural-rights。

② Housing rights in Spain: MBD v Spain, CESCR Communication No. 5/2015 | ESCR-Net, https://www.escr-net.org/news/2018/housing-rights-spain-mbd-v-spain-cescr-communication-no-52015。

国内的法律。

在关于第 002/2014 号来文的决定中,委员会认为缔约国未能履行向提交人提供有效补救的义务,侵犯了提交人根据《经济、社会和文化权利国际公约》第十一条第一款所享有的住房权。委员会向缔约国提出建议,国家有义务确保因未能偿还贷款而面临抵押执法程序的人员获得法律补救措施,为了避免类似案件的发生,缔约国应当采取适当的立法或行政措施,确保通过公开发布按揭执行程序的通知严格限于所有亲自送发通知的方式已经用尽的情况,并确保受影响的人有机会认识到程序的开始并且可以参加。

在关于第 005/2015 号来文的决定中,委员会审查了第 37 法院所采取的驱逐行为的合法性,委员会认为,在不保证替代住处的情况下驱逐提交人,将构成侵犯提交人适足住房权的情况,除非缔约国有力地证明它采取了一切合理措施,尽到现有资源的最大可能,并且考虑了提交人的个人情况,仍无法维护其住房权。因缔约国未能对用尽现有资源采取一切措施作出合理论述,委员会认为缔约国在不保障替代住房的情况下驱逐提交人,构成侵犯提交人适足住房权的情况。委员会对缔约国提出一般建议,缔约国应采取适当的立法和(或)行政措施,确保在驱逐租客的司法程序中,被告能够提出异议或提出上诉;国家应采取一切必不可少的步骤,用尽现有资源的最大可能,确保被驱逐者拥有替代住房,尤其是涉及家庭、老年人、儿童和其他处于脆弱境地的人。

(三)发展《经济、社会和文化权利国际公约》及其《任择议定书》的法理

截至目前,委员会的着力点主要是阐明《任择议定书》的条文的含义,特别是来文的可受理性问题。在三起予以受理并对案情进行审议的案件中,发展了《经济、社会和文化权利国际公约》的法理。

1. 有关"用尽国内补救办法"的规定

主张义务与举证责任。在关于第 002/2014 号来文的决定中,"委员会注意到缔约国未根据《任择议定书》第三条第一款关于用尽国内补救办法的规定提交反对意见。……它从未以未用尽国内补救办法为由要求委员会判定来文不可受理。委员会认为,如果缔约国据此主张不可受理性,它应当在第一时间指出应当用尽哪些补救办法,并且证明它们是适当的、有效的,本案并不存在这种情况。因此,委员会认为,就提交人的主张而言,国内补救办法已经用尽"①。也就是说,只有在缔约国主张提交人未用尽国内补救办法并能够予以充分证明时,委员会才适用《任择议定书》第三条第一款认定提交人的来文不可受理,否则,委员会不主动适用这一条款。简言之,缔约国负有主张"未用尽国内补救办法"的义务以及举证责任。

在审议003/2014号来文的可受理性时,缔约国主张适用未用尽国内补救办法并进行了举证,提交人不同意缔约国的观点。委员会认为:"委员会的责任不是判断《管辖保障和宪法监督组织法》规定的程序性要求以及宪法法院的有关判例是否符合缔约国《宪法》,而是判断提交人是否用尽了所有可用和有效的国内补救办法。委员会注意到,提交人并未向行政法院提起申诉,而这本可使委员会能够根据案情评估当局在解决这一事项方面有无过度拖延,最终导致C.A.P.M.得不到保护,使该项补救办法实际上失效。提交人仅仅感觉国内补救办法无效是不够的,仍需按要求尝试这些补救办法。"②

2. 属时管辖问题

在审议多件来文时,委员会对《任择议定书》第三条第二款第(一)(二)项之规定进行了解释。

一是"国内补救办法"的含义。"'国内补救办法'是指国内法律秩序内可用的所有常规和非常规的补救办法,只要从表面来看能够被与最初引起侵权行为的事件有直接关系的声称的受害人或其代理人所援用,就可以被合理地作为补救侵犯《公约》权利的行为的有效的补救办法。"③ 委员会根据缔约国法院应该用尽哪些补救方法并且这些补救方法应当是适当和有效的来确认缔约国是否用尽国内救济。

二是计算期限的起点。"计算《任择议定书》第三条第二款第(一)项规定的期限的起点是提交人或其法定代理人充分了解最后裁决,能够编写一件

---

① 委员会关于第002/2014号来文的决定,第9.4、9.5段。
② 着重号为引用者所加。
③ 委员会关于第007/2015号来文的决定,第8.7段。

提交委员会的来文,并提供用尽国内补救办法的证据的日期。来文提交人有以标志着用尽国内补救措施的国内法院的最终裁决的形式被告知的权利,计算期限的起点是告知之日的次日。"①

三是"所述事实延续至议定书生效之后"。

何谓"事实"?"按照《任择议定书》第三条第二款第(二)项的含义,国家当局针对与导致侵权的起初的事件、作为、不作为直接相关的案件所做出的司法裁决和行政决定,并被证明根据当时有效的法律它们为被指控的侵权行为提供了补救,那么,它们会被认为是'事实'的组成部分。如果这些程序发生在《任择议定书》对涉事缔约国生效之后,第三条第二款第(二)项规定的要求不构成宣布一项来文予以受理的障碍。"②

何谓"延续"?委员会在关于第 004/2014 号来文的决定中引用国际法委员会的观点:"一项行为的持续性质不单是因为其影响或后果在时间上有延续性。它必须本身是一项持续的不法行为。在许多宗国际不法行为中,它们的后果可能延续很久。早期的酷刑行为引起的痛苦或没收财产的经济后果,即使在酷刑停止后或产权转移后,仍旧延续下去。……这些后果应是包括归还在内的次要赔偿义务的对象。在决定应付补偿额时,如此延长这些后果很重要。但是,它们并不限定违背义务行为本身是持续的。"据此,委员会认为"不能仅仅因为构成违反《公约》行为的影响或后果在时间上具有延续性,就认为这一行为本身具有持续性"③。

因此,即使侵权行为发生在《任择议定书》对缔约国生效之前,但如果侵权行为仍在继续或者法院的生效判决是在《任择议定书》对缔约国生效后作出,均可认定为来文所述事实延续至议定书生效之后。

在关于七件被宣布为不予受理的来文的决定中,"委员会注意到,来文所涉事件,包括西班牙当局所有相关司法裁决,都是在 2013 年 5 月 5 日《任择议定书》对西班牙生效之前发生的。从提交人所提交的资料中找不出任何理

---

① 委员会关于第 001/2013 号来文的决定,第 8.3 段。
② 委员会关于第 007/2015 号来文的决定,第 8.3 段。
③ 委员会关于第 004/2014 号来文的决定,第 6.7 段。

由可以得出结论,认为《任择议定书》生效之后发生了新的事件,而且这种事件本身可以被视为违反《公约》。因此,委员会认为,基于属时理由,委员会不应审议本来文,根据《任择议定书》第三条第二款第(二)项的规定,来文不可受理"①。这种情况发生在《任择议定书》对缔约国生效之初,随着时间的推移会越来越少。

3. 同一事项已由或正由另一国际调查或解决程序审查

委员会借鉴人权事务委员会的判例法,"视一件来文已由另一国际调查或解决程序审议的条件是,在该程序之下进行的审议:(一)涉及同一事项,亦即相同的当事方、相同的时间和相同的实质权利;(二)不仅审议了可否受理的纯粹程序性标准,而且充分审议了其案情"②。因此,其他人权机构在来文程序中作出的"使用笼统的措辞,并没有说明得出不可受理结论的具体原因"③的决定、"对关于临时措施的请求的驳回"的决定且提交人"没有向该人权机构提出任何后续申诉"④,不属于《任择议定书》第三条第二款第(三)项的情形。

4. 不符合公约的规定

《任择议定书》第三条第二款第(四)项规定的"不符合公约的规定",可以从属人理由、属事理由和属地理由三个方面进行理解⑤。在上述10起不予受理的案件中,有7起来文均因为违反《任择议定书》第三条第二款第(四)项的规定而未能通过程序性审议。提交人均在其来文中指控,缔约国侵犯了他们依《公民权利和政治权利国际公约》第十二条第一款和第二十六条享有的权利。"委员会对于审议有关侵犯《经济、社会和文化权利国际公约》

---

① 委员会关于第006/2015号来文的决定,第4.3段。委员会在此后的6个来文决定中均援引该决定,并作出了相同的裁定。此外,在委员会关于第004/2014号来文的决定(第6.7段)中,委员会认为:"根据来文所载资料,看不出存在一直延续到《任择议定书》生效之日后且其本身可能被视为违反《公约》的事实。因此,委员会认为,委员会没有审议本来文的属时管辖权;根据《任择议定书》第三条第二款第(二)项,本来文不可受理。"
② 委员会关于第004/2014号来文的决定,第6.4段。
③ 委员会关于第004/2014号来文的决定,第6.7段。
④ 委员会关于第005/2015号来文的决定,第11.2段。
⑤ 参见郭曰君等:《国际人权救济机制和援助制度研究——以〈经济、社会和文化权利国际公约任择议定书〉为中心》,中国政法大学出版社2015年版,第109页。

规定的任何经济、社会和文化权利的指控拥有属事管辖权。"因此,委员会裁定,根据《任择议定书》第三条第二款第四项的规定,提交人根据《公民权利和政治权利国际公约》相关条款提出的指控不可受理①。

5. 来文明显没有根据或缺乏证据

委员会认为,只要"来文提出的事实足以使其评估是否存在违反《公约》的情况,就可否受理而言,提交人已充分证实了其申诉"②,就不属于《任择议定书》第三条第二款第五项之情形。反之,如果提交人未能充分列举事实支持其缔约国违反《公约》相关条款的主张,则属于此种情形。在关于第007/2015号来文的决定中,"委员会忆及,依据其法理,在审查一项来文时,其任务仅限于分析该来文陈述的事件,包括国内立法的适用,是否表明缔约国侵犯了《公约》规定的经济、社会和文化权利。依据委员会的法理,缔约国法院的首要职责是在每一个案件中评估案件事实和证据以及解释所适用的法律。委员会的任务仅仅是决定审议的案件中的证据的评估或国内法的解释是否明显专断或不公正,以及是否构成一项侵犯公约权利的行为。因此,来文提交人的首要责任是向委员会提供充分的信息或文件以证明在他的案件中存在上述情形。委员会审查了提交人提供的材料,包括最高法院和宪法法院分别于2011年5月30日和2014年4月9日所做之判决,发现这些文件并未表明在提交人的案件中存在这样的问题。因此,委员会认为,解释缔约国的国内法律秩序,并由此决定提交人是否有权获得根据辞退(desahucio)和自愿分离程序提供的离职支付金,这超出了其职权范围。因此,委员会认为,提交人未能充分列举事实支持其缔约国违反《公约》第六条和第七条的主张,根据《任择议定书》第三条第二款第(五)项,它们因此是不可受理的"③。

6. 滥用提交来文的权利

如果来文提出的事实足以使其评估是否存在违反《公约》的情况,"仅凭

---

① 委员会关于第006/2015号来文的决定,第4.2段。委员会在此后6个来文的决定中均援引这一决定,作出了相同的裁定。
② 委员会关于第004/2015号来文的决定,第6.7段。
③ 委员会关于第007/2015号来文的决定,第8.10段。

缔约国与提交人描述的事实的差异"①，不构成《任择议定书》第三条第二款第（六）项规定的滥用提交来文权。

7. "未显示处境明显不利"

《任择议定书》第四条规定："委员会必要时可对未显示出提交人处于明显不利情况的来文不予审议，除非委员会认为来文提出了具有普遍意义的严重问题。"委员会认为："运用文义和体系解释的方法可以得出以下结论：这一条款并不产生《任择议定书》规定的来文可予受理的要求，而是赋予委员会自行决定权，酌情不审议达不到最低严重水平的来文，从而集中委员会的资源最好地履行其职能。这一解释在《任择议定书》的形成过程中得到确认。委员会在行使自由裁量权时，除考虑其他因素外，还应考虑其对《公约》各项权利所作的判例，以及据称受害人根据案情是否处于明显不利境地，尤其是据称被侵犯的权利的性质，据称侵权行为的严重程度和（或）侵权行为对据称受害人的个人处境可能造成何种影响。"②

8. 以委员会的一般评论和声明、国内法判例、其他人权机构的判例等为论理根据，评判缔约国的法律和行为是否符合公约，发展《公约》的法理

为了论证缔约国的法律和行为是否符合《公约》相关规定，是否侵犯了指称的受害人的权利，委员会大量引用其一般评论和声明、其他人权机构的判例、国内法判例等进行论理，委员会还坚持遵守先例原则，引用其先前判例，阐明《公约》相关条款的含义，发展了《公约》的法理。例如，在关于第005/2015号来文的决定中，委员会引用的一般评论和声明包括：关于缔约国义务的性质的第3号一般评论、关于适足住房权的第4号和第7号一般评论、关于在国内法律秩序中适用《公约》的义务的第9号一般评论、关于性和生殖健康权利的第22号一般评论、关于公正良好工作条件权的第23号一般评论、委员会就评价《任择议定书》规定的"尽现有资源的最大可能"采取步骤的义务发表的声明（2007年）、委员会关于公共债务、紧缩措施与《经

---

① 委员会关于第005/2015号来文的决定，第11.4段。
② 委员会关于第005/2015号来文的决定，第11.3段。

济、社会和文化权利国际公约》的声明（2016 年）、委员会主席 2012 年 5 月 16 日的信；委员会还引用适足生活水准权所含适足住房权及在此方面不受歧视权问题特别报告员提交的相关意见（A/HRC/31/54）、南非宪法法院和印度最高法院的判例；此外，委员会还引用了关于第 002/2014 号来文的决定的相关论述。迄今为止，委员会的绝大多数一般评论都是在审议缔约国报告过程中积累的法理，随着来文程序实践的不断丰富，来文程序在发展《经济、社会和文化权利国际公约》及其《任择议定书》的法理方面会发挥越来越重要的作用，推动委员会修订原有的一般评论、制定新的一般评论。

总而言之，《任择议定书》的来文程序的功能已初步得到实现，随着委员会实践的进一步丰富，这些功能将会得到全面实现。

三、委员会在来文程序的实施过程中取得的成功经验

分析委员会过去五年的来文程序实践，至少可以总结出以下成功经验：

（一）律师作用显著

在已公布的 13 起来文中，所有来文提交人均是由律师代理，每一起来文至少由一个律师，有的来文会由多个律师及非政府组织代理。不仅是在委员会的来文程序中由律师代理提交人，在人权事务委员会等其他来文程序中同样存在此种情况。一方面说明律师在人权事务领域所发挥的重要作用，另一方面也体现了律师的专业性。从已公布的来文的决定中不难发现，大部分提交人是身处脆弱境遇的个人或者家庭，如果没有律师的专业协助或者非政府组织的鼎力帮助，仅仅依靠提交人个人的能力很难向委员会提交来文。来文所反映的往往是缔约国国内普遍存在、亟待解决的情况，委员会对来文的审议不仅是对提交人个人权利的救济，也是对缔约国民众的普遍保护。第 005/2015 号来文就是最好的证明，委员会对此来文的审议极大地推动了西班牙国内对居民适足住房权的保护，使西班牙从立法、行政措施、社会基金设立等多方面解决国内存在的问题。不可否认的是，律师在整个来文提交、受理、审议等阶段发挥了重要作用。

(二) 委员会与包括非政府组织在内的第三方合作紧密

《任择议定书》第八条第三款规定了第三方资料:"委员会在审查根据本议定书提交的来文时,可以酌情查阅其他联合国机构、专门机构、基金、方案和机制及包括区域人权系统在内的其他国际组织的相关文件资料,以及有关缔约国的任何意见或评论。"从狭义上来讲,这里的"国际组织"仅仅包括政府间国际组织。但委员会对此进行了扩充解释,使其包括了非政府组织。非政府组织的角色更加中立,其所提交的资料具有重要参考价值,在来文案情审议过程中发挥了重要作用。在第 2/2014 号、第 5/2015 号来文审议过程中,委员会接受了非政府组织经济、社会和文化权利网 (ESCR-NET)、联合国前任适足生活水准权所含适足住房权及在此方面不受歧视权问题特别报告员提交的资料,在对事实的认定中参考了这些资料。后续行动方面,非政府组织更是发挥着无可代替的作用。委员会因为种种原因无法亲自监督缔约国执行,非政府组织可以发挥监督作用定期向委员会提交缔约国改进的情况。缔约国在执行过程中也需要与非政府组织合作共同调查来文中涉及的情况,非政府组织对于缔约国国内情况更加熟悉和了解,可以为缔约国政府提出更加合理和本土化的改进方案。

无论是在人权事务领域还是在国际化进程中的其他方面,非政府组织的作用越来越明显,专业性越来越强。非政府组织已经不满足于对国内人权的普遍关注,还逐步参与到解决国内人权问题上来,在来文提交过程中对提交人和律师给予帮助,在委员会审议过程中提供资料,在缔约国执行过程中监督合作,发挥其独有的功能。非政府组织的功能越来越全面,全方位的发展使得非政府组织在国际上的角色愈发重要。

(三) 借鉴和引用

借鉴和引用其他条约监督机构、国内法院的判例以及其他权威机构的理论。前文已经多次论及,此处不再赘述。

(四) 后续行动作用明显

《任择议定书》第九条第二款规定"缔约国应当适当考虑委员会的意见及可能提出的建议,并应当在六个月内向委员会提交书面答复,包括通报根据委员会意见和建议采取的任何行动"。虽然委员会的决定不具有法律约束力,但这一规定是对缔约国提出的要求,以保障缔约国如期履行约定,最终的目的是有效保障提交人及缔约国国内公民的权利。在委员会认定缔约国侵犯了提交人的权利的两起案件中,委员会均在其决定中作出了意见和一般性建议,要求缔约国加以改正。虽然笔者没能查找到缔约国在六个月内提交到委员会的书面答复,但根据缔约国定期报告中显示出来的缔约国在一年之内所作出的法律修改情况,仍然可以认为《任择议定书》对后续行动的规定及其执行有利于较好地监督缔约国执行委员会的意见和一般性建议。

为进一步规范后续行动,在总结委员会的经验基础上借鉴人权事务委员会等的做法,委员会在其第61届会议(2017年5月29日至6月23日)通过了《关于委员会根据〈经济、社会和文化权利公约任择议定书〉通过的意见之后续行动的工作方法》①。其要点如下:其一,后续行动可能持续较长时间,需要将后续行动与缔约国定期报告联系起来,避免重复,发挥定期报告在后续行动方面的督促和核查作用。其二,后续行动工作程序注重缔约国、提交人及第三方反馈、资料的沟通,注重委员会对缔约国所采取措施的评估。其三,后续程序原则上具有公开性。其四,注重国家人权机构和民间社会实体参与的后续程序。最后,后续行动有专人负责。委员会可指定一名或多名委员作为后续行动报告员,案件较少时,可暂由工作组承担。

前人权高级专员路易斯·阿尔布尔女士认为:"《任择议定书》是否成功,其判断标准与其说是受理和审查的来文的数量多寡,不如说是该机制在多大程度上在国家和当地层面上加强了对经济、社会和文化权利的保护。《任择议定书》将致力于实现这一目的,从而提高受害者获得救济和补救的机会。"②在过去的五年间,委员会的个人来文程序的功能得到初步实现,委员会在实践中积累了一定的实践经验。总体来讲,以来文程序为主要内容的《任择议定书》的实施是成功的,期待《任择议定书》在未来更充分地发挥作用。

---

① E/2018/22,E/C.12/2017,经济、社会和文化权利委员会第六十届、第六十一届和第六十二届会议报告,附件二《关于委员会根据〈经济、社会和文化权利公约任择议定书〉通过的意见之后续行动的工作方法》。

② 郭曰君等:《国际人权救济机制和援助制度研究——以〈经济、社会和文化权利国际公约任择议定书〉为中心》,中国政法大学出版社2015年版,第55页。

中国改革开放与法律社会学的发展

李瑜青　李思豫*

摘要：当代中国改革开放对法律社会学的学科建设的影响极为深刻。作者分析了改革开放对法律社会学学科发展影响的主要根据。在这个过程中，法律社会学发展的主要线索，涉及如法律社会学的学科定位研究，沟通中西和重视本土资源的两种路径的研究，法律社会学作为方法在实践中的运用研究等，在坚持马克思主义法学理论的立场下，为推动中国法治建设做出了积极贡献。作者也分析了法律社会学在发展中存在的一些有待进一步解决的问题。但作者认为中国改革开放进入新时期，创设法治的中国话语是法律社会学和其他法学学科面临的共同的历史任务。在坚持以马克思主义法学理论为指导的基础上，发展出不同于西方法治的、适应中国社会、有中国特色的社会主义法治系统，是时代对中国法律人的期待，而不少学者在这个领域的研究特别值得关注。

关键词：法律社会学　马克思主义　改革开放

一、研究问题的提出

可以说，当代中国法律社会学的发展与中国改革开放有着密切联系，是中国的改革开放促使依法治国成为国家的发展战略，使得法律社会学这个年轻的学科在马克思主义理论指导下，和其他法学学科一起活跃起来并得到了

---

* 作者简介：李瑜青，华东理工大学法学院教授，博士生导师，中国法社会学研究会副会长。李思豫，华东理工大学法律社会学方向博士研究生。

全新的发展。法律社会学在整个法学系统最为显著的品质，有人做过这样的概括，即突出了法学研究的社会现实的指向，强调法作为社会规范与实际生活联系的重要性，主张把以经验事实为基础的社会学研究方法引入法学系统，以研究法律的有效实现问题①。而在马克思主义理论的指导下，当代中国法律社会学学人，通过积极探索对中国的法治理论建设和实践建设都做出了重要贡献。就近期而言，在中国学术界掀起的社科法学与法教义学之争中，就可以看到法律社会学的身影。无论是法律社会学自认社科法学的 2001 年②，还是观诸 2014 年至今一直持续的争论，法律社会学引发了大量理论问题的探讨和反思，并对在我国坚持和发展马克思主义法学理论起到积极促进作用。而具体到各个部门法的领域，这场争论引发了有关发展思路和方向的反思，既有基于社科法学新思路的开辟创新，亦有基于社会现实做出的法教义学的扬弃。更甚者，这场争论还引发了有关中国的法学流派的探讨以及在智识层面的再思考。从某种意义上说，这场争论"更像是发生在学术代际之间的知识更新运动"③。

另一方面，法律社会学在社会现实中展现出强大的活力。在我国的司法系统中，法律社会学推动了能动司法问题的思考。习近平总书记在中央政治局第四次集体学习时指出："努力让人民群众在每一个司法案件中都感受到公平正义。""感受"一词，就是强调司法的公平正义不能停留在冷冰冰地机械运用规范上，要积极实现案结事了的目标。这也展现出司法回应社会的理念在党中央已经有了高度的认同。法律社会学对推动法治的调解制度建设也起到重要作用，近期习近平总书记多次强调各级党委和政府要充分学习认识"枫桥经验"，发扬优良作风，以适应时代要求。"枫桥经验"是指出我们在重视法律规范的同时，也要对民间社会规范予以重视，法治建设更应该体现出是人民的事业。另外，法律社会学还从各个方面推进了中国在立法后的评估

---

① 李瑜青主编：《法律社会学教程》，华东理工大学出版社 2009 年版，第 11 页。
② 参见苏力：《也许正在发生——中国当代法学发展的一个概览》，载《比较法研究》2001 年第 3 期。
③ 参见侯猛：《社科法学的研究格局：从分立走向整合》，载《法学》2017 年第 2 期。

领域、政府的依法行政评估领域、依法司法的评估领域等活动的展开，通过这些所谓第三方的评估实践，使法律从文本更好地在现实生活中落地，推进中国的法治建设。

当代中国的法律社会学在改革开放以来这40多年的发展中，无论从这个学科的理论建设还是运用其理论推动中国法治的进步，有不少可圈可点的地方。而笔者在本文主要从马克思主义法学理论的角度，分析中国改革开放对法律社会学学科的影响，法律社会学在这40多年发展的主要线索和特点，以及就发展中还有待进一步提高的地方等方面进行一些思考。

二、我国法律社会学发展状态

一般说是中国的改革开放把依法治国确定为整个国家的发展战略，带来了我国整体法学研究的深刻变化，法律社会学这个学科也由此有了全新的发展。有人说当代中国法律社会学的发展历史具有两个重要的历史时期。第一个时期是民国，西学东渐的浪潮把一些经典的法律社会学的思想带到中国并引发了广泛而深入的研究。而第二个时期就是中国的改革开放以来，这个时期法律社会学研究再度全面展开，无论是广度还是深度都是第一时期所不可比拟的。最突出的表现在，第二时期的法律社会学研究正在形成以马克思主义法学观为指导的法律社会学中国学派；从研究的社会基础而言，中国已从过去的"站起来"，走向了"富起来"并"强起来"，使得法律社会学研究在依法治国的国家发展战略背景下有了广阔的独立思考探索的社会舞台；法律社会学教学、研究机构遍布全国各个省市，研究成果的丰富性是在第一时期无法想象的。

当然，对改革开放以来法律社会学发展的阶段如何界定，学界有不同的观点，但笔者认为主要有这么三个时段：第一阶段主要是20世纪80年代初中期，学者们致力于译介西学，并从法文化比较的视角深入地对西方在这个领域的优秀成果进行批判性的吸纳。而80年代末至90年代中后期可以视为第二阶段，这个阶段依法治国已被确定为国家的发展战略，使得法律社会学研究由于实践的要求，提出了不少具有中国特色的理论。而在法律社会学理论指导下，多方位的创新的法治实践也得以展开。从理论和实践两个方面全面进行创新探索可以说是这个时期的特点。90年代末至今的中国法律社会学研究，笔者认为是当代中国法律社会学发展的第三阶段，这个阶段当然包含了第二阶段丰富内容的进一步深化，但从新的特点而言，突出的是法律社会学研究在马克思主义理论的指导下，正在积极探索、思考中国自身的话语体系，形成法律社会学的中国学派。当然讨论改革开放40多年法律社会学的发展，我们不能不分析改革开放对中国法律社会学学科的深刻影响。

（一）改革开放推动了中国法律社会学学科的发展

笔者在这里是要分析当代中国法律社会学发展的社会根据问题。中国的改革开放，其意义极为深刻。有学者认为，中国的改革开放，使得这个国家在短时间内走过了主要西方国家所经历的16—20世纪数百年的历程，也就是这些世纪所有的一些社会特征，当代中国人用了约40年的时间，都有所感受了。当然，这样的话语有些夸张，因为中国的改革开放所带来的社会动荡或问题，是有中国特点的，不是简单用其他国家经验就可以做出说明的。但我们一路走来，其中的逻辑应当十分清晰，反映的是中华民族自觉主动地把中国的历史汇入世界史的过程，将中国的发展汇入世界文明主潮流的过程。中华民族在汇入世界文明主潮流的过程中，最初是跟随，而后逐渐开始走向引领。这个主潮流就是大家很熟悉的一个概念即现代化。马克思曾经深刻地指出：自资产阶级开拓了"世界市场"的时期起，人类历史便开始从"史前历史"过渡到真正的人的历史，从"民族历史"过渡到"世界历史"。综观这一历史发展，我们发现，现代化从少数地区和国家向世界几乎所有地区和国家推进，是一种不可抗拒的历史潮流。生活在同一时代的世界各个民族和国家，无论其历史和社会背景如何，无论其自身处于怎样的历史发展阶段和社会制度中，都不能始终游离于现代化的世界进程之外，最终都要走上现代化的道路。这里就存在一个必然性的根据问题。笔者认为，这必然性根据不在其他而在商品经济或市场经济的发展上，是商品经济或市场经济的发展，给人类的生活带来了这个具有本质性的变化。而40多年的中国法律社会学的发展就是在这样深刻的社会、文化条件下展开的。

学理上有个概念,市场经济就是法治经济。正是中国改革开放,把建设法治国家确立为国家发展的战略,为法律社会学学科发展创造了客观的社会条件。邓小平曾经指出:"为了保障人民民主,必须加强法治。必须使民主制度化、法律化,使这种制度和法律不因领导人的改变而改变,不因领导人的看法和注意力的改变而改变。"① 但从当时的实境上看,一方面十年浩劫使得新中国成立以来的社会主义法制建设被严重破坏,而另一方面,改革开放提出的建设与新的经济关系相适应的法律制度又是当时社会的迫切需求,对于"法治恢复和重建"② 的挑战是很大的。法治恢复和重建的关键,在于我们要对建设什么样的法治要有明确的目标定位。我国具有一定的后发优势,可以通过向其他国家和地区学习先进的法治思想,借鉴法律制度来加快建设的步伐。但是我国作为社会主义国家,要探索"社会主义"的"法治国家"模式,这绝非易事。"建设什么样的法治""学习和借鉴什么样的法律制度",正是基于这样的一些问题,法律社会学的研究在一个特定时期,展开了对于各国法律制度的比较研究。在马克思主义法学理论的指导下,这些比较研究深入各国法律历史文化背景层面,形成了大量法文化比较研究的成果。这些法文化的比较研究,不仅本身就是一种法律社会学的研究,而且许多法文化比较研究的学者也开始关注到,"法律社会学是法学的一个分支学科。按照国际社会科学中的传统,不仅法学,而且社会学,都有法律社会学这一分支学科"③。就这样,法律社会学不仅广泛开展各项研究,其作为一门学科的情况也已经受到关注,为西方法律社会学理论的大量引进乃至我国法律社会学学科体系的建立打下了地基。

除了法治的顶层设计问题,法学研究的方法问题也十分重要。可以这样说,法学上有一种观念,认为法律是封闭的固定的规则或命令。有些人也习惯于以封闭式的方式研究法律,甚至自觉或不自觉地把书面上的法转化为现

---

① 《邓小平文选(第二卷)》人民出版社 1994 年版,第 147 页。
② 参见李林、莫纪宏等:《中国法律制度》,中国社会科学出版社 2014 年版,第 21 页。
③ 参见沈宗灵:《法律社会学的几个基本理论问题》,山西人民出版社 1988 年版,第 1 页。

实中的法看作是自然而然的过程。但改革开放中出现了大量新的现实的社会问题。基本经济制度发生深刻变化，政治体制发生重大变革，整个社会进入转型期，系统性风险大大提升。大量法律实践使我们深深体会到，对立法或法律的实施以封闭式方式进行研究所形成的观点存在明显的缺陷。而"法社会学注重法的社会性，重视研究法的社会功能和社会效益……从事社会实证的考察分析，致力于解剖社会的'活法'"①。法律社会学强调把法理解为向社会开放的，对法律实施的状况进行实证研究，这样不仅能关注到具体的个案和局部的风险，而且在将其提炼到制度建设、理论研究的层面后，对于法律的顶层设计也颇有助益。这种上下贯通的研究特点与社会风险的发现和控制之间有着良好的相通性。法律社会学的研究特点，决定了它在社会转型期的重要价值，也就积极对应了社会转型期对它的需求。

(二) 法律社会学理论发展值得关注的几条线索

关于法律社会学的理论创新，学界有不少分析，笔者在这里着重探讨学者们关注较多的几条线索。

1. 法律社会学的学科定位

有关于法律思想史的研究认为，自改革开放以来的法律社会学的研究，就这个学科的学科定位是值得关注的重要内容。这涉及对"法律社会学学科地位之承认；关于法律概念的法社会学原理；关于法律价值的法社会学原理；关于法律功能的法社会学原理"② 等一系列问题。这些探索特别应当肯定的是，学者们从马克思主义法学理论的立场出发，积极地对西方法律社会学的一些经典理论进行了批判性的扬弃。这种扬弃，突出表现在不再以传统的观念认为法律社会学以实用主义或实证主义作为其哲学基础，而认为马克思主义理论可以作为法律社会学的哲学基础。法律社会学主张法存在于社会中，社会生活是法的基础，法应特别关注于其规范在社会中运行的有效性，因此有必要把以经验事实为基础的社会学研究方法引入法学研究中。而这种观点

---

① 参见俞荣根：《法社会学在中国社会变革中的兴起与发展》，载《中外法学》1996年第1期。
② 参见汤唯：《法社会学在中国》，华东政法大学2005年博士学位论文，第130—150页。

与马克思主义哲学理论的主张具有一致性①，马克思主义哲学理论在强调法与社会的关系时，强调要从社会经济关系入手，揭示法与社会、法与生活、法与人的行为的内在关系；同时影响法的存在和发展的各种因素，如人口、自然环境、风俗习惯、文化传统等也对法的发展起着重要作用。以马克思主义哲学理论为基础，当代中国法律社会学以全新的风格呈现于世界学术舞台。

而在具体处理法律社会学学科理论与其他法学学科理论关系上，有了这样的两方面的认识：一方面，法律社会学强调要立足社会现实对法律规范的运行问题做批判性研究。这一思路的逻辑在于，必须关注法律规范和社会事实之间的互动关系，反对简单地对法律规范做所谓语言分析或者逻辑分析，使法律变成一种封闭式系统。这是法律社会学的基本立场。另一方面，又要认识到法律社会学作为一种法学方法论并不是法学方法论的全部，对待历史上已有的法学方法论我们应当持有一种开放的立场，比如思辨哲理的研究方法、历史的研究方法、实证分析方法、比较的研究方法等②，都是值得尊重的法学研究的重要方法。必须反对以偏概全，过分夸大法律社会学在方法论上的价值。

2. 沟通中西抑或重视本土资源

近代以来由于特殊的原因，中国在法律制度建设上形成向西方国家学习的风气，西方化一度成为所谓现代化的同义词。改革开放以后，确立把依法治国作为国家的发展战略，在法治建设上如何借鉴西方发达国家的经验，也曾经有一种声音认为应当以西方为标准。但随着法律社会学在法律制度之上对于更深层的法文化进行的比较研究的深入，中西方法律文化土壤的差异逐渐为学界所认识并形成对所谓西方化问题的反思。基于客观存在的文化差异，一味推崇西式的所谓"三权分立""多党制""议会制"是不合理的，要立足中国的实际情况，走有中国特色的现代化发展道路。中国的法律社会学在这个过程中，在理论研究上逐渐形成了以西方法律社会学学术经典理论为重点的沟通中西的学术思路，和以中国的历史传统和文化土壤为重点深入挖掘本

---

① 参见李瑜青主编：《法律社会学教程》，华东理工大学出版社 2009 年版，第 31 页。
② 参加李瑜青主编：《法律社会学教程》，华东理工大学出版社 2009 年版，第 29—30 页。

土资源的学术思路。当然,学者们并不固守某种学术思路,不少学者游移于两者之间。

我们来分析一下上述的这两种研究。首先来分析以西方法律社会学学术经典理论为重点的沟通中西的学术思路。这一学术思路发挥中国特有的后发优势,充分学习和借鉴西方法律社会学经典理论或前沿研究成果,研究这些外部机制如何在中国的社会背景条件下发挥其效用。国内不少学者在这方面做出了贡献,比如朱景文教授、朱苏力教授、郭新华教授、李瑜青教授等都对西方学术著作做了一定译介工作。上海交通大学的季卫东教授在这方面最具代表性,他 1994 年主持编撰的"当代法学名著译丛",其中包含多本西方法律社会学的经典著作,产生过很积极的影响。但这种研究的重点在于如何通过理论上不断对西方话语的解释和分析,使这种西方的理论进行范式化的转换,内化成为中国法治建设所需要的理论,并可以在国际、国内的学术舞台上进行学术对话。这方面的研究成果极其丰富,散见于法学的不同领域,有力地推动了当代中国法治的进步。

而第二种以中国的历史传统和文化土壤为重点深入挖掘本土资源的学术思路,也有不少学者做出了贡献,如梁治平教授多次就中国法律的本土根源、传统与法律文化在各国举办讲座,发表相关论著。谢晖教授一直关注中国民间法问题,也有专业作品面世。李瑜青教授就中国传统儒学对法治中国建设的价值做了系统的探讨。就本土资源论的提出和论证而言,最主要的代表人物是朱苏力教授。他多次指出:"中国的法治之路必须利用中国的本土资源,注重中国法律文化的传统和实际。"[1] 他在 1996 年出版的《法治及其本土资源》一书对本土资源论进行了更为深入的阐述。本土资源论强调尊重传统文化,尊重社会中普遍存在的民间社会规范,从中汲取智慧,并对法治、自治、共治的各个方面加以思考。许多民族习惯法、民间社会规范、乡村治理和法治实践方面的法律社会学研究都是沿着这一思路展开的。从更高的层面来看,本土资源论对于中国这一世界上建设社会主义法治国家的先驱者而言,也可

---

[1] 参见朱苏力:《变法,法治建设及其本土资源》,载《中外法学》1995 年第 5 期。

以提供许多宝贵的理论思想。

笔者认为,应当辩证地看待当代中国法律社会学形成的这两种研究。一方面,两者统一在法律社会学的核心特点上。一定的法律制度建设在一定的社会政治文化背景之上,要理解一定的法律制度,不能停留在承载法律规范的文本或者判例上。沟通中西意味着更深刻地理解西方法律社会学经典理论的产生与发展,意味着更深刻地认识西方的法律制度以及其实施过程中暴露的问题。站在后发立场上,这有利于我们吸取经验教训,在一定程度上规避发展中潜在的社会风险。更根本地来看,沟通中西最终要立足中国的法治建设,西方理论的话语范式转化得越彻底,越有利于我们运用这些理论建设法治中国。以中国的历史传统和文化土壤为重点深入挖掘本土资源的学术思路,紧紧结合中国自身的社会文化背景探讨法律制度的建构,所提出的观点、思想也是建立在吸收转化了西方法律社会学理论的基础上的。正如西方国家研究宗教、人种、贫困等问题对其法治的影响一样,中国出现的各类问题对社会主义法治的影响也有待法律社会学加以描述和分析。因此以中国的历史传统和文化土壤为重点深入挖掘本土资源的学术思路,并不代表其思想被禁锢了,而以西方法律社会学学术经典理论为重点的沟通中西的学术思路也不意味着无视文化的沟壑。任何时刻脱离了一定社会政治文化背景和条件,讨论所谓法律制度的建设,都可能会沦为空想,变得没有意义。

另一方面,两者的侧重点有所不同。一部分人运用法律社会学工具批判政法传统,希望剔除在中国传统中存在的不符合现代法治要求的内容,而另一部分人则对西方法治本身展开批判,希望深入挖掘到中国传统中可以为今天的法治建设采用的东西,以本土资源为基础构建中国的法治系统[①]。沟通中西可以说依然在寻找适合中国社会的法律制度,对西方的法律制度的移植有一种期待,对西方所谓法治有内在认同。在沟通中西的过程中形成的西方话语的转化究竟能否彻底脱离西方语境,形成中国自己的话语体系,尚还存疑。但以中国的历史传统和文化土壤为重点深入挖掘本土资源的学术思路,则在

---

① 参见强世功:《中国法律社会学的困境与出路》,载《文化纵横》2013年第5期。

西方理论的基础上向中国的本土资源前进,试图从中找到法治的中国道路。基于中国的传统文化来看,这种立足本土资源的法治思路与西方所推崇的法治可能会存在不小的差异,这样的研究深刻但艰难。

3. 法律社会学作为方法在实践中的运用

以法律社会学的方法为指导,改革开放以来的 40 多年间进行的法律实证问题的研究,是又一个值得关注的重要线索。在这方面比较突出的有:一是所谓评估实践研究。比如在立法机关进行的立法后评估实践研究,在行政机关进行的依法行政第三方评估实践研究,在司法机关进行的依法司法第三方评估实践研究等。二是在社会系统进行的关于多元化纠纷解决机制建设的研究。从资料上看,现在全国已有 77 万个人民调解委员会,3000 多个劳动人事仲裁机构,多元化纠纷解决机制每年解决的纠纷达到 900 万件,这个机制在运用法律资源以外,还有效运用其他非法律的社会资源,以法律社会学方法作指导,并形成丰富的中国法治实践经验。三是对民族习惯法、民间社会规范的研究。民族习惯法的研究关注的是一定的场域内民族与国家的规范间的张力,民间社会规范的研究则关注一定场域内民间与国家的规范间的张力。这种研究主要受到法律社会学关于国家与社会、国家与民间关系的理论问题的指引。四是对部门法的实施状况的研究。针对这一问题的研究是把制度放到社会中,考察制度的运行过程,这是受法律社会学影响的部门法学经过内部理论反思后的实践产物。

从研究者身份来看,存在三种情况:一是由法学研究者进行的研究,二是由社会学研究者进行的研究,三是由兼顾法学和社会学的研究者进行的研究。由于学科背景上的不同,第一类研究者的成果往往研究方法使用不够严谨,抑或鲜有使用而使其规范程度受到影响。第二类研究者往往停留于社会事实的呈现和分析,规范分析较少或专业性不强。第三类研究者将社会调查和分析与法律的规范分析方法有机结合,具有较强的代表性和理论价值。尤其值得一提的是,像西北政法大学、西南政法大学、四川大学、中南大学、云南民族大学、青海民族大学等高等院校,充分发挥地缘优势,推动了我国民族习惯法研究的深入发展。此外,对各种民间社会规范的认识和对本土资源的理解进一步加深。中国人民大学法学院、中国政法大学、浙江大学法学院、华东理工大学法学院等在法治评估实践研究上做了不少有价值的探索，也积累了极为丰富的经验。

三、关于法律社会学进一步发展的思考

在法律社会学蓬勃发展的实境下，亦暴露一些自身建设上的不足。思考这些不足，更好地加强在马克思主义理论指导下的法律社会学学科建设，是中国法治建设进入新时期的一个重要任务。

对于改革开放以来法律社会学学科发展中存在的问题，学界有不少讨论，也提出不少积极的看法。笔者认为主要有三个方面值得重视：

（一）在加强法学、社会学两个领域专业知识的训练上存在不足

法律社会学由于其学科特点的要求，在研究法律问题时，打通法学、社会学两个领域知识系统对研究者是基础性的要求。但在法学领域可以看到，不少学者对法律社会学的认知，依旧停留于文章开头所提及的规范法学与社科法学之争上，并不真正了解法律社会学应该做什么。由于缺乏对社会学知识的基本了解，其研究仍然无法真正深入法律实施的这个系统，对实践中法律所存在问题的研究缺乏深度。也有一些社会学学者对法律社会学有很高的热情，但因对法学学科了解不深入，也影响了其研究成果的质量。法律社会学研究中存在的这个问题，使得法律社会学这个学科建设有的时候与社会对它的期待存在一定差距。

（二）在法治实践经验上升到法学理论的研究上存在不足

前文已将法律社会学研究者分成三类。社会学研究者难以完成规范性分析，无法从实然转化出应然；法学研究者则受制于社会学方法运用的严谨程度，使得把在实践上发现的问题上升为理论的效率大打折扣。而即便是两者兼修的研究者，也面临着从经验研究到规范分析的难题，从基本方法问题中解脱出来，将实践上升为理论，也必然要面对学科体系乃至社会现实的接纳问题。缺失了这种内化的过程，知识难以融入学科乃至社会，也就无法很好发挥出其价值。这在某种意义上也是一种实践上升到理论的失败。在这一点

上，法律社会学的发展是需要进一步突破的。

(三) 在国家法律与民间社会关系的把握上有的研究存在不足

比如有的研究一味推崇民族习惯法的经验的意义，而主张国家法律的不在场，不考虑整个社会文化背景的历史变迁，把一个真实的社会抽象化，以一种片面化的方式推崇一个所谓法律虚无主义的社会，这样的研究会使人产生一定的误解。有的研究又是另一个极端，比如在社会治理的相关研究中，常常见到用应然的法治状态对应实然的失范状态，或者在对策建议中强调从思想到制度各种层面的法治化转变。这些研究得出的结论，与同样立足基层社会治理的经验研究中所提出的法治、自治、德治、共治的对策建议存在差异。究其原因，是由于这些研究者在理念或者方法上对法治高度认同，同时选择性忽略了社会中的自治、德治等因素。而之所以选择性忽略社会中的自治、德治等因素，是由于对国家法律与民间社会关系的把握不够。把法治化当作万能钥匙。

历史总以其特定年份的内容，使人们获取其智慧和力量。中国的改革开放已进入新时代，时代要求我们必须更高地举起解放思想的旗帜，坚持以人民为中心的思想来推动中国特色社会主义事业的进步。对于法律社会学而言，在坚持以马克思主义法学理论为指导上，我们有必要克服以往研究中所存在的一些不足，加强学科的自身建设，使法律社会学学科的发展可以满足时代的要求。从历史的实践上看，当代中国法律社会学处于发展状态，不少学者正在前期研究基础上积极探索法治的中国话语问题，创设法治的中国话语是法律社会学和其他法学学科面临的共同的历史任务。坚持以马克思主义法学理论为指导，发展出不同于西方法治的，适应中国社会、有中国特色的社会主义法治系统，是时代对法律人的期待，法律人必须在这个方面形成一种自觉。当然，就法律社会学的学者而言，面对这样的历史任务，必须要学会向他人学习，比如哈贝马斯的交往行为理论、马尔库塞的批判社会理论、阿尔都塞的结构主义理论、德拉沃尔佩的实证主义思想等，应学会与这些西方经典理论的作者对话，同时要积极研究中国传统在这个领域的经典理论、研究当代法治实践研究中涌现出来的学者们的研究作品。当然，法治的中国话语的创新研究，任重道远，需要更多学者共同努力。

"中国法治话语构建"的探索性思考
——法治的中国话语学术会议纪实

时 彭 彭佳欣[*]

法治的中国话语构建是一个重要的学术话语，2019年6月在华东理工大学就这个话题举办了全国学术研讨会。来自国内对该话题感兴趣的100余位学者，围绕"传统文化与当代中国法治话语的建设""法治话语构建的逻辑""法治实践及其话语的建设""法治理想、法治话语与社会结构"等主题进行了广泛而深入的研讨。

一、为什么要讨论法治话语？

讨论中国法治话语的前提性问题是论证清楚这种讨论的起因。目前学界针对这一问题仍没有形成统一的意见。李瑜青教授认为，中国法治话语的构建首先意在解决中国法治实践的实际问题，不仅仅基于国家意识形态的对抗及提升国家软实力的考虑，更不是由于当代中国理论建设与实践成就不匹配。而是因为法治作为国家的治理方式，与国家一定的社会发展条件相联系，唯有进入市场经济的国家，法治这种国家治理方式才能得以展开。西方国家较早地进入法治国家行列，因此成为我们学习借鉴的对象。但随着市场经济的快速崛起，其所带来的某些消极文化因素也在不断地挑战法治建设的根基。面对这样的法治难题，我们一贯学习的西方经典法学理论并不能给出奏效的答案。西方法学理论植根于西方文化传统，围绕着私权保障展开，以特有的社会契约论为基础思考社会生活的本质。从社会文化条件对一国法治建设的

---

[*] 作者简介：时彭，国评院法律设施评估研究院助理研究员。彭佳欣，国评院法律设施评估研究院助理研究员。

制约性角度来看，着眼于西方法治理论而忽略本国文化传统的法治建设模式，容易陷入形式化倾向，造成整个社会文化系统的紊乱，各种文化力的相互抵消。法治建设不是抽象的表达，而应是人民生活实践的具体指导，应与一国文化传统进行生动对话。

蒋晓伟教授关注到法治运行中缺乏共同的方向、共同的理念、共同的情操、共同的行为模式的问题，以公共事件中社会各阶层观点张裂的现象为切入点，提出了相近的观点。每当社会出现大案要案，或者事关民生的有影响的法治事件时，社会总会产生不同的意见和认识，学者将此种问题的原因归结为人们思想观念的分歧，是人们对法治的本质没有深刻的一致认识，特别是对由法治本质决定的法治伦理没有充分理解、认识并达成共识。法治伦理是从法治本质出发，由法治化的社会关系所决定的在依法治国进程中应当遵循的道理和准则。因而，对法治伦理的揭示，能够改变此种状况。今后的法治建设需要践行民主、保障人权、促进和谐、蕴含德教的法治伦理①。笔者认为该学者提及的法治伦理与中国法治话语体系在内涵上具有重合的部分，两者都强调法治建设不应当是一盘散沙式的堆砌，而要形成共通的价值引领和基本理论遵循，并且这种价值观念、根本遵循的形成不是盘旋于社会生活之上的拿来主义的建构，而是来自法治实践的需要。当前法治建设的关键问题在于缺乏统一的指导，从而使单一的法律制度的完善不能有效实现对社会生活的治理。对法治伦理的提炼与实践就是构建我国法治话语体系并用以指导法治建设的过程。该学者提出践行法治伦理、构建中国法治话语的观点是基于实用主义的思考，即讨论这个问题是要解决中国的法治实践问题。

邢路博士认为，倡导构建中国法治话语体系的根本原因在于，法治的话语体系是法治意识形态通向法治实践的有效路径。当下，全社会对于中国法治建设实践未来应然的图景未能形成一致意见，对于法治的价值观、内涵、基本立场等意识形态因素，更是存在着较大分歧。由此可见，在全社会范围的更深层面，就中国特色社会主义法治体系作为治国理政基本方式的内涵和

---

① 蒋晓伟：《论当代中国特色的法治伦理》，载《行政论坛》2017年第6期。

外延要形成坚实共识，尚须在理论层面形成对中国法治实践的表述、评价、归纳和演绎。刘洋、王悦也提出了类似的观点，即形成具有中国特色的法治话语体系，能够避免社会主义法治理念成为一种飘悬的政治倡导，使之能够成为实际指导法治实践的理念。长期以来，过分依赖西方法治理论，将西方法治理论及法治话语体系作为衡量正确与否的标准，使得我国自身法治建设一直处于"学徒状态"，舶来的法治话语与本土法治实践在一定程度上存在疏离。另一方面，社会主义法治理念只有被置放或还原到法治话语之中，与法学理论传统和知识谱系形成对接，才能够获得必要的理论和知识支持。

刘志强认为，中国人权话语体系的提出背景是中国政治意识形态受到西方人权秩序压制与冲击，长期处于话语劣势，出现"话语逆差"[1]。国家间历史和现实差异造成了对人权的不同理解，话语传播的内容与方式植根于具体、历史的时代生活之中。中西方国家之间人权观念和价值层面话语争论过程中展现出诸多方面皆存在不同的价值定位和选择。又因受国情制约，中国人权立法、司法、行政等方面的义务履行现状与国际人权公约标准存在一定差距，具体体现在死刑适用、户籍管理、收容教养、工会权利、出版结社等方面。因而，在应对西方人权责难时，我国需要建构新时代中国人权理论体系，即建构以发展权为核心的人权话语体系，才能支撑新时代中国人权话语体系表达，进一步掌握人权话语权。对这种观点进行抽象，即是突出了中国法治话语构建对于提升我国软实力、增强国际政治影响力方面的作用。

综上所述，学者对建设法治中国话语体系的原因基本形成了一致的意见，笔者将其归纳为对内与对外两个层次。针对我国自身法治实践而言，学者都主张中国法治话语体系的构建目的在于解决法治实践问题，但对现存问题的归纳略有不同。一部分学者认为，从法的演进角度看，我国属于外源型法治现代化，法律制度的建设相当程度上依赖于对西方成熟经验的模仿。一国法律制度应当是其社会经济条件在上层建筑中的反映，中西方相异的历史文化

---

[1] 刘志强：《中国人权话语体系生成》，载《法律科学》2018年第5期。

背景导致我国法治建构中的法律与社会实际需求出现错位,例如法律条文的规定如果违背了居民生活遵从的惯常习俗,法律制度就容易陷入虚置的状态。法治话语体系的建构是为了消解这种不匹配,使法治理论成为法治实践的有效指导。学者李瑜青、邢路、刘洋、王悦等持这种观点。另一部分学者认为,法治实践面临的突出问题是社会整体在建设什么样的法治这个问题上没有达成共识,突出体现为法律精英话语与社会大众话语、法律职业群体话语与政治话语的张裂。随着社会现代化的不断推进,普罗大众基本法律意识的不断增强使其权利意识不断被激发,因而法的价值属性越来越成为法治建设的现实需要。法治话语建设的关键作用在于消弭社会各阶层在法治观念上的分歧。学者吴英姿谈到的"容纳不同价值观的需求",蒋晓伟认为"法治运行中缺乏共同的方向、共同的理念、共同的情操、共同的行为模式",冯琼强调"统合法的工具属性及价值属性"等均支持这一观点。从世界视野来看,另一部分学者主张构建中国法治话语以应对西方的文化侵略和话语争夺,增强我国软实力,增强制度自信与文化自信。学者刘志强是这种观点的拥护者。笔者认为,这一观点与前述解决中国法治实践问题的观点不存在矛盾。国际社会交往中没有任何一个国家能够逃避实力的较量,想要在这场对抗中取胜就必须抱以积极的姿态,以事实规则为依据,以令人信服的方式表达。构建中国法治话语以应对西方的诘难,主要目的不是进行意识形态的争夺,而在于以理论化的言语进行理性平等的对话,能够这样对抗的前提是我国自身的法治话语体系是真正能够解决问题的,在实践中被证明是行得通的。

二、法治话语的构建与中国传统的关系

会议涉及的第二个问题是中国法治话语的构建应该在哪些方面吸取传统文化的基因。李瑜青教授认为,传统文化中所蕴含的以下四个思想值得我们发掘。第一,传统儒学中的民本主义的观点。我们应跳出西方法治以私权利保障为上的模式,转而以社会发展为上。在积极吸收中国传统文化基因基础上,通过否定之否定的方式提出当代中国社会主义法治建设的"三个统一"

的观点，即党的事业至上、人民利益至上、宪法法律至上，这就形成了法治发展有代表性的中国话语。第二，重视传统文化中的德治思想。法治建设必须高度重视人的主体之善问题，形成法治建设中人的主体的自觉。中国传统文化一直特别重视人的个体对社会、对团体的责任感、使命感，主张人应当以保持自己的人伦操守为最大的人生目标。例如，儒家认为人在道德上的至善是建立良好社会最有效的途径，道德伦理的根源在于人的内心。传统儒学文化对道德修养的重视，凸显了儒学对人的自主精神的发掘和对独立人格的追求，是中国人文文化传统的精华，也是今天我们发扬人文精神最值得借鉴的一点。关于运用德治方式实现社会有效治理的论断，学者吴宁也有相同的意见。吴宁从社会转型的角度分析了德治在弥补单一法治手段不足方面的意义。中国由一元社会转型为多元社会，由封闭的社会转型为开放的社会，伴随着新旧道德观念的冲击，出现了一些道德失范现象。因而必须加强全社会的思想道德建设，激发人们形成善良的道德意愿。德治以其说服力和劝导力提高社会成员的思想认识和道德觉悟，法治建设建立在民族的伦理道德之上，能够缓解道德和法律的对立局面，以礼法的互动来保证国家的长治久安。并且，法律本身也必须建立在道德基础之上，没有道德正当性的法律就成了"恶法"。第三，中国传统文化基因中，特别强调统治者的率先示范作用，例如传统儒学就有"正君而国定"的观点。这种人的主体至善观念给当代法治建设以启示，即法治建设要抓"关键少数"，健全党纪国法一体的法治运行模式，把从严依规治党与全面依法治国有机统一起来。第四，中华民族文化遗产中的和谐文化，例如传统儒学中"和"的思想。借鉴和谐文化思想，要求我们将社会和谐作为法治建设追求的基本境界。

蒋晓伟教授的观点与李瑜青教授有相通之处。蒋教授总结了当代中国法治的四重特质，即法治、保障人权、和谐、德教。其中和谐与德教两方面可以看作是我国独有的传统文化气质在当代的传承发扬。蒋教授着重论述了传统文化在当代社会如何转化适用的问题。例如，蒋教授在谈及道家及儒家的"和谐"思想时，进一步升华指出，和谐在当代社会关系中的实现，不仅包含公平正义的内容在人与人的社会关系中得到实现，而且要做到人的精神境界和物质境界的协调统一，人类社会和自然生态的协调统一，即公平正义的内涵不仅存在于人的社会地位和处境，而且扩大到人的精神境界与物质境界的关系，扩大到人与自然生态的关系。关于"德教"思想，蒋教授认为当代中国的"德教"，无论目的还是内容，都和中国传统社会的"德教"有本质的区别，但传统社会"德教"的方法和作用值得学习借鉴。新时期，必须赋予"德教"以新的内容，"德教"除了要求人们树立道德高尚、忠诚法治的理念，还需要具有实现权利、履行责任和程序合法的能力。"德教"的对象是全体公民，但对立法者、执法者和司法者来说，尤为重要，只有立法者、执法者和司法者率先垂范，树立道德高尚、忠诚法治的理念并自觉践行法治，才能实现全体公民具有道德高尚、忠诚法治的理念并自觉践行法治[①]。

冯琼教授对社会主义核心价值观中的"法治"进行文化探源，传统治道中十分重视法的价值属性，并将其贯彻在民间日常生活中，这一法治思想是法治话语建设值得借鉴的。冯教授的研究具有相当的价值，中国法治话语体系的建设应当凝聚民间社会共识，契合我国民间社会独有的文化气质，社会主义核心价值观作为社会意识的整合，社会思潮的集中表达，其中包含的传统文化精髓必然是法治话语赖以建设的文化根基。冯教授将社会主义核心价值观蕴含的传统文化总结为古代治道论争中的法治思想和古代民间的礼法文化，其中法治思想包括儒家以"仁"为核心的人本主义法治思想、法家"以法为本"的法治思想、道家及墨家的自然法思想。儒家人本主义思想提倡将自由当作"仁"的价值追寻，通过弘扬人之善性实现人之自由，礼法之治不是天命或者君权之下的威势，而是依托于个体的道德养成来形成社会秩序。法家强调"治民无常，唯治为法"，同时也提倡"赏罚有度""法不阿贵"。法家的法治观既强调法的工具属性，同时兼顾法的价值属性。道家及墨家的自然法思想都主张"道法自然"，法与天道暗合，更注重法的价值属性。在此基础上，冯教授进一步提出，以上三类法治思想都有一个共同点，即凸显法的价值属性。这一优秀基因对于当今的法治建设具有重要意义。统合法的工具

---

① 蒋晓伟：《论当代中国特色的法治伦理》，载《行政论坛》2017年第6期。

属性与价值属性,以实现人类自由解放作为法治的终极目标,重视人的主体性道德建设,能够消解道德与法律的对立,实现法安天下,德润人心。冯教授进一步指出,法治的价值追求的真正实现有赖于渗透在民间日常生活中,而不能凌驾于民众伦理生活之上。中国古代治道论争中的法治思想在一定程度上影响了民间的日常生活实践,形成了如乡土社会下的自然人伦、家国同构格局下的顺民生活、贵和心理下的无讼情结等民间文化传统。当今的法治话语建设应当打破理论构建与社会生活疏离的状态,力求官方话语与民间话语的有机统一,要做到这一点,唯有消弭两者之间的不对称,构建易于为中国社会公众在日常生活中接受的法治话语体系。

费小兵教授从传统的儒、道、佛文化中提炼出与希腊、罗马的自然法相对应的东方"本性法"精神,为中国法治话语体系探明了德性根基。费教授总结比较了儒、道、佛三家关于本体观、"打破我执"与"道之本性"、修养思维、理解自然四方面的异同,概括出三教"法之道"的共有因素。三家皆以"无为"法为上、以"超越小我"为走向至善的起点,以"超越逻辑的直观"为主要思维方法,各自的本体论不矛盾,相通处大于区别。在此相似的前提下,费教授将中国法文化话语体系中的"道"创造性转化为异于西方"自然法"的"本性法",得出本性法的定义:在儒、佛、道三教共同认可的体用不二的本体论中,在无为、无我的前提下,本体在人心上展现出的本觉及其观照下的平等性智、妙观察智、大圆镜智、成所作智构成的全然良知产生一个直观判断力。这种直观判断力所本能判断出的法则,就是东方的"本性法",其中蕴含着法治应有的公平的基准、崇高的精神。它能够证明人类的良知来源于"一",但这样的"一"不是来自外在超越的人格神(god),而是来自内在超越的、体用不二的、天人合一的本体——这保证了法治精神不滑向没有"一"的庸俗功利主义思潮中;同时,"一"也不是僵化不变的古董,它应该是现象即本体的统一(色即是空),因而可证成当今现象中的法治就具有了与本体一样崇高的地位。

罗建平教授从汉字字源的角度对"法"与"治"的内涵进行剖析,展现出"法治"二字本源之内涵,为中国法治话语构建过程中的法治传统内涵发掘增添了新的思考角度。罗教授认为,"去"是惩罚的历史原型,因而法的刑法、惩罚意象背后是规范、规矩。"水"是针对流放者的清洗行动——驱其污,除其罪。水的清洗仪式也体现了规则、规范,水的平直表示一种准则("准",繁体为準,从水隼声)。所以法就有了法规、法则等含义。解廌作为法官的无意识心理原型,在某种意义上与自由心证相通。自由心证原则主张法律不预先设定机械的规则来指示或约束法官,由法官针对具体案情根据经验法则、逻辑规则和自己的理性良心来自由判断证据和认定事实。而自由心证(在我国又被称为内心确信制度)是指法官依据法律规定,通过内心的良知、理性等对证据的取舍和证明力进行判断,达到深信不疑的程度,形成内心确信(心证)。法官审判案件,在遵守证据规则制度的前提下,只根据他自己的心证来认定案件事实。河流的治理与河流的养育挂钩,暗示着治理的深层逻辑就是养育,就是成为一体。在这个意义上,原初的治理是感化,是天下归仁的感召,是圣贤政治,也是治理的理想。

值得注意的是,在儒家治国之道是否反法治的问题上,学者存在几种不同的观点。第一种,石文龙认为儒家的治国之道在一定程度上与我们所要构建的法治观存在背反。他分析指出,儒家的法制观具体表现为:儒家伦理的原则支配和规范着法制的发展,成为立法与司法的指导思想。在法律地位上,法律具有附属性,所谓"出礼入刑""德主刑辅"。在法制的内容上体现了不平等性,法律行为的心理机制表现为"恶法""忍讼""厌讼"等,法制的根本价值取向为"无讼",等等。因而我们不能忽视儒家法文化对法治建设可能存在的消极一面,如何改造传统法制是必须正视的问题。第二种,李瑜青反对中国传统儒学在治国主张上是反法治的这个判断。他认为历史上的儒学其实一直十分重视治道,法治是治道的一种方式。法治的这种治道方式内容丰富,内含多方面的要素,其中必不可少的是良法之治。儒学讲究仁义道德,坚持以仁义精神为基础感染法律、支配法律,这正是重视了良法之治这个法治要素问题,主张必须解决法律的道德基础问题。其次,儒学的一个特点是看重至善的价值,认为防恶是可以通过启发人的内心,人的主体的自觉而实现的,因此对具体制定人与人相防相制的外在强制规则并不重视。从治国的角度而言，儒学所表达的人文文化理论有它不同于西方的思维路径，这种思维路径以特有的方式在丰富法治的治国观点。张建持相同观点，认为传统儒家对道德、德性的重视，并不意味着不重视律法，只不过在道德与律法相互关系上，认为道德更具有根本性，亦即"礼制构成了古代国家治理的原则，法制构成了古代国家治理的工具"。费小兵也有相同的观点，认为孔子的追求不能简单地用德治与法治的对立来概括，儒家的大同社会不是人治，不是与法治对立的，而是超越小康社会的"我"之欲望与良知之间的对立、等级和剥削导致之悲剧的理想。小康社会需要法治，但此法治制度的精神追求和道德方向应该是大同社会。第三种，冯琼则认为儒家提倡的德治是一种人治的体现，而礼治是规则之治，属于法治的范畴，"礼法"是中国传统文化背景下生成的特殊形式的法。

三、法治话语与法学发展规律

在对传统文化的继承发扬这个问题进行讨论之余，另一些学者将目光聚焦于中国特殊国情下法治发展应当遵循哪些规律的问题。学者们的这些思考为我国法治话语体系的构建贡献了智慧方案，描绘了生动图景。吴英姿教授指出中国特色社会主义法治体系的构建应该高度重视程序思维的运用。它是实现法律解释上形式与实质整合、解决法律适用统一难题，乃至证成中国特色社会主义法治的一条通途。吴教授从法律解释的形式与实质之争问题入手，分析了法理上固有的整合形式论与实质论的法律方法的不足。法理上一般认为通过立法将多元价值的最大公约数提炼为基本原则，再用一般规则表述出来，把法律适用变为纯粹的事实判断和逻辑推理过程能够解决由于概念模糊与语义弹性带来的法律解释困难，以及由于解释者价值立场多元而产生的解释方法与解释结论存在分歧的问题。但在具体个案中，按下解释方法多元的葫芦，浮起法律推理分歧的瓢。形式论者与实质论者在法律推理究竟是"法律就是法律"的形式理性优先，还是要追问法律的实质性依据以谋求个案实质的问题上进一步产生争论。这个问题的长期存在，加剧了法律的不确定性和司法裁判的难度，增加了法律冲突和削弱司法权威的风险。吴教授认为解决这个问题的关键在于创建程序机制，培养法律过程中的程序思维。遵循程序思维不同于机械地走程序，程序思维的核心价值是在多元价值并存状态下，通过平等对话和商谈论证促成合意，确保判断和决定不偏不倚的"中立性价值生产装置"。吴教授基于程序理论总结了程序机制的几大特点：以实际具体问题为导向的实践性思维、通过对话寻求"未完全理论化合意"、构建行动者平等合作的过程、以实现价值动态平衡为基本目标、遵循"过程决定结果"的逻辑进路。具有如上特质的程序机制能够实现法律形式与实质的整合，在解决争议过程中具有诸多优势。首先它能够激活行动主体的实践理性，促使其根据具体情境进行利弊权衡，调整策略，从而有助于妥协与合意。其次，程序是一种价值中立装置，其本质是把实质争议转化为单纯的技术问题，从而让每一个参与者都觉得自己的诉求得到了足够的尊重与参酌，也更容易接受程序机制产生的结果。最为关键的是，程序机制是说理论证的平台，在法律的框架内，在形式理性约束下，以现行法律规定为依据，同时吸纳来自法律之外的诸如伦理、道德、成本收益、实用性等实质性的理由，严格遵循逻辑规则对汇聚到的不同意见进行论证，在不同意见中寻找接近的可能。最后，程序机制能够确保结论的可预测性。上升一个层次看待程序思维之于我国法治体系建设也颇为关键。中国正在经历一场剧烈的社会变迁，地区发展不平衡，社会的适应性参差不齐，传统核心价值观和价值体系瓦解，社会分化与社会价值多元的格局逐渐形成。面对尚未定型的社会经济政治结构，如何建设与本国国情相适应的法治体系是当前最大的难题。程序思维的价值中立使得立法、决策、执法和司法等各种法律程序天然地具有一种兼容并包的宽阔胸襟，可以容纳不同的价值观与利益要求，并促使程序参与者探索缓和矛盾、利益均衡的对策，确保以经过程序达成的共识为基础的法律法规、公共政策、行政决定和司法裁判被认为是民主的、科学的、具有高度的可接受性的。在这个意义上，中国法治建设的重点应该放在完善和激活各种法律程序的正当化作用，在发展中实现社会不同利益与多元价值的动态平衡上。具体而言，以法治下的共治为基本框架，将信访制度改造为民主协商平台，以及深化司法去行政化改革，激活司法程序是可能的路径。

张建教授从法治发展的普遍性与特殊性的辩证关系角度来思考中国法治话语构建的问题，首先从主体、模式、内容三个角度总结出法治建设中国模式相较于西方国家的特殊性，即坚持党的领导、政府推进型法治建构模式、重视法治与德治的辩证运用。但同时，张教授也强调，我们不能夸大中国法治建设的特殊性，对特殊性的过分主张将会阻碍中国法治经验的普遍化、世界化。因而讨论中国法治发展的个性应当与法治发展的一般规律联系起来，两者统一于良法善治的目的之中。循着这一思路，张教授叙述了我国法治建设需遵循的三方面规律。第一，全面依法治国背景下坚持党的领导，有三层要求：党对中国社会主义法治建设的领导，主要是思想领导和政治领导，并以一定的机制体现出来。党的领导是在宪法、法律下的领导，中国共产党作为中国的唯一长期执政党，自身的活动并不是游离于宪法、法律之外的。党内法规与国家法律应做到统一互补，两者在目的上相互统一，共同服务于法治中国建设，都是以良法善治、国家治理现代化为根本目标而展开相应的法规、法律体系的建设和实践。两者在功能上适当分工，且两者在要求上有宽严之分，党内法规应严于国家法律。第二，随着我国现代化的不断推进、农业社会向工业社会的转变，及市场经济的持续发展，政府推进型的法治模式可能会逐步让位于社会自我驱动的法治模式或"国家—社会"双重驱动的法治发展模式。因而，需要通过制度化、程序化的方式将经济社会的诉求导入国家治理体系，在既有的法律体系和法治体系中，不断地将经济社会的诉求转化为普遍性的法律规则，并进一步以此种法律制度来规范经济社会本身。第三，法治、德治都应围绕国家治理现代化而展开，在全面推进依法治国背景下，重视法治与德治的辩证统一，重视关键少数的作用，是中国社会主义法治建设应遵循的基本规律。在坚持党的领导与法治的关系问题上，学者李建勇提出了一致的观点，在反腐败问题上必须确保法律程序优先于党纪处分程序，在"双规"有问题的党员干部时，检察机关必须同时介入和联合办案，这样"双规"阶段获得的证据可以直接转换为法律证据，如果法院判决有罪，被告人则直接进入服刑阶段。如果被告人行为尚未达到犯罪程度，但构成了违反党纪,那么党纪处分必须在涉案人被法院判决之后才能实施,以突出法治高于党治。

邢路博士认为应当从哲学、价值、历史等多个维度,丰富法治的中国话语体系的内涵。从哲学维度看,法治的中国话语体系必然是对中国法治实践的认识和诠释及再思。而这一过程,就必须建立在以辩证唯物主义和历史唯物主义为指导、根植于中国法治实践的法哲学体系之中。对数十年中国法治建设各个领域的实践进行归纳和反思,探索中国法治建设中立法、司法和执法各领域的运行规律,总结出在中国社会结构中包括法的本质、法的性质、法律与社会存在、法的生成和运行的基本规律、法的基本要素、法与法律意识等基本范畴在内的包含一系列元概念、元理论的完整的法哲学体系,从而奠定法治话语体系问题基础和理论框架。从价值维度看,法治中国话语体系必须以中国特色社会主义核心价值观作为引领。中国社会主义法治文明与西方法治文明的核心区别就在于:西方国家以个人自由主义作为终极价值追求,形成了一系列如自由、民主、平等、人权、秩序等的法治话语;而中国特色社会主义的法律意识形态,则在吸收人类法治文明既有成果的基础上,树立了以人民为主体的基本价值追求,人民是集合性的政治概念,这样既包括了个人的自由利益,又确保了法治对人民整体利益实现的保障水平高于对个人的自由和利益的保障水平。从时间维度看,中华传统文化博大精深,应当根据当前法治实践的需要,撷其精华,古为今用。其次,当代中国经历了改革开放40多年的巨大变迁,并且仍在时刻发生着变化,在这一过程中所形成的各种被实践证明行之有效的法律制度、理论和方法,是法治发展的智识资源,必须加以利用。

朱俊教授通过分析改革开放以来党的权威文献,研究法治发展的中国特征,这一系列特征也是我们今后法治话语构建过程中必须继续遵从和贯彻的规律。第一,法治现代化应当融入现代法治精神和时代核心价值体系,这意味着法治发展必须树立法律至上的理念,保障人权,限制权力,实现审判独立。在此指引之下,它要求实现西方法文化的"华化"与中国法文化的"新化",即用西方法文化中的符号、价值、思想和行为模式来解决中国的国家与社会问题，并使之成为现代中国法治的有机组成部分。同时，用多元思考模式来充实和改造一些中国传统的符号、价值、思想和行为模式，使之能够成为变革资源，并在变革中继续维护文化认同。第二，基于改革并管控改革是法治在当代中国实践的基本命题。这一阶段并不否认改革的方向与经验，而是要求在法治的框架下继续深化改革，基于现行决策平台机制凝聚改革共识，并基于现有法治精神、原则与程序推进改革。第三，中国法治应当从形式法治逐步向更关注实质法治发展，但形式法治构成了实质法治的前提和基础，也是不容忽视的部分。此外，发展作为中国法治建设的强有力话语而言，它还有权利话语的一面。这要求建立以社会保障体系为核心的人权保障和发展体系，更加重视贫困人群脱贫致富问题，保障老弱病残孕等弱势群体的发展权益。第四，稳定是法律理念的构成要素，与正义、合目的性一起构成完整的法律理念，在现代法治中占据着重要位置。法治发展的第一任务都是维护社会秩序的稳定，中国的"维稳"也需要从行政的、经济的乃至暴力的方式转向法治的方式。

吴宁教授认为需要将社会主义核心价值观融入法治建设中，我国的立法、执法、司法都需要符合社会主义道德的要求，体现社会主义核心价值观。社会主义核心价值观是社会思潮的凝聚，也是德法共济理念的生动展现，而法治与德治是国家长治久安的有力保障，因此在全社会树立社会主义核心价值观，在法治建设中将其作为价值引领是国家社会有效治理的需要。吴教授通过以下三部分的论证来证明其观点。第一部分，解析了社会主义核心价值观对于法治建设的推动作用，说明了社会主义核心价值观这一有机联系的整体是全面推进依法治国的价值引领，其内容的每一部分都与法治建设具有紧密关系。社会主义核心价值观确立了我国法治建设的根本价值目标，确定了法治建设的基本价值取向，明确了法治建设的基本价值准则，回答了我们为什么要建设法治，要建设什么样的法治，要坚持什么样的法治发展方向和发展道路等法治建设中的根本问题。第二部分，论证了道德引领对于国家社会治理的重要意义，社会主义核心价值观是民族、国家、社会道德之本，践行社会主义核心价值观是保障以德治国的有力措施。我国的法治建设乃至法治话语体系的构建不能仅仅依靠法治的手段，德治作为一种价值理性和柔性的治国方式，强调公民内心的自制，能够以引导的方式规范公民的行为。第三部分，吴教授运用价值正义理论的核心理念和基本原则，进一步阐释社会主义核心价值观中体现的法德共济理念。在此基础上重点论证了法治与德治之间相辅相成的关系。以德治国与依法治国在手段上存在差别，但两者不存在矛盾对立，社会建设需要法治与德治协同发力。社会主义核心价值观的建设把法治和德治紧密结合成一种国家治理方式，两者不可或缺，不能相互代替。

王国龙教授认为法治建设需要处理好法律的灵活性与稳定性之间的关系。坚持严格司法能够保证法律的稳定性，而自由裁量能够增强法律的灵活性，但是严格司法所要求的保障法律统一适用与以保障判决可接受性的自由裁量之间存在悖论。因而，不能否定自由裁量的价值，既要建构自由裁量，同时要限定自由裁量的范围与基准，促使其被规范化行使。同时也寻求更加规范化的自由裁量。王教授首先从法治的要素入手，论证了将法治单一地理解为"规则治理"是一种错误倾向，法治并不排斥自由裁量，相反，合法又合理的自由裁量是法律正确、精确适用的必要条件，也是高质量法治实现的基础。接下来，王教授进一步分析了自由裁量规范化之于维护国家法制统一、保障法律正确实施、维护当事人合法权益和提升司法公信力、维护法律权威的意义。在此基础上，王教授认为自由裁量的规范化有赖于以下几方面的措施：一是进一步深化司法改革，提高司法系统"去地方化""去行政化"水平。二是无论在法律发现还是在法律适用过程中，法官都需要坚持从权威性的法律渊源当中发现法律规则。三是保障自由裁量权的行使总是遵循"合法、合理、公正和审慎"等基本司法原则。"保障法律的统一适用"既是法官"依法司法"所需要遵循的基本要求，也是法官自由裁量所需要遵循的基本要求。四是确保调解等纠纷解决方法在适度范围内行使，不应当使调解成为滥用自由裁量权的通道。李学兰教授从更为微观的层面观察法治话语构建问题。从司法层面看，我国司法系统内部还未形成完备的释法说理体系，即司法层面上真正的法治话语体系尚未健全。其原因之一在于，司法过程中产生的双方当事人之间的信息偏差未被修正，激发了诉讼双方再度诉讼的意愿，出现双方均无法服判息讼的局面,加剧了司法法治话语对内或对外的公信力和权威力的消解。因此司法层面法治话语的构建应当注重精密性构建,纠偏法院与当事人系统间信息输入、输出、反馈的偏差。

  李建勇教授提出建设法治国家,实现依法治国,首先是要依宪治国。要实现依宪治国,就必须维护宪法权威。维护宪法权威,树立宪法法律至上的理念是法治中国话语必须遵循的规律。李教授的论证首先从几对概念的比较分析入手,包括国家、国家权力、法治与法制、宪法主义与宪政、宪治的普世性与特殊性、党治与法治。这些概念的分析旨在从国家起源的角度阐明限制国家公权力的理论基础以及法治、宪治、党治之间的关系[1]。然后李教授对改革开放以来我国的法治发展历程做了简单梳理,将这一过程依次划分为四个阶段:经济学时代(约 1979—1998 年)、法学时代(约 1999—2020 年)、社会学时代(约 2021—2036 年)、政治学时代(约 2037—2050 年)。李教授认为,目前的中国正处在法治建设的关键期并走向建设社会主义法治国家的路途上,在实现法治国家的理念和实践上需要加大改革的力度并与时俱进。这一关于我国法治建设所处阶段的判断,为法治建设必须维护宪法权威这一论点提供了现实依据。其次李教授谈及维护宪法权威的具体建议和措施,包括四个方面:一是要完善以宪法为核心的中国特色社会主义法律体系,急需制定我国的"阳光法律"体系,即《行政公开法》《公职人员财产申报和公开法》《新闻监督法》《举报法》等保证权力公开的法律。二是完善对公权力的监督机制,赋予现有监督机构独立的监督职能并强化其监督手段。三是健全宪法监督制度。四是加大宪法的实施力度,包括完善宪法监督机制和违宪审查制度、界定违宪行为的标准和类型、制定和启动追究违宪行为的司法程序、确立法律程序优先于党纪处分程序原则等具体措施。再次李教授进一步谈到维护宪法权威在司法体制上的监督措施,提出要进一步淡化司法体制的行政色彩,确保合议庭独立。

---

[1] 李建勇:《构建法治中国必须维护宪法权威》,载《上海大学学报(社会科学版)》2015 年第 1 期。

四、部门法领域的中国法治话语构建

雷明贵教授以统一战线领域党内法规的建设为重点,探索中国法治话语的创新。法治话语是法治实践的忠实反映并受制于法治实践,反过来法治话语又发挥着对法治行为、法治生活方式的构建功能。中国是一个中产阶层数量不多、底层群体庞大、发展不平衡的国家,在"法治话语"的表达上历来存在着精英话语与大众话语的冲突。因而立足于中国法治实践、建构社会各个阶层认同的法治话语变成一个难题。统一战线是中国共产党凝聚人心、汇聚力量、维护大一统政治格局的最大政治优势与战略方针,统一战线工作的法制体系是党内法规体系的一部分。因而统一战线工作的法治化是党的工作法治化进程的一个重要方面,其法治化程度是中国法治话语体系建设的晴雨表。探索中国法治话语的构建,党内法规建设在统一战线领域应当遵循以下几方面的规律:一是要立足政治制度与政治建构的中国实践,将政治原则具体化为法律体系的内在部分、细化为法治实践并赢得人民的认同;二是要回应中国社会发展的重大问题,例如民族问题、宗教问题;三是要回应中国社会不平衡不充分发展的现实。

兰跃军教授提出推动法治在刑事司法领域的进一步发展,要重视培育与我国本土诉讼文化相匹配的程序理念。兰教授发现我国的法治建设在刑事司法领域存在理论与实践脱离的问题,法院的审判活动流于形式,审判程序名存实亡,立法中规定的刑事程序失灵。而侦查机关、审判机关也不是不遵守任何程序规范,实际上,他们在相当程度上奉行的是一套实践中自生自发的方便办案的惯行规则。这套惯行规则具有十分强大的生命力,在一定程度取代了正式的法律规则。这种状况反映出,中国的法治建设单单在理论层面确立一些被国外奉为真理的理论及制度是行不通的,刑事程序法治建设需要良好的法治文化基础以及更加合理的程序实施机制。具体而言,兰教授认为有以下几方面的途径:一是扭转传统观念,树立正确的权力观,真正做到把权力关进制度的笼子。二是全面落实司法责任制,构建符合司法权运行规律的制约机制。长期以来,公诉人不仅要履行提起公诉的职能,还要充当法律监督者,这样的"一个主体两种权力"的架构必然阻碍现代诉讼模式改造。因而,我国司法权运行机制应当由监督论走向制约论,简而言之,以私权利、监察权和更完善的辩护制度来制约司法权。三是借助大数据、人工智能等现代技术推动刑事程序法治发展。

黄金兰教授从结构主义的视角分析社会整合对法治的影响,认为熟人社会中的面子、人情、熟人信用等,本可以在行为激励、社会团结和社会信用等方面发挥独特的秩序功能,然而随着熟人社会的解体,这些传统资源的有效性正日益丧失,有些还出现了功能性变异,进而给我们的法治事业带来破坏性影响。在当下网络社会中,一种新的熟人社会形式(黄教授称其为"网络熟人社会")正在形成。与传统熟人社会一样,此种熟人社会形式也可以在行为激励、社会团结、社会信用等方面为法治提供间接的支持。法治建设应当考虑到网络熟人社会兴起这一背景,让网络熟人社会更好地服务于法治①。

邱佛梅博士、郑方辉教授针对粤港澳大湾区内地九市构建法治认同感指标体系(公众法治满意度、法治认知度、法治认可度、法律忠诚度)与经济发展水平(人均国民生产总值、人均一般公共预算收入、人均居民可支配收入、人均城乡收入差距和个人收入满意度)进行回归分析,以探索经济发展对法治转型的影响。研究发现,通过促进经济增长、增加居民可支配收入、缩小公众收入差距和提高公众收入满意度,能有效增加公众的法治认同感及提升法治建设效果。研究为法治建设提供了如下启示:公民的认同感是法治建设需要关注的一个方面,它能为法治的良好运行提供心理保证和内在动力。要充分借助经济对法治的促进效能,需进一步实现经济发展成果惠及城乡各类人群,促进经济的高质量增长和内部均衡增长,缩小收入差距,以提升公

---

① 黄金兰:《网络熟人社会的逻辑及其法治意义——从熟人社会规范式微说起》,载《法律科学(西北政法大学学报)》2018年第3期。

民的获得感和认同感①。

孟高飞老师探究了域外法治发达国家与我国在法院外部独立方面的差异，认为当前单纯的地方法院人财物省级统管改革不能达致地方法院外部独立的目的，因而法治建设要进一步深化司法去行政化改革。研究发现，国外法院外部独立的形态主要分为中央化样式和地方化样式，我国与国外不同，兼具中央化与地方化两种特点，并以后者为主。外部独立中外样式表面不同的背后是主导主体、运作方式、管理依据、后续问责等特征方面的深度差异。而特征差异背后的深层根源是域外多采取分权制衡的权力架构，由立法或司法主导法律系统运行，更为重视法律（司法）本身的目的价值，而我国采取的是党委一元领导的分工配合权力体制，由行政主导法律体系的运转，法律工具价值备受推崇。

郭旭老师就恐怖主义刑事犯罪的治理问题进行了探索。经研究发现，与以往恐怖活动的参与者多为男性的情况不同，近些年来，越来越多的女性参与到恐怖活动中，恐怖主义组织开始招募并利用女性完成一系列的暴恐袭击。这一现象是值得关注的，女性恐怖主义者的出现为反恐行动带来更严峻的挑战：首先，女性更容易进入目标场所，不易被发觉。其次，女性恐怖活动会带来更大的恐慌感和焦虑感。同时，女性恐怖活动能够吸引更多的媒体关注度，进一步吸引更多男性加入恐怖组织。针对这一现实问题，联合国及其职能机构将性别因素纳入其致力维护和平与安全的世界局势当中，为了进一步维护和保障女性的权利，采取了一系列有针对性的反恐措施和行动。我国相继出台了《刑法修正案（九）》和《反恐怖主义法》，初步建立了反恐怖主义法律制度。对于女性恐怖主义者问题的处理措施，郭教授没有展开论述。但作者表达了他的基本立场，打击恐怖主义犯罪单单依靠法律的力量难以实现，还需要从政治、经济、文化、生活等多方面综合协调努力。郭教授的探索给我们以启示，和谐是东方文化的独特创造，和谐社会的构建离不开法治的

---

① 邱佛梅、郑方辉：《经济发展如何影响公众法治认同感——以粤港澳大湾区内地 9 市为例》，载《广东财经大学学报》2019 年第 2 期。

保障，法治是和谐社会的重要组成部分。反之，法治也应当是和谐法治，和谐应当成为法治的价值目标之一。当下法治建设过程中的和谐不仅要求健全立法、严格执法、公正司法，更要求关注通过法治的手段化解社会矛盾，从根本上消除滋生恐怖主义的文化土壤，实现社会管理方式和内容的转变。

刘淑萍教授针对国际军事领域的军事正义辨析问题展开思考。刘教授认为，由于文化差异、国际法无强制力等原因，军事正义在现实中无法被准确判断，这不意味着军事正义失去判断的可能。可公度性的底线伦理、某些正义力量发挥的共识条件，如政治上的进步性和人民性能够为军事正义提供证成。刘教授的思考为中国法治话语的构建贡献了一定的积极力量。在国际交往中，一国话语权的强弱是一国文化软实力的展现。目前我国在占据道义制高点、引导舆情等方面存在短板，改变这一局面的关键在于提升话语权，形成鲜明的理论体系，在国际社会争论的关键问题上传播好中国声音。在国际军事领域也不例外，在军事正义判断标准的问题上阐述中国方案，是应对西方大国军事制裁，维护国际军事秩序的重要内容。

黄丽云研究员探究了普法领域法治中国话语的内涵。基于对中国既有普法实践特点的总结，黄丽云从实践中总结出经验，抽象出中国普法工作需遵循的规律，即我国的普法实践应树立"人民至上"理念，构建"三位一体"独特话语体系，坚持并完善"谁执法谁普法"的运行机制。"人民至上"理念要求普法工作始终坚持以人民为中心的发展理念，以"人民至上"为价值旨归，实施普法惠民工程，切实增强人民的法治获得感和幸福感。"三位一体"指的是要综合运用政治话语、法文化话语、法律话语讲好法治的中国故事。政治话语是从宏观角度讲述法治对政治人的基本要求，即如何规范公权力。法文化话语要求深入挖掘和积极汲取中华法律文化精华。法律话语关注物化的法治要素，推动法律话语的实体化。最后，普法工作的稳定开展离不开以普法责任制的落实来实现普法的法治化转型。普法责任制明确了行政执法机关的普法主体责任和具体过程要求，是一种常态化、监督式普法模式，有望以执法的常态化促进普法的长效化，以普法的教化功能促进执法的规范化。

将普法融入执法司法过程，使普法方式由单纯、静态、运动式普法变成综合、动态、日常化普法，由宣传纸上的法变成宣传现实中的法。

沈东主任从人民调解制度的发展历程谈起，阐述人民调解对于中国法治实践和国家治理的重要意义。沈主任以极具代表性的上海市浦东新区为例，谈及近年来人民调解的理论与实践发展创新。新时期如何完善人民调解制度以更好地丰富法治中国话语体系，这些经验的总结是对该问题的回答。从浦东新区的调解实践来看，主要在以下几方面形成创新经验：创设"1+X"区级集成式人民调解平台，"1"即成立调解中心，"X"即组建、招募、吸纳区内各专业行业调委会、民非调解组织加入调解中心，统一规则，统一机制，统一管理；在全区形成了统一的专业调解组织平台，有效降低了平台上调解组织的运作成本；以专业专职重塑调解队伍，增数量提能级；以归口统管规范调解流程，坚持把纠纷调解流程化，建立一套示范性程序模式和规范化文书样本，强化调解流程的清晰规范、文书的简洁练达；积极推动网络信息技术在多元纠纷化解机制中的运用，开发建设了复纠纷排查、调处、分析、评估等功能于一体的人民调解信息管理平台。同时，调解实践也存在一些亟待解决的新问题：一是人民调解在商事调解领域的局限性。沈主任认为，法机关需要加快制定专门的商事调解法，将调解作为一项专业化、职业化的事业进行规定，破解调解在商事领域的发展瓶颈。二是现行法律制度与《新加坡调解公约》缺乏衔接。签署该公约是我国在国际商事争端解决新格局的形成中拥有一席之地的关键一步。

孙晓东副教授通过对中国和美国司法评估制度的差异进行研究，探讨从制度设计层面完善我国的法治话语体系，提出对我国司法评估制度的完善建议：应厘清案件质量评估制度与法官个人评估制度的界限；指标的设计与选择应该简单清晰，指标的使用应该追求精细；应采用定性评估和外部评估的方法。孙晓东从中美评估制度在以下几方面的比较中得出结论：第一，从评估对象和目的来看，美国的法院评估工具制度和司法绩效评估制度有着较为清晰的评估对象和评估目的。法院评估工具制度针对法院整体，司法绩效评估制度针对法官个人。而中国的案件质量评估制度和审判绩效考核制度的评估对象和评估目标,在具体的实践操作中都不够清晰。第二,从评估主体来看,美国的法院评估工具制度在制度设计中基于法院管理的需要,侧重于自身的内部评估;而司法绩效评估制度在制度设计中则十分注重引入多元化的评估主体,从而促进内部评估和外部评估的结合。而中国的案件质量评估制度和审判绩效评估制度,都只是法院系统的内部评估活动。第三,从评估标准和方法来看,美国的法院评估工具指标体系较中国而言更为简洁和精细[①]。王籍慧博士对富勒形式法治理论进行解读,探讨了形式法治观的内涵、价值及其限度。王籍慧认为法治建设不能忽视形式法治,相对于实质法治观而言,形式法治观的最大优势在于:它阐述了法治概念的形式内涵和价值,从而保留了法治概念的独立性与整全性,而不是将法治概念和价值消解为如公平、自由等其他概念和价值。尤其在价值共识难以达成的现代多元社会中,正是由于它对形式的强调及其内容的"空洞性",法治概念才在世界上大多数国家中被接受和实践。王籍慧的论证可分为四个部分:首先,指出富勒提出形式法治观的指向与问题,即作为社会归序形式之一的法律形式的独特性问题。其次,对富勒形式法治观的内涵进行梳理,指出形式法治观的核心内涵在于使人们的行为遵从规则的指引。在此基础上,探讨富勒形式法治观的内在道德价值,即其基于"互惠"理念致力于在法律形式与"忠实于法"价值之间建构内在的关联。最后,分析富勒形式法治观念的内在缺陷。但王籍慧认为缺陷的存在并不构成反对形式法治观的绝对理由。

秦涛副教授结合我国《国家赔偿法》上的规定及域外司法实践,对《监察法》中首次以法律概念方式出现的"行使公权力"的判定标准进行解读,认为公权力一般要具有以下判断标准:第一,名义标准,指公权力机关工作人员、临时雇佣人员在做出具体公权力行为时,必须以该公权力机关的名义进行。第二,时空标准,指公权力机关公职人员在行使公权力时,必须在特定的时间、空间和地点完成。第三,职权标准,指公权力机关工作人员的行为必须符合法律赋予、其他公权力机关授权或委托的权限。第四,目的标准,

---

[①] 孙晓东:《中国司法评估制度完善研究》,载《广东社会学》2018年第6期。

指国家公权力行为往往是为了实现法定的职责和义务，其目的是为了实现公共利益，而非公职人员的个人利益[①]。秦涛采用一种类推的技巧，试图借他山之石以解读法律体系中尚不清晰的概念。此类研究之于法治中国话语构建的意义在于，注意到法治建设需重视法律体系统合的问题。在全面推进依法治国的大背景下，诸多领域的立法活动依次展开。一切改革活动都要"于法有据"，因而完善立法被置于法治建设的首要位置。但不难发现，各法律部门的立法活动均通过分散立法完成，这就容易导致各单行法之间存在概念的模糊或冲突。当前，中国特色社会主义法律体系已基本形成，但仍需要不断推进法律体系的统合，树立法治建设的体系化思维。

田潇洋老师以电影《盲井》为例，思考了风险社会背景下如何进行社会管理的问题。田老师认为，风险社会呼唤法治化的管理，包括以下三个方面：有法必依、执法必严、违法必究。作者的思考以电影内容的梗概展开，指出电影故事折射出的法律问题是风险社会的治理问题。影片的情节在以下几个方面反映出风险社会的特征：一是以矿场主为代表的企业家们往往都是以自我为中心。他们认为自己可以掌握并控制一切，二是把工人和农民当作工具，妄想征服并利用自然，但却引来了大自然的报复并导致了社会冲突。二是贫富差异过大，导致社会"相对剥夺感"和"挫折感"不断增加，使劳动者感到缺乏尊严，引发群体性事件和社会不稳定。三是企业家们知识的局限性、科学和技术的不完善以及在实际规划和操作中出现的错误，不可避免地给人类社会带来了更多的不确定性。正是基于这些原因，"盲井式"犯罪屡见不鲜。作者认为要实现对风险社会的有效治理，要求我们由人治思维转向法治思维。法治的真谛在于：公民的权利必须保护，政府的权力必须限制，与此背离的就不是法治。田老师的思考启示我们要重视区域法治发展不平衡的问题。改革开放40年后的今天，我国法治建设取得了极大的成就，"有法不依、执法不严、违法不究"的问题也得到了很大的改善。但在一些偏远地区，"盲井

[①] 秦涛、张旭东：《论〈监察法〉"行使公权力"的判定标准——基于国家赔偿理论中"行使职权"的探讨》，载《上海行政学院学报》2019年第2期。

式"的问题仍然存在①。

张放老师就人权领域的发展权的评估指标体系构建问题进行探索。人权量化评估体系的建立既符合中国国情的现实需要，对于保障本国公民的人权实现又具有重要意义，是法治中国话语构建在人权保障领域的重大任务。张老师认为，在中国推进人权量化评估，以下几个问题需要特别关注：首先是评估所依据的人权理论，其次是评估指标的问题，再次是评估方法的问题，最后是评估主体的问题。评估体系所依据的人权理论主要表现为"三代人权观"，人权评估指标体系是由不同种类和层次的指标所构成的整体，评估方法是社会科学领域内定量分析方法的运用，中国社会背景下评估实施者离不开政府的参与。最后张老师认为推进人权量化评估在中国的应用，必须要结合中国当前的实际情况制定出一套切实可行的指标体系。未来在中国推进人权量化评估的过程中，以发展权为核心来构建指标体系具有较强的可实施性。

彭佳欣老师从小说《原始卷宗》入手，思考了司法运行过程中的司法腐败问题。彭老师提出司法腐败现象是对社会司法公信力最致命的破坏，中国的法治建设必须处理好司法腐败的问题，以此保障司法公正，提升司法公信力。彭老师的思考以对小说故事情节的剖析展开，接下来总结回顾了学术界对于司法腐败与司法公正问题的研究成果。最后一部分是彭老师评述了小说所折射的法律问题对于当代法治建设的影响。彭老师认为，司法公正的推进首先要保证审判体系的完整性和独立性。司法公正的实现必须要保证审判权独立这一基本前提，然而我国司法体系的不完善问题使得这一目标的实现相对困难，因而一要优化编制结构，控制职位数量，界定职位权限；二要根据司法需求的多元化特点，针对独任庭、合议庭等分配审判权，在独任庭中侧重调解，合议庭问题则遵守普适性法律；三要与检察院进行正常且深入的监督协作，改善监督效力，进而促进审判权行使的公正性，同时也不要影响到审判权的司法独立性。其次，司法公正的推进要强化对司法活动的监督，例

---

① 田潇洋：《风险社会呼唤法治化的管理——基于电影〈盲井〉的讨论》，载《法律社会学评论》2018年第1期。

如推行公开审判制度。最后，司法公正的推进要正确处理公正司法与舆情民意的关系。一方面，司法机关必须认识到，社会舆论所承载的"民意"有时具有非理性成分，因而不能轻易被社会舆论所左右；另一方面，司法机关要充分发挥新闻媒体在司法监督中的积极作用，树立"方便媒体监督"的理念，建立及时主动的回应机制、与媒体的互动交流机制、舆情反映应对机制。

陈兵兵硕士结合文学作品《我不是潘金莲》探究了基层群众上访矛盾问题的解决措施，丰富了中国法治话语体系。他认为小说主人公上访受挫的故事反映出基层群众上访问题治理过程中存在以下两方面不足，即公权力与私权利的不平衡以及缺乏规则治理。接待上访群众的官员，他们如何看待这个上访，采取何种措施，其出发点都是要保障自己所代表的公权力的权威。因而以利诱的方式让访民放弃上访，已成为地方政府的普遍做法。解决这些问题需要在以下几方面着力：一是强化基层群众的法律意识，村民的法律意识与农村法律文化是相辅相成的关系，村民的法律意识的提高有利于农村法律文化的现代化。二是加强对私权利的保护：其一，应该明确规定公民权利的法律救济制度；其二，应该增强对公民权利意识的培养；其三，应该完善相关的监督体制。

[学术书评]

法治中国制造的可贵探索
——评李瑜青著《当代中国法治文明建设若干问题研究》

张 玲[*]

摘要：在中国法治建设纵深推进的当下，全面复盘法治中国的实践，构建具有中国特色的法治话语体系成为迫切之事。《当代中国法治文明建设若干问题研究》即是一次积极尝试，其初步提出了"法治的中国制造"核心议题，内含了原材料、工艺与成品等三维制造框架，所做论证通过突破对传统儒学的误解进行理论上的创造性转换，去解构当前法治建设的困局，去创新"法治的中国制造"的新路径。当然，要实现法治领域的学术自信和理论自信，还需要精细化的研究与开放式的思辨。

关键词：法治的中国制造 传统儒学 理论重构

一、全书概览与思考的一个问题

纵览全书共四章，每章内容均很丰富，涉及当代中国法治文明建设极为深刻的问题，如法治与德治的关系、法治建设中与中国传统文化的关系、法治文明与法治政府建设、法治社会建设等。每一章由若干节构成，既有深入系统的学理探讨，又有制度实践的反思性研究，每节的研究性论述可被视作一个独立的主题，但其实节与节之间又相互联结。

---

[*] 张玲，上海杉达学院讲师，法学博士，研究方向为法律社会学理论。

从评论的视角，当然可多方面展开。但笔者一打开此书，就为第一章关于儒学中内含的法治文化基因与西方法治文化的关系这样宏大深刻的话题所吸引，故评论就抓住此题目予以展开。近些年，以当下独特的国情、社情和民情为背景，基于理论自信而生的法治话语学术研讨日盛。但是，正如有学者所总结的：这个领域的知识量增长不够理想，多是讨论方法论、价值论的问题，然而方法论只是停留在逻辑思维方式的建构方面，价值论则更多在于引进、重塑西方人的观念，还远未融进中国人的思想[1]。当然也有学者就如何对待中国传统文化与法治文明的关系做了一些探讨，如提出"在法治话语体系中注入社会主义核心价值观"[2]，提出"不能与历史传统相割裂"[3]，但仍然停留于口号性的呼吁，缺乏深刻的学理性研究。而通读过《当代中国法治文明建设若干问题研究》一书（以下简称"此书"）后，笔者极为震惊，这是一部难得的就法治的中国制造进行系统性、研究性论述的著作。作者基于全球现代化发展的背景，对中国在融入世界历史进程中迫切需要的法治文明建设环节，尤其是关于中国传统思想文化融入的议题，进行了别具特色的系统考察与分析。用作者的观点来说：这是学者的一份责任，这份责任就是要通过自己的深入研究，提出在中国可行的、系统性的法治建设理论，以引领中国法治事业的发展[4]。

二、"法治的中国制造"的独特概念与研究视角

首先，分析此书就"法治的中国制造"概念所做的独特思考。据本人考察，梁启超最早开启在西学影响下的中国法治研究，钱穆紧随其后并从比较

---

[1] 陈金钊：《面向法治话语体系建构的中国法理学》，载《法律科学（西北政法大学学报）》2020年第1期。
[2] 李金枝：《西化的法治话语与中国法治道路的深层张力及其消解》，载《学术交流》2018年第4期。
[3] 高礼杰：《正当性抑或有效性？——对法治话语本土化问题的反思》，载《理论导刊》2019年第5期。
[4] 李瑜青：《当代中国法治文明建设若干问题研究》，上海大学出版社2019年版，第259页。

且论辩的视角对法治作出了新的阐释①，两位前辈大师的法治论述对当代的影响是深刻的。2009年，学者喻中基于对法治的参照物或法治发展环境的关注，总结了新中国成立60年来出现的为革命的法治、批判美式"法治"、礼治对立面的法治、人治对立面的法治、优于法制的法治、社会主义法治理念等六种中国法治话语及其变化轨迹②。2019年，付子堂和池通着眼于中国法治话语的技术变迁，梳理了新中国成立70年来中国法治话语所经历的"启蒙与中断、逻辑转换与价值确证、拓展与重塑"的演进历程③。此类历史性研究具有整体性，从总体上对中国法治话语予以把握，呈现出话语构建是一个历史发展的过程，既有本国内部要素间的博弈，亦有与西方法治话语的磨合。与此同时，近来在日渐成形的法治话语研究领域，有部分学者从局部视角予以剖析，比较典型的有中国共产党法治话语体系研究④⑤⑥、法治话语建构的方法研究⑦⑧、法治话语本土化研究⑨等。可见，关于法治话语中国化的研究正日渐充实且精细化，为"法治的中国制造"的理论创造奠定了基础，亦为其实证研究中的操作化议题提供了方向。

而李瑜青教授在此书中提出"法治的中国制造"概念的方式的独特性在于把当代法治文明建设与传统儒学理论结合起来予以论证，即从法治作为一个时代命题的普适性和在一国实现的特殊性的双重视角予以分析并认为：一国的法治是在文化流动中形成和发展的。我们要考虑传统儒学对法治的价值，

---

① 沈蜜：《法治的中国论说——从梁启超的救时启蒙到钱穆的立国新诠》，载《政治思想史》2019年第4期。
② 喻中：《新中国成立60年来中国法治话语之演进》，载《新疆社会科学（汉文版）》2009年第5期。
③ 付子堂、池通：《新中国法治话语之变迁：1949—2019》，载《上海政法学院学报》2020年第3期。
④ 谢慧：《改革开放以来中国共产党法治话语体系建构》，载《理论学刊》2020年第1期。
⑤ 胡荣涛、徐进功：《改革开放以来中国共产党意识形态话语的法治化建构》，载《学术论坛》2018年第4期。
⑥ 朱俊：《中国共产党法治话语的形成及其规律研究——基于改革开放以来历次全国党代会及中央全会文件的分析》，载《探求》2019年第4期。
⑦ 孙光宁、吕玉赞：《法治话语体系建构中的法律方法研究——2018年中国法律方法论研究报告》，载《山东大学学报（哲学社会科学版）》2020年第2期。
⑧ 赵子尧：《观念、制度与行为：法治话语体系的逻辑建构》，载《人民论坛》2018年第34期。
⑨ 高礼杰：《正当性抑或有效性？——对法治话语本土化问题的反思》，载《理论导刊》2019年第5期。

其立论的根据在于必须承认有一种文化力的存在①。所谓文化力就是要指出，文化在社会生活中从来不是一种消极被动、可有可无的存在品，它一直在无形地对经济、政治和人们的日常生活等系统进行着设计。法治的中国制造的实现则必须将中国传统文化尤其是传统儒学列为当代中国法治建设系统构建的关键影响要素之一。因为文化传统越是悠久，对系统的影响和设计越深。中国传统文化不但已建立起中国人独特的精神世界，而且建立着彼此相互认同的规则原理。由于文化力的这种作用，它释放出特殊的文化信号，调动起人的潜力，影响人的态度与情绪，事关民族的凝聚力与向心力等②。文化力的作用告诉我们，我们不可能在历史虚无主义的背景下就一国的法治进行建设，这个建设的过程必然地与其传统及现代文化有着千丝万缕的联系。但是，由于无形的文化力的设计作用不以人的意志为转移，总是客观地发生影响，如果我们对传统及现代文化不能采取一种正确的选择态度，任由其形成一种既定力量，就会使法治建设偏离本国现实发展的客观要求，不能满足时代发展的需要③。当然，所谓制造是将原材料加工成实用的产品。而中国制造是强调制造时中国的独特性，包括所处的地域环境、文化渊源、历史影响以及现实条件等。法治的中国制造即指寻找合适的国内外法治原材料，并运用科学的知识生产工艺，将知识材料整合、提炼、升华制作成具有本土特性、满足地方需求，同时又可以与国际对话并占一席之地的法治产品。由此，中国制造的法治成果既是实践智慧，亦是基于实践而凝练出的思想产品，是法治中国话语权的彰显，是提升文化自信的有机组成部分。但是，此书的笔力只着重于从传统儒学与当代法治文明关系入手研究法治的中国制造。

　　此书研究展开所依据的方法论亦具有创新性。任何领域的科学研究均需

---

① 参见《当代中国法治文明建设若干问题研究》一书第6页。同时笔者这里所说文化是从狭义上使用的，指一定社会的意识形态以及与之相适应的制度和组织结构。而文化力，是一定社会所表现的影响社会发展的精神动力。
② 李瑜青：《论法律的文化人格》，载李瑜青主编：《上大法学评论》，上海大学出版社2004年版，第3页。
③ 李瑜青：《论法律的文化人格》，载李瑜青主编：《上大法学评论》，上海大学出版社2004年版，第5页。

遵循科学的方法论才能获得科学的结论，并令人信服。经学者们的努力，方法论之于研究的重要性已取得共识，研究者们逐渐走出方法论无意识的认识状态，确立起方法论之于研究的基础性、规范性作用的观点，并强调方法论贯穿于一定研究全过程的价值。在法学研究领域，法社会学作为一种方法论，与价值分析方法、规范分析方法成三足鼎立之势，这受社会变迁所影响，并有针对性地回应了新历史阶段对方法论的诉求[①]。李瑜青教授在此书中讨论"法治的中国制造"问题时所内含的方法论即为法社会学方法论，突出了法社会学理论视角与研究方法的运用。

简言之，此书讨论"法治的中国制造"具有较强的理论性，作为法社会学方法的运用即表现在始终遵循"根据中国"的思维逻辑。而且对"根据中国"的研究进路具体应该如何操作进行了系统说明，即强调从法律与社会的关系视角解答法律有效实施的问题，并借鉴社会学理论予以实证探讨[②]。该方法论的选择符合依据研究对象选择研究方法的基本准则，体现了研究方法论与研究对象、研究问题间的适应性和匹配性，也一定程度上弥补了张洪涛所指出的"法社会学研究的结构性缺陷"[③]。此书的研究视角和框架亦经由法社会学理论指导而得以演绎铺陈，从而获得并呈现此书所得的研究成果。正如景天魁所言"中国应该建立与5000年的中华文明体系相称的，与庞大而复杂的中国社会，以及与丰富且连续的社会思想史相称的中国社会学话语体系"[④]。中国法治实践研究的话语提炼也不只是法律内在逻辑的封闭演绎，还需要关注法治所面对、所回应、所适应的大社会，操作化为方法论依据则需寻求法社会学学科流派的理论指导。当然，在这一研究过程中所形成的概念和命题若要获得强大的生命力还需要经过历史的磨砺和选择。而此书及本文所议均属于初步尝试，有待更多同仁志士进一步的哲理论证和实践验证，以及更长

---

① 张建：《论社会变迁对法学研究方法的影响》，载《广西社会科学》2013年第4期。
② 李瑜青：《当代中国法治文明建设若干问题研究》，上海大学出版社2019年版，第1—3页。
③ 张洪涛：《再论我国法社会学研究的结构性缺陷——从方法的角度》，载《西南交通大学学报（社会科学版）》2006年第3期。
④ 景天魁：《中国社会学话语体系建设的历史路径》，载《北京工业大学学报（社会科学版）》2019年第5期。

久的历史积累。此书作者的核心观点即为：当代中国法治的事业就是在中国现代化发展条件下展开的，需要由过去习惯的一种国家或社会治理方式转换为法治的方式。比如中国社会阶级、阶层结构变化带来的变迁，原有的中国社会阶级、阶层结构比较简单，在计划经济时期集中于公有制或集体所有制两种所有制条件下，主要由工人阶级、农民阶级、干部和知识分子所组成；而现在又转化成在多种所有制条件下较为复杂的阶级、阶层结构，这个变化内含了社会分工的发达、社会流通的发达，需要治理方式的转型升级予以回应。但是，中国的法治建设之路是在中国特有文化条件下进行的实践，必须把握好中国的法与中国政治经济、历史文化、社会结构等要素间的互动关系，批判对法治过于形式化、空洞化的倾向。此书正是在这个意义上就当代中国法治文明建设与传统儒学价值的关系展开深入探讨的。

三、具有创新性的主要学术观点

从"法治的中国制造"角度讨论此书的创新性观点，笔者认为有以下四个方面特别值得关注：

（一）还传统儒学治国主张以历史真相

作者是从不同国家文化传统的差别入手进行的论证。作者认为以权利保障进路讨论国家治理是西方法治文化的特点，即西方法治的思想由人文主义思想所伴随，其发展的表达基本上是围绕权利保障而展开①。而传统儒学在治国原理上则更关注人的主体至善，并围绕其逐步展开。但是，传统儒学如此的思考问题的方式却遭致了一种普遍性的误解，即学界流行的看法为传统儒学在治国上是反法治的。

作者认为其实传统儒学一直十分重视国家治理之道，而且法治是其国家治理之道的重要内容。作者从法治要素的角度分析了该问题。所谓要素即构成事物的必要因素。依照亚里士多德的观点，法治主要囊括两个关键要素，

---

① 李瑜青：《传统儒学与法治理论关联性的特点》，载《学术研究》2010年第1期。

即成立的法律得到普遍的服从,而大家所服从的法律应该本身是制定得良好的法律。英国学者沃克在 *The Rule of Law: Foundation of Constitutional Democracy* 一书中归纳的法治要素为:法律必须是可预期的、公开的和明确的;法律应该是相对稳定的;应该是在公开、稳定、明确而又一般的规则的指导下制定的特定的法律命令或行政指令;必须保障司法独立;当法律不能够引导行为时,应该遵守像公开审判、不偏不倚那样的自然正义原则;法院应该有权审查政府其他部门的行为以判定其是否合乎法律;在法院打官司应该是容易的;不容许执法机构的自由裁量权歪曲法律;等等。然而,法治的诸要素无论在观念上还是在制度上都有一个形成的过程,中国特色的法治要素亦是如此,比如儒学讲究仁义道德,坚持以仁义精神感染法律;同时,以道德原则支配法律,这正是法治所要解决的根本问题之一,即解决法律的道德基础问题。因此,简单说传统儒学反法治是缺乏依据的。儒学的主要问题是在试图把仁、义、礼、智、信的基本要求转化为普遍规范的同时,没有转化为任何个人都可以主张的个人权利,而是走出了一条不同于西方法治文明的道路。我们不能简单地用西方的概念来作度量衡,法治的治国之道实际是存在制度的"地方性"的。传统儒学的特点是特别看重个体至善的价值,认为防恶可以通过启发人的内心、人的主体自觉而实现,对制定具体的人与人相防相制的外在强制规则缺乏足够重视。

　　传统儒学在治国逻辑上,突出人的主体至善中统治者的率先示范作用。而通过强调注重每个人的道德修养形成了如下几个特点:其一,以道德理想作为治国的根本。所谓的道德理想,即儒学主张的道德学说。传统儒学把这种道德学说适用于政治、法律等领域,以道德作为规范君主行为、治理国家社稷、管理庶民百姓的根本治国之道。其二,把对社会或他人的义务作为思考的基础。从传统儒学理论的一些核心范畴中,我们可以看到这样的思维特点。如仁,传统儒学认为所谓仁即爱人。从仁出发,要求从亲其亲做到孝悌慈祥。传统儒学把"礼"看作社会规范,主张要隆礼、敬礼、释礼,讲究礼节、礼数、礼让,仁义是礼的基础。如义,在义利关系上所要反映的是利他主义的价值取向,主张"见利思义","见德思义","君子义以为上","君子喻于义,小人喻于利"。其三，以人的自我超越为人生动力。传统儒学文化富有理想主义色彩，它追求人的自我完善，强调以道德塑造人的理想人格的重要性。其中，突出表现在传统儒学所谓的"内圣外王之道"。"内圣"指人的主体的内在修养，对理想人格的追求；"外王"指把主体内在修养所得推广于社会，使天下成为一个和谐的大同世界。传统儒学中还有"三纲八目"的提法，更具体地作了表达。"三纲"指明明德、亲民、止于至善。明明德是说对"明德"及人伦规范进行哲学认知，明明德向后可以"亲民"，可以"止于至善"。至善，既是道德上的至高境界，也是政治上的最高理想。"八目"指格物、致知、正心、诚意、修身、齐家、治国、平天下。其中格物、致知是哲学上的认知，正心、诚意、修身是道德修养，齐家、治国、平天下是政治实践。强调人的道德修养，自我超越，是传统儒学思想的重要特征。传统儒学治国思想上的积极观点正在为当代中国法治建设所吸收。

（二）对法治正义概念的新诠释

作者从以传统儒学天人合一为基础的"和"思想入手，讨论其与法治的正义理念间的相融性问题，这是法治的中国制造所达到的新的理论成就。作者认为，正义一直以来被认为是人类社会的一种最基本的价值理想和价值目标，法治的正义即要求现代国家的治理应是善治。从词意的角度看，英文justice 一词有公平、公道、合理、公理、正义、法律制裁、司法、审判等含义[①]。在中国，古代汉语中的"公""正""直""平""义"等词的含义相当于现代汉语中的"正义"一词。作为善治，其价值目标是良序社会。用罗尔斯的观点来说，这起码要表达三个意思："第一，在该社会中，每个人都接受且知道所有其他的人，也接受相同的正义原则；第二，它的基本结构——也就是说它的主要社会制度和政治制度，以及这些制度如何共同适合于组成一个合作系统——被人们公共地了解或者人们有理由相信它能满足这些原则；第三，它的公民具有正常有效的正义感，所以他们一般都能按照社会的基本制

---

① 吕世伦、文正邦主编：《法哲学论》，中国人民大学出版社1999年版，第463页。

度行事，并把这些社会基本制度看作是公正的。"① 法治文明对正义理念具有依赖性，没有正义不可能形成法治的良序社会。作者在充分肯定西方学者对法治正义思想所做贡献后指出，传统儒学以天人合一为基础的"和"理念亦可对正义思想作出其独特理解。

作者突出从两个方面来揭示或说明传统儒学之"和"理念作为正义的价值。第一，"和"与正义的关系分析。作者认为法治作为现代国家治理的一种善治方式，其价值目标是良序社会，而正义理念是法治的首要价值和最高价值。传统儒学以天人合一为基础的"和"理念是正义思想的一种表达方式，这具备中国文化特色，即强调在社会治理中以重视人"和"作为最高境界。具体而言，如孔子从义出发，提出了忠、信、行的具体要求。虽然上述观点有着特有时代的思想成分，因此是有局限性的，但剥除那些作为时代局限性的具体内容，在正义的思想成分上却增加了新的要素。这个新的要素就是当每个个体在强调自身正当利益时，不能只是站在自身的立场，人的利益趋求要有仁、义等思想成分；在与他人发生利益矛盾时，对纠纷的另一方要以仁相待，"仁者爱人"，不斤斤计较，而以人"和"为最高的思想境界。第二，从良法向和谐之法的超越。作者认为，在西方理念中法治即良法之治。但良法之治不是一个就事论事的问题，其中内含了法治的基本价值取向，即法治要追求的是一个社会的和谐，要建构的是和谐之治。如果在处理纠纷时把法律适用简单化，有时并不能使矛盾得以解决。这里传统儒学以"天人合一"思想为基础所主张的"和"的正义可以提升法治的思想境界。从人道的意义上，"和"表现为人们交往的伦理原则或价值观念；从消极的方面看，"和"要求通过主体之间的相互理解、沟通，以化解紧张、抑制冲突；从积极的方面看，"和"则意味着主体之间同心同德、协力合作②。在以上关系中，特别值得注意的是"和"在已有制度层面运作的意义。"礼之用，和为贵"是传统儒学的名言，这里"礼"本来涉及的是制度层面如仪式、政令、相处方式等

---

① [美]罗尔斯：《政治自由主义》，万俊人译，译林出版社 2000 年版，第 36 页。
② 杨国荣：《儒家"和"的观念及其内在意蕴》，载朱贻庭主编《儒家文化与和谐社会》，上海人民出版社 2005 年版，第 82—83 页。

的运作,但儒学却将这种制度的运作与"和"这样的伦理原则相联系,强调礼的作用过程贵在遵循、体现"和"的原则。换句话说,这里指出了在体制、组织背后人与人之间关系的意义,以"和"的原则达到彼此的相互理解与沟通,从而消除冲突、同心协力①。

(三)群己关系至上的论证

群己关系的理论是传统儒学的重要学说。作者认为,就中国古代社会来说,由于历史形成的某种特点使得个人往往隶属于一定的家庭家族,儒学文化反映了社会关系的这个特点。但由于历史的上述因素,理论化的传统儒学思想深刻影响着法治文明在中国的建设,使得其可能走出与突出张扬个体本位和自由的西方法治不同的道路。

作者认为传统儒学特别重视从群与己的关系来思考,它既强调"礼"在群体组织中的控制作用,又重视"仁""义"等观念对人的行为的调节作用。仁、义、礼、智是儒学思想的基本范畴②,但这些范畴反映出的就是传统儒学从对人际关系的思索入手来强调人格升华问题。传统儒学在群己关系处理上特别突出强调了人伦情感的意义,认为法治不应忽略人伦情感作为基础的问题。虽然一般说法治强调在经济制度上的市场经济的要求,在政治基础上的权力制约和民主形式,在文化基础上的理性文化,但法治也要求正确处理和对待人伦情感。法治主张的是良法,而良法无疑不是反人性的。同时,法治论也必须从法律万能论中走出来。法是国家或社会调整社会关系诸多规范中的一种规范,在主张法治的国家,法律在社会生活关系调整中起主导作用,但在有些社会关系的调整中,法律只能起辅助作用。亲情、人伦的关系,有一些是属于道德调整的,但它们不能淡出法治理论的视野。而在我们的法治理论中存在着把法治绝对化的倾向,其中突出的是陌生人理论。该理论认为法治所要求的生活是走出熟人社会人际关系,构造陌生人的人际关系。这种从西方搬来的学说在我国学界很有市场。而在分析我国法治建设存在的问题

---

① 杨国荣:《儒家"和"的观念及其内在意蕴》,载朱贻庭主编《儒家文化与和谐社会》,上海人民出版社 2005 年版,第 82—83 页。

② 夏光:《东亚现代性与西方现代性》,生活·读书·新知三联书店 2005 年版,第 124—159 页。

时，有学者就将其归结为我们的基础不好，没有构造起一个陌生人的世界。但是，这种理论本身的可靠性是值得怀疑的。

由此，作者对一些有代表性的观点进行了批判。其一，由身份社会向契约社会的转变带来的人际关系变化的观点。传统社会是一个重身份的社会，人的关系被概括在"家族"关系中，个人的地位是以熟人社会为基础，由伦理原则来规定的。而在现代社会，每个人都是独立自由的个体，都有自己特有的利益追求，人际的结合往往是陌生人之间"个人"自由合意的结果。英国学者梅因就说："所有的进步社会的运动，到此处为止，是一个从身份到契约的运动。"① 其二，马克思的人的发展三阶段理论。这种理论认为现代社会是人发展的第二阶段。这个阶段的基本特征在于人走出了第一阶段的人对人的依赖，人的独立性得到发展，但这种独立性是以人对物的依赖为条件的，这个物也就是作为最一般等价方式存在的货币。人与人之间的关系由于走出了人对人的依赖阶段，因而人们之间不再主要以感情为媒介来进行联系，也不再通过纯粹的道德行为来表现自己的价值②。由于物对人的特殊意义，人们之间的利益关系突显出来，人对物的追求和崇拜也使人们越来越疏远感情，法律或约定成为唯一可能的人们之间最现实的联系方式③。

作者认为，上述这些思考当然是很有意义的，它反映了社会在当代发展中具有的本质性内容。同时，法治社会的发展也与市场经济的发展联系极为紧密。契约关系的普遍化，人们利益关系的突显以及陌生人世界假设都有其现实的根据。正是在这个意义上法律控制成为社会有效控制的普遍方式。这里有法治社会构建中带有普遍性的因素。但我们也必须看到，作为本质的东西并不等于生活的全部。本质的事物是反映了事物发展到一定阶段的趋势性的因素，它和非本质的其他的事物相联系并共同地存在着。当我们注意本质事物时，不能忽略非本质的其他事物的存在及其在现实社会生活中的作用。同时，作为本质的东西在不同国家，它的表现方式也有很大区别，我们不可

---

① [英]梅因：《古代法》，沈景一译，商务印书馆1984年版，第96—97页。
② 所谓"纯粹的道德之为"，即指中国传统儒学中的成圣行为。
③ 李瑜青：《契约精神与社会发展》，山西人民出版社1997年版，第8页。

以对本质的事物作简单的抽象化的理解或对待。我们国家在构建社会主义法治时，不仅应以社会主义市场经济为基础，以承认不同利益主体的存在为前提，肯定人的物质利益的正当性、合理性，还必须要看到不能把这些因素绝对化，看作是唯一的。社会主义经济基础确定了社会经济体制的运作中要使人对物的依赖向积极方向发展，要兼顾社会效益、环境效益，维护人的价值，要使社会的精神文明、道德文明同步得到发展。人们之间要互相帮助、扶弱济贫，重视人权以及人们的情感沟通，积极参与社会的公益活动，遵守社会公德。这里体现的是具有社会主义性质的互助公益，也就是要求我们超越狭隘的契约关系的限制，而从整个国家或社会整体利益出发，这是每个公民应具有的权利和义务，也是包括国家在内的政治实体应具有的权利和义务。

因此，中国社会主义市场经济的发展，当然存在像马克思所设想的人的发展第二种形态的明显特征，但社会又会运用自身的力量或能力努力克服市场经济可能带来的消极作用。作者认为这应当属于由第二种形态向第三种形态转化中的过渡环节。就具有第二种形态的特点看，是以"物的依赖性为基础的人的独立性"，相对于第一种形态其进步是明显的，其中最为突出的在于，这里的"人"已不再具有依附性，而是有主体意识的独立个人，人有明确的自我意识，有意志和行动自由，人际关系上是平等的。但在这个阶段上，人和商品的矛盾很尖锐。一方面商品是人创造的，是人的本质和力量向外部世界的展示和投射，商品之中凝结着人类所创造的文明，体现了人从"最初的社会形态"向"经济的社会形态"发展的丰富内容；另一方面，商品被创造出来后，人又不能自由地支配它，甚至反过来被商品所支配，如出现货币拜物教、享乐主义和极端个人主义，市场以"看不见的手"支配着人的思想和行动。但社会主义市场经济则要通过多种调控手段，来克服商品经济发展中固有的局限性，要使人对物的依赖关系转化为使物更好地服务于人，而不是盲目地受物支配，为人的全面发展创造条件。从这个意义上说，在社会主义市场经济基础上建立的法治，其出发点不应是一个抽象的陌生人假设。社会主义的法治建设，也不接受把法治绝对化而忽略其他社会规范的作用。它在强调法治生活的重要性时,也承认社会本身的丰富多彩,承认人们之间亲情、人伦关系的重要性。正是上述的这些方面,使我们看到传统儒学群己关系学说在法治理论中的深刻价值。

(四)重视对法治隐形系统的建设

通过对传统儒学的深入研究,作者认为重视制度层面隐形系统的建设是传统儒学理论很重要的特点,对当代中国法治文明建设具有基础性意义。作者认为法治有两个层面:一是显性层面,如法律的规范、法律的制度、法律的设施等;二是隐性层面,如作为支持法律的道德基础,人的思想观念、生活习惯、价值观念等。法治的实现过程总是与一个国家、民族及其公民固有的生活方式、思维方式、行为模式等息息相关。隐性系统需要起到对显性系统的支撑和深化作用。如果一个国家的公民不能够从心理上接受一国的法律制度,那么显性系统在实现对人们行为的规范作用时效果自然大打折扣。任何一个国家在建立一种法律制度和法律设施时,都应当考虑到与之相适应的社会道德、习惯、法律思想、价值取向等隐性系统的问题,使有形的法律规范制度与无形的法律文化精神能够相互协调适应,使得显性系统和隐性系统协调一致。而从中国法制传统隐性系统及其特点可以看到,实际有很丰富的实践经验。作者深入讨论了中国传统法制中如以礼入法、礼法融合的传统、明德慎罚的传统、明德无讼、重视调解的传统等。

当然,笔者的梳理是有所选择的。但此书就"法治的中国制造"的研究意识与主体框架已有明确,在兼具传统与现代、历史与结构、文化与经济、国家与社会的多元视野交叉进行了建构性探索,其立论基础已经摆脱了对西方法治思想及其实践产物的简单模仿与移植,逐渐走出有意识打造具有中国文化底蕴的法治生产道路。此书所做的开拓式研究,为后人进一步的思考开了一个好头,并具有基础性的意义。

参考文献:

[1] 李瑜青:《当代中国法治文明建设若干问题研究》,上海大学出版社2019年版。

[2] 陈金钊：《面向法治话语体系建构的中国法理学》，载《法律科学（西北政法大学学报）》2020年第1期。

[3] 付子堂、池通：《新中国法治话语之变迁：1949—2019》，载《上海政法学院学报》2020年第3期。

[4] 高礼杰：《正当性抑或有效性？——对法治话语本土化问题的反思》，载《理论导刊》2019年第5期。

[5] 顾培东：《法学研究中问题意识的问题化思考》，载《探索与争鸣》2017年第4期。

[6] 胡荣涛、徐进功：《改革开放以来中国共产党意识形态话语的法治化建构》，载《学术论坛》2018年第4期。

[7] 景天魁：《中国社会学话语体系建设的历史路径》，载《北京工业大学学报（社会科学版）》2019年第5期。

[8] 李金枝：《西化的法治话语与中国法治道路的深层张力及其消解》，载《学术交流》2018年第4期。

[9] 孙光宁、吕玉赞：《法治话语体系构建中的法律方法研究——2018年中国法律方法论研究报告》，载《山东大学学报（哲学社会科学版）》2020年第2期。

[10] 沈蜜：《法治的中国论说——从梁启超的救时启蒙到钱穆的立国新诠》，载《政治思想史》2019年第4期。

[11] 谢慧：《改革开放以来中国共产党法治话语体系建构》，载《理论学刊》2020年第1期。

[12] 喻中：《新中国成立60年来中国法治话语之演进》，载《新疆社会科学（汉文版）》2009年第5期。

[13] 朱俊：《中国共产党法治话语的形成及其规律研究——基于改革开放以来历次全国党代会及中央全会文件的分析》，载《探求》2019年第4期。

[14] 张洪涛：《再论我国法社会学研究的结构性缺陷——从方法的角度》，载《西南交通大学学报（社会科学版）》2006年第3期。

[15] 张建:《论社会变迁对法学研究方法的影响》,载《广西社会科学》2013年第4期。

[16] 赵子尧:《观念、制度与行为:法治话语体系的逻辑建构》,载《人民论坛》2018年第34期。

"法治中国制造"不是一个好概念

——评李瑜青著《当代中国法治文明建设若干问题研究》

蒋德海[*]

提要： 在中国民主法治建设中，与其把精力放在"法治中国制造"上，不如把精力扎扎实实地投入中国的法治建设。法治是促进道德最有效的工具。促进法治最有效的手段是民主建设。中国传统文化的主流是儒家文化，儒家文化的治道是一种人治。人治就是以人治国，而以人治国，没有权力是不行的，故以人治国必然是以权治国。我国改革开放已经40年，虽然有法可依早就解决，但有法不依，执法不严，违法不究还深深地干扰着我国社会及道德的进步。进一步深化我国法治建设，不是如何去创造一个有别于发达国家的法治体系，而是要用心去推进依法行政，解决司法不公，通过民主建设把公权关进笼子，由此法律才有权威，人民才能树立对法律的信仰。

关键词： 法治 儒家传统 人治

李瑜青教授的大作《当代中国法治文明建设若干问题研究》[①]提出了一个极有争议的概念，即法治中国制造。对应于中国今天的"中国汽车""中国高铁"，似乎可以把法治中国制造理解为对中国法治现状的概括和褒扬。但这样去理解问题，显然很不严肃。因为今天中国并没有完全实现法治，既然没有完全实现法治，或者说法治这个产品中国还没有造出来，怎么能说"法治中

---

[*] 作者简介：蒋德海，华东政法大学政党理论研究所所长、教授、博士生导师，研究方向为法政治学。

[①] 以下简称李文，本文未注明出处者均引自该书。

国制造"呢？当然，也可以说法治中国制造是李教授所设想的未来中国法治之梦。但仔细研读了李教授的大作，发现李教授所主张的法治中国制造，就是把西方法治和中国传统儒家的法治相结合，也就是说李教授的"法治中国制造"是包含中国儒家法治传统的现代法治。根据笔者对中国传统儒家文化及其治理传统的理解，用这样的思路去推进中国法治建设，只能使中国陷于人治，而法治中国制造也绝对不可能是一个法治的概念，只能是人治在现代中国的一种新形式。这是因为，儒家的治理传统是人治，而人治跟法治是对立的。在中国推进民主法制建设不但不能够对儒家的人治传统宽容，相反，现代中国民主法治只有不断消除和抑制传统儒家的人治传统才能够实现真正的进步。

一、儒家治道的实质是德治

中国有着悠久的古代文明，其中从汉武帝以后，中国传统文化的主流就是儒家文化。但中国由于缺乏民主的传统，两千多年来实行的儒家治道就是一种德治化的人治。儒家人治有多种形式，从礼治、德治到法治再到德法并治大致经过了四种形式。最早的德治是礼治，主要是中国奴隶社会时期治理国家的方式。"礼"在殷商即已出现，到西周发展成一整套以维护宗法等级制为核心的礼制。但也正是在周朝，统治者认为只凭天命，依靠礼治，政权还不能巩固，故周朝的统治者周公旦提出了"以德配天""以德辅天"的德治思想。春秋战国之际的儒家，是德治的集大成者。孔子的名言："为政以德，譬如北辰，居其所而众星拱之。"（《论语·为政篇》）把德治推到了一个新的阶段，突出了德在国家治理中的中心作用。一部《春秋》，把国家治乱的根源归结于道德。为什么国家会腐败，文明会衰落？根源就在于人们没有一个正确的国家观念，对自己的责任没有正确的认识——他们不懂得个人应当服从国家，忠于君主。因此，立国之本在于伦理和道德，道德的变迁也就是国家的兴亡，治国须从道德始。秦建立后，代之以法治。秦王采用法家的严刑峻法，促进了秦的统一，但秦王朝的严刑峻法也对秦的灭亡负有不可推卸的责任。

后世吸取秦二世而亡的教训，推出以儒家德治为核心的治国方略，并一直延续了2 300多年。

德治有两大特点。一是主张德主刑辅。统治者大都拔高道德在治理中的作用，并主张在德、法之间道德的治国作用更重要。因为道德是内在的认同，法是强制。道德和法律的作用是不同的。"道之以政，齐之以刑，民免而无耻；道之以德，齐之以礼，有耻且格。"（《论语·为政篇》）在孔子看来，统治者可以用政制禁令和刑罚的办法进行治理，但这样一种治理，对被治者来说无非是一种强制，老百姓是出于害怕刑罚而不敢为非，故这不是一种好的治理方法。而好的治理应当从羞耻心开始，能够让老百姓出于羞耻心而自觉地为善而不为非。德治就是这样一种治国方略，它不但可以防止老百姓作恶、犯罪，而且可以使老百姓耻于为恶。故治者必须摆正德法的关系。"政者为治之具，刑者辅治之法，德、礼则所以出治之本，而德又礼之本也。此其相为终始，虽不可以偏废，然政、刑能使民远罪而已，德、礼之效，则有以使民日迁善而不知。故治民者不可徒恃其末，又当深探其本也。"（朱熹《四书章句集注》）因此，治国之道，虽然不能完全没有法刑，但最根本的是道德，它们的关系是本和末的关系，决不可本末颠倒，由此才能达到社会、政治稳定。

二是强调统治者的以身作则。德治就是强调统治者能以自己的身教言行来治国。所谓政者，即正也。国家治理的政，包含着治理者的"正"。反之，治者不"正"，国家就难以治理好。"其身正，不令而行；其身不正，虽令不从。"（《论语·子路篇》）这里所强调的是统治者的身体力行。"子帅以正，孰敢不正。"（《论语·颜渊篇》）如果统治者能够为政以德，则天下就会归之，就像北极之星，它不动而众星拱之。"子欲善，而民善矣。君子之德风，小人之德草，草上之风必偃。"（《论语·颜渊篇》）以德治国，就是以治国者自身的道德感化人、教育人，要求被治者遵守道德准则，治国者自己首先要遵守道德。孔子之后，儒家的德治思想被朱熹继承和发展，并进一步推出了修身齐家治国平天下的系统理论。朱熹依据他自己的《大学》理解，解释了修身、齐家、治国、平天下的治国逻辑，强调德法并治要以修身为本。

可见，德治的实质是人治。德治就是以人治国，而以人治国的人，没有权力是不行的，故以人治国必然是以权治国。中国历史上的封建朝代可以颁布各种各样的法律，但是法律归根到底体现的是统治者尤其是皇帝个人的意志。因为是以人治国，所以人的意志高于法律，需要法律了，可以用一下法律，不需要法律了就可以权代法，以言废法。所以，提倡以德治国方略的中国传统社会，既没有出现过法治，也没有过道德的繁荣。虽然提倡统治者以身作则，但提倡以身作则和能不能做到是两回事。事实上，中国历史上充斥的是权力的张狂和野蛮，几乎每一个朝代都充斥着权力的滥用。如汉武帝擅杀不喜欢的丞相，并用秘书类的近侍官员替代；到明代，干脆取消了丞相官职，皇帝直接管六部，尤其是特务机构林立，锦衣卫、东厂、西厂、内行厂，特务统治空前惨烈，制造的冤假错案罄竹难书。尤其是严密禁锢思想，明清两代文字狱之残酷，使中国社会道德荡然无存。在德法并治思想影响下，中国社会没有任何自由、平等方面的思想诉求，即使是官员，也不过是君王的奴才，甚至还发生过全体高官长期列"跪"，大学士"跪"死在君王脚下的丑局。18世纪末，英国人在马葛尔尼的带领下和当时还处于全盛时期的乾隆王朝有过一次接触，回国以后，马葛尔尼使团发表了一份报告，不妨看看这份报告如何让这个遥远东方的"半野蛮的帝国声誉扫地"的："中国人生活在最为卑鄙的暴政之下，生活在怕挨竹板的恐怖之中；他们把妇女关闭起来，并给她们裹脚；他们残杀婴儿，并犯有其他悖情悖理的罪行。他们无法接受精密科学和自然科学，并对最必不可少的工艺技术一窍不通；他们的社会关系建立在一种愚蠢的形式主义的基础上，他们胆怯、肮脏并残酷。""中国人的精神状况可以成为最奇怪的研究课题，这就是中国人昔日还是人类无与伦比的精英，今天已经降为人类学研究的奇物了。"[①]

德治带来的最坏后果是国家制度的虚设。比如都讲唐代李世民强调法治，不少书籍、传媒将他渲染得神乎其神，说他仁慈宽厚，从善如流，强调法治，而且李世民确实说过"法者，非朕一人之法，乃天下之大法，不可因私废法"

---

① [法]佩雷菲特：《停滞的帝国：两个世界的撞击》，王国卿、毛凤支、谷炘等译，生活·读书·新知三联书店2013年版，第427、428页。

(《贞观政要·公平》) 这样的话。其实，李世民重法治只是相对于绝大多数君王的残暴不仁而已。而即使最能体现法治的"贞观之治"，法也难以得到忠实的遵守。比如贞观六年（632），李世民放400名死囚回家，很多人称此为"圣主德治"的行为，但它恰恰是违背法治的。当需要法的时候，统治者可以强调"法乃天下之法"，当不需要法了，就可用"圣主德治"随便加以取消。如此儿戏般地对待法律，怎么还可能有法治？被称为开明君主的李世民尚且如此，可以想见不开明的君王是如何对待法律的。理学家们可以把"存天理灭人欲"拔得很高，但当帝王"人欲"猖獗起来的时候，无论什么样的天理和良知都不能阻挡他们施暴和践踏法制。此外，李世民之治比较好的时期，也就贞观之治的前六年，此后的李世民不但"不悦人谏"，而且朝中出现了"都不论事"的敷衍度日现象，尤其后期，其任性诛杀大臣之事日增。大将李君羡贵为开国功臣，只因小名与天象暗合，便被下诏诛杀。贞观十年（636）后，李世民基本上不再讲什么法律，而是为所欲为，频繁巡幸畋猎，穷兵黩武，大肆修建离宫别馆，钟情女色，等等。故李唐王朝本质上也不是法治社会。李唐王朝都如此，何况其他王朝？

而法律得不到严格遵守的根本原因在于德治推崇的是人的道德，而人的道德必然和人联系，故德治最后必然变成人治。德也好，法也好，最终都取决于人。正如孔子所说："文武之政，布在方策，其人存，则其政举；其人亡，则其政息。"（《礼记·中庸》）这是因为，道德总是人格化的道德，以德治国，就是以人的德性治国。而人的德性是不稳定和不可靠的。从地下发掘出来的云梦秦简可以看到，秦统一前后"以法治国"的秦国，其法制已经极为完备。当时秦国的法律已达数十种之多，包括《田律》《仓律》《金布律》《徭律》《军爵律》《内史杂》《法律问答》《置吏律》等，涉及社会、行政、司法等各方面的管理，其范围之广，内容之多，规范之细，都是后人难以想象的。而且当时秦国已经专门制定了《为吏之道》，要求用道德治吏，要求官员做到"正行修身"，"毋喜贫，毋恶贫"，"审悉无私"，其中许多为儒家的道德思想。但所有这些道德都是针对臣民的。秦始皇武力统一中国后，把自己吹嘘成"秦圣临国""圣德广密""长承圣治""大圣作治"，集三皇五帝之称号于一身。但秦治恰恰是中国历史上最野蛮的暴政。秦始皇一手制造的冤案层出不穷,从嫪毐案扑杀两个年幼的弟弟,囚禁太后处死谏言的官员20多人,逼死宰相吕不韦,迫害其数千门客,又在李斯车骑众案中遍杀宫中随从,一直到焚书坑儒,可说是暴虐成性。史书记载,当时"贪暴之吏,刑戮妄加"的情况十分普遍,"秦为乱政虐刑以残贼天下,……头会箕敛,以供军需……(《史记·陈余列传》)"单筑阿房宫和骊山陵墓,就发"隐宫徒刑者七十余万"(《史记·秦始皇本纪》)。前210年,秦始皇一死,他的大臣李斯违背始皇帝的遗训,与赵高、胡亥勾结,伪造遗嘱,赐死扶苏,杀害战功显赫的大将,最后不仅王朝被推翻,甚至始皇帝后代30多个子女亲属也全被诛杀。秦以后的历代历朝,这种统治者任性胡为的贪暴行径不但没有收敛,反而越演越烈,其根源便是中国传统的治国方略为权大于法的人治,权力不受制约决定了统治者必然滥用权力。

而人治往往导致专制。中国两千多年的德治,不仅是人治,也是专制统治。故宫的养心殿有一幅乾隆写的"惟以一人治天下,岂有天下奉一人"的对联,但一人治天下的专制统治根本不可能改变天下奉一人的基本事实。自秦皇确立了大一统的专制王朝以后,专制就成为中国传统人治的基本形式,明代堪称是专制的集大成者。朱元璋时代,甚至连文庙里的孟夫子也不能容忍。孟夫子文集被改得面目全非。因为孟老夫子讲了些民贵君轻的话。专制的特点是政治上的高度集权和一个人的绝对统治,整个官僚系统变成独裁者的家奴——皇帝加奴才再加奴隶。残酷、腐朽的专制制度以奴役人为目的,丝毫不尊重个人的自由。专制制度的特点是蛮横。中国古代的专制之严酷在今天是难以想象的。西汉初年,统治者不得不奉行黄老之术休养生息,私营经济得到了恢复和发展,为国家和社会创造了可观的财富。汉武帝即位后即外事扩张,内事兴作,消耗了大量的财力,并大规模向工商阶层进行掠夺。"得民财物以亿计,奴婢以千万数。田大县数百顷,小县百余顷,宅亦如之。如是富贾中人家以上大率破。"(《史记·平准书》)残酷的是,武帝还发天下七科谪戍卒十八万出朔方,将有商人血统的臣民全部流放到西北戍边,导致私营经济彻底崩溃。而汉初统治者没有遇到任何反抗。一千多年后的英国,约翰王同样因为打仗需要经费,向贵族征税,引发了贵族起义,最后国王被打败,被迫签订了人类历史上第一部宪法性文件《大宪章》。朱元璋时代,皇帝为了能够独断朝纲,干脆废了中书省,不再设丞相之职,天下所有事务均由皇帝裁决,并枉杀敢犯颜直谏者:儒学训导叶伯巨上书批评用刑太过,被下狱至死;大理寺卿李仕鲁上谏不要过于迷信佛教,被当场摔死在宫廷阶下;御史王朴遇事强谏,被处以磔刑……

中国历史上,儒家与法家虽围绕着德治与法治有过长期的论战,但这个争论并没有现代意义。原因在于中国历史上的德治和法治都是专制统治及其人治的不同形式,它们涉及的问题仅仅是专制统治下法和德哪个更有用的问题。儒家主张"安上治民,莫善于礼"(《礼记·经解》),"事无礼不成,国无礼不宁"(《荀子·礼运》);而法家则主张"不务德而务法"(《韩非子·显学》),"仁义礼乐者,皆出于法"(《管子·论法》)。法治与德治的公开论战随着"隆礼重法""德主刑辅"成为封建社会占支配地位的意识形态而消失,最终在意识形态领域确立了德治的统治地位。汉武帝时的大儒董仲舒提出"罢黜百家,独尊儒术",更是把德治发展成为"三纲五常""天人感应"的治国理论,成为我国封建社会正统的治国思想。同样,我国传统社会的法律经典《唐律》的指导思想就是"德礼为政教之本,刑罚为政教之用"(《唐律疏义·名例疏》)。唐以后,宋、明、清法律,皆以唐律为范本,德治的指导思想和人治的原则是始终如一的。但即使如此,并不意味着中国传统法治的消亡。虽然历代统治者强调德表法里,崇法隆礼,但严刑峻法并没有减少过,只不过在不同的历史时期表现有所不同而已。正如美国法律史学家布迪和莫里斯所说:"法家学派的消失,并不表示法家的理论和作用也与之彻底消灭。相反,法家思想继续对汉代以后及以后各代的政治思想和经济理论产生影响。法家思想的这种作用,可能远远超出历来人们的估计。"[1]

必须看到,在传统社会,德治往往有一定的迷惑性。相对于暴秦的严刑峻法,德治无疑有其温情和人性的一面。故德法并治高扬道德的旗帜,提出

---

[1] [美]布迪、莫里斯:《中华帝国的法律》,朱勇译,江苏人民出版社1995年版,第20页。

一大套以德治国的理念，能够掩盖严刑峻法的残酷性和野蛮性。比如，认为德治比法治重要，德治能治本，法治只能治表；以德为政，可以征服人们的心，而以法为政，只能得到人们表面的服从；德的作用在于教化诱导，因而为德治政府所用，而法的作用在于强制压服，因而为暴政所用；等等。这些观点，不能说都错，国家的治理当然要讲道德，对老百姓来说，讲德治总比暴政要好。但讲德治和能不能做到德治，却是两码事。而道德如果只能停留在统治者的口头上，统治者的权力不受人民制约和控制的时候，这样的德法并治就只能具有欺骗性。因为权力永远不会屈从于道德。正是由于这个原因，提倡德表法里的传统中国，刑治之严酷从来没有真正退出过历史舞台。中国的道德伦理史表明，中国最传统最纯粹的"三纲五常"恰恰是一种最野蛮的刑罚的表现。西汉以后的"三纲五常"，虽然是伦理，但它杀死的人并不少。据董家遵先生依据《古今图书集成》的记载所做的统计，从周秦到清初，共有节妇 36 867 人，烈女 12 072 人①。节妇是丈夫或婚配对象死后终身不嫁的女性，烈女是为了守住自己的贞操而自杀或被杀的妇女，这还不包括没有上封建青史的许多普通劳动妇女。封建伦常的残酷性可见一斑。同时，强调道德教化丝毫不意味着不注重刑罚。正是在中国封建社会中，形成了世上罕见的一整套野蛮至极的刑罚。比如，仅仅死刑砍头一刑，就有许多不同的砍法。清末革命家谭嗣同就义时，清廷砍头用的就是一把钝刀，砍完后还要用钝口拉一阵，以加剧死者的痛苦。此外，还有车裂、绞、烹、割、剐、磔、剥和醢等各种刑罚，数不胜数。清末著名法学家沈家本曾说道："方今环球名国，刑法日趋于轻，废除死刑者已有若干国，其死刑未除之国，科目亦无多，……今之刑重者，独中国耳。"②

但封建王朝统治并不因为主张德治就变得人道和公平。既然是封建专制统治的工具，它必定是不合理的，甚至是不道德的。如我国许多封建法律都明确规定贵族和官吏不受一般司法机关和普通法律程序约束，司法机构非有

---

① 转引自陆震：《中国传统社会心态》，浙江人民出版社 1996 年版，第 134 页。
② 沈家本：《历代刑法考》，中华书局 1985 年版，第 2210 页。

皇帝许可，不能擅自拘捕审问贵族和官吏。汉初有先请制度，宗室、贵族及六百石以上官员有罪，均须先请示皇帝，而后才得逮捕审问。宋神宗诏书中规定"品官犯罪，按察之官并奏劾听旨，毋得擅捕击罢其职"（《宋史·刑法志》），把这种法律特权扩大到了所有的官吏。这种"同罪异罚"的原则早在汉末出现的八议制便达到了顶峰，官位越大，可得到宽宥的机会也就越多。这种封建特权法律的根本就是要维护"君权神授""以德配天"的德治原则，荀子提出过："士以上则必须以礼节之，众庶百姓则必以法数制之。"（《荀子·富国》）显然，这种等级德治，不但不道德，而且无耻，其实质就是要维护封建专制统治。

清末变法迄今已一个多世纪，全面推进依法治国和以德治国，我们社会有一个如何超越传统德法并举的问题，而不能简单地挪用传统社会的德法并举主张。比如，我们社会中仍有人大谈"官德"，并认为"官德"是道德建设的关键[①]。其实，在一个民主和法治的国家，官员的道德主要是民主法治的结果，"权为民所授"的政治制度大体决定了官员的道德素养。促进干部廉洁，主要靠民主和法治建设，而不是官德建设问题。提倡官德，把腐败归结于道德问题，是中国传统社会中德治的一种痕迹，其实质就是把政治和社会腐败归结于官员的个人道德。此外，在国家的治理手段上，强调德法并治必须超越人治。人治是人存政在、人亡政息的主要原因。孔子说的"为政以德，譬如北辰，居其所而众星拱之"（《论语·为政篇》），朱熹主张的"为政以德，则无为而天下归之"（朱熹《四书章句集注》），等等，所强调的都是人治。这是我们在推进民主法治时必须加以明辨的。

二、德治与法治是两种对立的治国方略

法治固然要讲德，但现代民主法治与中国古代的德治有着本质的不同。推进我国民主法制建设，深化依法治国，必须与中国传统的德治相决裂。

[①] 胥宏英、李治贤：《"官德"是道德建设的关键》，载《思想政治工作研究》1996年第10期。

第一，国家治理的主体不同。德治的主体是君王，而现代法治的主体是人民。德治讲"仁"和"礼"，儒家教导统治者要以仁心去施政，要重民、爱民。"百姓足，君孰与不足，百姓不足，君孰与足？"（《论语·颜渊篇》）而重民爱民的主体是统治者即君王。盼望君王在治国理政时能够多发挥一些仁义之心，老百姓只是君王治国理政的对象。史载唐太宗和群臣有一段关于止盗的对话："上（指唐太宗——引者注）与群臣论止盗。或谓重法以禁之，上哂之，曰：民之所以为盗者，由赋繁役重，官吏贪求，饥寒切身，故不暇顾廉耻耳。朕当去奢省费，轻徭薄赋，选用廉吏，使民衣食有余，则自不为盗，安用重法邪！自是数年之后，海内升平，路不拾遗，外户不闭，商旅野宿焉。"（《资治通鉴·唐太宗论止盗》）不能说唐太宗的这段话是错的，但要不要"去奢省费，轻徭薄赋，选用廉吏"均取决于君王，古代中国人民的幸福取决于君王的恩赐。而在民主法治条件下，人民才是国家的主人，人民群众是治国理政的主体，人民通过代议制政府行使国家权力，同时通过舆论监督发挥当家作主的主人翁权力，人民自己创造自己的历史。

第二，国家治理的本质不同。德治的实质是人治，统治者的权力不受人民的约束，最终必然走向专制。中国几千年的封建社会，每个朝代都讲德和法，但中国封建王朝的人治和专制的本性不变。春秋之际各诸侯国开始税制改革，提出"初税亩"，国家按土地面积向农民征税，征税之轻重全由君王决定，民众无权过问，统治者并不讲什么"德治"。春秋后期已经出现"民参其力，二入于公，而衣食其一。公聚朽蠹，而三老冻馁"（《左传·昭公三年》）的现象，到秦则赋税更加沉重，民不堪承受而爆发起义。汉初以秦亡为训，田租减至十五税一或三十税一，但仍有繁重的算赋、口赋和兵役、徭役等等，老百姓没有任何话语权，而且新王朝一旦巩固，种种税赋立马就恢复加重。隋唐时杨炎制定"两税法"，基本原则是"量出以制入"，即官府的税额完全取决于官府的需要。明代的"一条鞭法"、清代的"摊丁入亩"，加上各种工商业税、土贡制度及国家对各种自然资源的垄断权，赋税劳役之沉重，是中世纪的西方无法比拟的。而正是这样一种为所欲为的专制统治，导致国家权力和社会民众权利之间的巨大失衡，国家权力无限膨胀，民众在逆来顺受中变得麻木。19世纪中叶，德国哲学家黑格尔深刻地揭示了中国封建王朝的治国实质："中华帝国是一个神权政治专制国家。家长制政体是其基础，为首的是父亲，他也控制着个人的思想。这个暴君通过许多等级领导着一个组织成系统的政府。……个人在精神上没有个性。中国的历史从本质上看是没有历史的；它只是君王覆灭的一再重复而已。任何进步都不可能从中产生。"[①] 而民主法治是人民之治，国家和社会的重大事务必须有人民的参与并通过人民的参与决定。官员只是人民行使公共权力的代理人，国家的权力来源于人民的授权，国家权力的行使依照人民的意志通过的法律实施。法律具有最高的权威，任何人都不得违反法律，任何人违反法律都要受到追究。

第三，国家治理的命运不同。德治是君王之治，治理的结果是人民受到的奴役日深。中国两千多年的专制王朝奉行"溥天之下，莫非王土；率土之滨，莫非王臣"的原则，把自己当成国家，就像法国国王路易十四所宣称的"朕即国家"，把臣民当作奴才，人民被剥夺了一切权利。不要说一般的臣民，甚至官僚们也都被各种条例束缚了手脚，即使一、二品的大员，也有职无权，不敢放胆，事无巨细，全照旧例或皇帝的旨意办事，大小官员都瞻前顾后，惶惶不可终日。尤其是思想文化方面，将整个民族羁禁在愚昧窒息的牢笼中。龚自珍有所谓"避席畏闻文字狱，著书只为稻粱谋"之说，思想界"万马齐喑"，文化一片萧条。统治阶级横征暴敛，人民饱受司法专制之苦，专制君王自以为是超人，为了维护其无限的权势，仇视天下读书之人，"顺我者昌，逆我者亡"，人民对国家没有认同感。鸦片战争中，民众对侵略战争的冷漠成为一个显明的对照。其间虽有三元里民众英勇抗英事件，但事件的起因是老百姓自己利益受到损害而非对侵略者的愤恨。时任浙江巡抚的刘韵珂在"十可虑"奏折中说：英军以小惠结民心，彼此相安，民众"转以大兵进剿为虑，是民间鲜有同仇敌忾之心"[②]。其间，不少民众向英军出售粮食、畜禽、淡水，以图获利；一些民众为英军充当苦力，从事运输，以求工值。这些被清方文

---

① 转引自［法］佩雷菲特：《停滞的帝国：两个世界的撞击》，王国卿、毛凤支、谷炘等译，生活·读书·新知三联书店2013年版，辅文页。

② 张世平：《中国海权》，人民日报出版社2009年版，第416页。

献斥为"汉奸"的民众，在交战地区几乎无处不有。更出现了清军与英舰交战之时，成群的民众躲在远处观看这难得一见的战争场景，似乎是外人在打架①。而民主法治是人民之治，人民是国家的主人，国家和社会的命运掌握在自己手上，随着民主法治而成长起来的是公民意识和人民当家作主的政治生态，人民不会容忍自己的国家受到伤害，人民通过民主法治来治理自己的国家和创造历史，并在治理国家和创造历史中真正成为国家和社会的主人。

第四，国家治理的权威不同。德治强调的是人的权威，"德主刑辅""为政以德""礼法合治"都是强调德在法前，人在法先，故"为政之要莫先于得人"。"政，正也""其身正，不令而行；其身不正，虽令不从"（《论语·子路篇》），故德法并治的关键是人，即统治者和君王。"君正，莫不正，一正君而国定矣。"（《孟子·离娄上》）"君能为善，则吏能为善，吏能为善，则民必能为善。"（《贾谊新书·大政》）由此，治国的问题变成了君王的道德问题，国家治理的最高权威就是统治者的道德品质和道德修养。"正君心是大本"，"人君一身实天下国家之本"，"心者人君之本，君心正则治"（《朱文公文集》卷十一）。故有没有一个好的君王是治国安邦的基础，国家的命运、人民的幸福完全取决于君王。而民主法治强调的是法的权威。早在英国革命中，就确立了"王在法下"的原则，13世纪上半叶的英国法学家布莱克顿说："国王在万人之上，但是却在上帝和法律之下。"② 美国革命中，潘恩深化了这一法治权威思想，明确提出在专制国家，国王是法律；而在民主国家，法律是国王。民主国家的法律是人民意志的体现，人民当家作主的国体要求法律具有最高的权威。政府官员受人民的委托依法管理国家和社会的公共事务，受到法律的调整和约束。人民通过宪法和法律约束公共权力，保障人民的权利。"政府如果没有宪法，就成了一种无权的权力。"③ 在一个民主和法治的国家，强调法的权威是民主政治的要求，绝对不是可有可无的现象。如果法律没有最高

---

① 张世平：《中国海权》，人民日报出版社2009年版，第312页。
② [美]爱德华·考文：《美国宪法的"高级法"背景》，强世功译，生活·读书·新知三联书店1996年版，第35页。
③ [美]潘恩：《潘恩选集》，马清槐等译，商务印书馆1981年版，第250页。

权威，人民的主权就难以保证，最终会影响人民民主和人民当家作主的实现。

这就决定了我们在推进中国的民主法治的时候，绝不可能再坚持传统儒家的德治。不仅因为德治是中国历史上专制统治的治国方略，而且因为德治与民主法治具有某种对抗性或不兼容性。要坚持德治就不可能搞民主法治，而推进民主法治就不可能搞德治。因为德治本身是不成立的。德治论主张德治比法治重要，德治能治本，法治只能治表；认为德的作用在于教化诱导，而法的作用在于强制压服，后者往往导向暴政；等等。这些观点的谬误首先在于古代中国对法的理解是君王之意志，其目的是控制臣民，而且法和德不是一个相包含的概念。法就是强制和威迫，故中国传统社会中有"刑不上大夫，礼不下庶人"的说法。现代社会的法是人民意志的体现。而人民之所以守法是因为法体现着最大的公平和道德，人民对法有着极大的信仰和敬畏。正是这种敬畏和信仰，使民主法治国家的法主要靠自觉，而不需要压服。同时由于法的规范性和效力的普遍性，它具有一种"必须服从"的社会效力，能够最大限度实现"令行禁止"的普遍性，体现国家和社会治理的目的。但道德却没有这样的规范性和约束性功能。道德能够用来教育人，却不能用来治国。因为道德具有不规范和不确定的特性。道德是一种感性化的认同，不同的人对同样的道德会有不同的理解和感受。即使同一个人，对同一种行为在不同的时期，也可能有不同的道德感受。如唐太宗李世民在贞观之初能够宽容谏言，但贞观六年（632）以后，就逐渐不能接受谏言，甚至出现了任意冤杀谏官的现象。因此，道德无法满足治国的规范性要求。历史上，无论中西，道德治国的做法都是失败的。古代希腊罗马也有所谓共和加道德的治国做法，但正如汉密尔顿所说，古代的共和国都是败坏的，根源就在于此。

事实上，民主法治时代的法治也不是治表，而是治里，良法实现的是人们的心悦诚服。好的法律能够得到人们内心的服从和尊重。美国著名法律史学家伯尔曼称之为法律的信仰，"法律必须被信仰，否则它将形同虚设"[①]。这里的信仰不是宗教的非理性，而是强调一种类似于宗教的神圣性。"正是靠了

---

① ［美］伯尔曼：《法律与宗教》，梁治平译，中国政法大学出版社 2003 年版，第 18 页。

宗教激情，信仰的一跃，我们才使法律的理想与原则具有普遍性"①，即把法当作与神一样的东西来加以敬畏，信仰法也就是敬畏法。之所以要敬畏法，是因为民主法治时代的法是人民意志的体现，人民最大，必须尊重，而且因为在一个民主法治的国家，法体现着社会最大的公平正义和最高理性②。出于尊重法律而对法律的遵守，是一种发自内心的自觉。而把德视为高于法的东西，隐含着否认法的权威倾向。因为每个人都可以有自己的德。如果每个人都以自己的德来对待法，法就没有权威。诚然，法的解释需要良知的指引，但这种指引要有利于法的实施，有利于法精神的传承和弘扬。唐太宗的死亡之约，历史上被拔得很高，但这是滥用道德，结果是法的权威受到破坏。如果道德可以任意破坏法律的权威，这样的德治必然带来社会的混乱。正如欧阳修所说："信义行于君子，而刑戮施于小人。"（欧阳修《纵囚论》）如果信义滥施于"小人"，整个社会的道德秩序就会混乱。正是因为这个原因，提倡德法并治的封建王朝统治，并不因为主张德治就变得人道和公平。

三、李教授书中与"法治中国制造"相关的几个基本观点值得商榷

还传统儒学治国主张历史真相：作者认为其实"传统儒学一直十分重视国家治理之道，法治是国家治理之道的重要内容"，这显然是不正确的。中国传统社会，早在春秋战国之际，就有人提出了"法治"的概念，管仲则明确提出"以法治国"，主张"威不两错，政不二门，以法治国，则举错而已"（《管子·明法》）。即只要国君集中权力，实行"法治"，就可轻而易举地治理好国家，"以法制行之，如天地之无私也"（《管子·任法》）。秦国的商鞅提出了"缘法

---

① [美]伯尔曼：《法律与宗教》，梁治平译，中国政法大学出版社 2003 年版，第 30 页。
② 对于法是不是要信仰，国内法律界是有争议的。许章润等：《法律信仰——中国语境及其意义》，广西师范大学出版社 2003 年版；魏敦友：《再评"法律信仰"——向许章润先生汉语法学的进言》，载《福建政法管理干部学院学报》2006 年第 1 期。但笔者认为伯尔曼称之为法律的信仰，主要是表达一种敬畏，它的前提是民主立法。在民主法治国家，人们应当敬畏经过民主立法程序制定的法。

而治"。唐代魏徵主张"唯奉三尺之律,以绳四海之人"(《贞观政要·公平》)。但从春秋战国之交到秦再到清末,中国历史上鲜见真正的依法治国,治国者偶尔有一些依法办事的孤案,也难掩其随心所欲的人治常态。现代法治的实质是治权,但在中国历史上所讲的法治都是以老百姓为对象的。封建专制时代的君王们把国家和君王相等同,认为自己就是国家,法国国王路易十四就宣称"朕即国家",法律不过是这些君王们统治人民或管制人民的工具,而统治者并不受法律的约束,所谓"法自君出,法不治君""刑不上大夫"都体现了传统所谓法治的治民实质。另一方面,即使有一些表面上看来比较好的法律,对统治者也没有任何有效的约束,只能取决于治国者的良知和道德。如果统治者不讲道德和良知,则依法治国就会成为空话。而道德良知是不可靠的,正如孟德斯鸠所说,"品德本身也是需要界限的"[1]。事实上,统治者在行使权力的时候也很少会受道德良知的约束。故人类社会的历史,只靠道德来约束统治者,没有不失败的,也不可能有真正的依法治国。造就开明盛世的唐太宗,都说他把虚心纳谏作为自己重要的治国方针之一,但即使是对于只是要求"太宗率先严格遵守法制以督责臣下"的魏徵,亦曾几次受到罢黜。康熙被称为中国历史上少有的"明君",但同样难以摆脱权力的任性甚至滥杀无辜。侍讲官徐元梦不会射猎遭皇上责备,上疏辩白,不但被杖五十,而且被抄没家产,父母发边。在废黜太子事件中,内大臣索额图因系太子党羽自己被处死不算,连累两个儿子也被处死,与索额图交好的大臣全遭禁拘治罪,有的仅因为存有私信就被处死,所涉官员或处死,或幽禁,或戴枷示众。对于君王来说,道德只是说给臣民听的,历史上暴君、昏君比比皆是,而合乎儒家理想的圣君寥若晨星。

李文认为中国"天人合一"是对法治正义概念的新诠释。"传统儒学以天人合一为基础的'和'的理念是正义思想的一种表达方式,这是有中国文化特色的,即强调在社会治理中以重视人'和'作为最高的境界。"诚然,中国古代早在西周就提出了"共和"的概念,辛亥革命以后中国的民主革命先驱

---

[1] [法]孟德斯鸠:《论法的精神》上册,张雁深译,商务印书馆1959年版,第184页。

把国家定位于共和国的"共和",也就是取自传统经典。但是中国古代的共和国与近代以后西方共和国的共和有着本质的不同,西方的共和强调的是不同民族、贫富、阶层的人群等共同和平生活。为了实现这一目的,近代以后西方不得不走向民主法治,因为只有在民主法治社会,所有人生活在一个国家,不管贫富贵贱、民族、才能、性别,都能够和平共处,短短几百年民主共和成为世界潮流,正如中国近代民主革命的先驱孙中山先生所说"世界潮流浩浩荡荡,顺之者昌,逆之者亡"。中国传统社会虽然提出了"和"包括"共和"的思想,但中国儒家传统却把"天人合一"理解为实现共和的目标,中国两千多年的专制实践证明,天人合一根本无助于社会和国家的共和。对于统治者来说,天人合一只是一种主观工具。当天人合一对其有用时,他可能会用一些,但天人合一到底怎么解释、怎么用则取决于统治者的利益。所以实际上天人合一取决于统治者自身的利益考量,完全无法约束统治者。当天人合一对统治者不利之时,统治者就不可能再遵循"共和"理念。先秦时期的商鞅在秦国倡导法治,推行"法令至行,公平无私","罚不讳强大,赏不私亲近"(《战国策·秦策一》),但在一个弱肉强食的专制社会,怎么可能推行公平无私之法?最后商鞅本人也被车裂和灭族;李斯用法治推进了秦国的富国强兵,最终同样是"具五刑、腰斩于咸阳市并夷三族"。宋王安石积极变法,曾一挽大宋"积弱积贫"之败局,但也被神宗罢相两次,终至闲居半山,"郁然病逝";明代张居正主张"法在必行,奸无所赦""严惩贪墨""用法律政令规范天下",但死后也没逃脱"诏夺上柱国、太傅,再夺谥,家被籍没"的命运。高官都得不到天人合一的眷顾,何况老百姓。国外同样如此,统治者绝不会因为一个善良的概念而放弃自己的既得利益。近代意大利的政治思想家、法学家马基亚维利为政治学和法学开辟了走向独立学科的道路,但屡被"监禁"和"被逐";主张法治的荷兰政治家、法学家格劳秀斯先被判终身监禁,后又被判死刑。所以,李文说:"中国古代天人合一思想,意味着从良法向和谐之法的超越。传统儒学以天人合一思想为基础所主张的'和'的正义可以提升法治的思想境界。"这是完全没有依据的,也是不现实的。中国古代也讲"义",但这种义恰恰是破坏公平正义之"义",水泊梁山中一干好汉,原是封建专制体系下的腐败专权的受害者,但当其杀戮之剑挥向普通百姓之时,还哪有什么正义可言?

李文提出,中国传统儒家在群己关系上比西方法治先进。"人们之间要互相帮助、扶弱济贫,重视人权以及人们的情感沟通,积极参与社会的公益活动,遵守社会公德。这里体现的是具有社会主义性质的互助公益,也就是要求我们超越狭隘的契约关系的限制,而从整个国家或社会整体利益出发,这是每个公民应具有的权利和义务,也是包括国家在内的政治实体应具有的权利和义务";它在强调法治生活的重要性时,承认社会本身的丰富多彩,承认人们之间亲情、人伦关系的重要性。正是上述的这些方面,使我们看到传统儒学群己关系学说在法治理论中的深刻价值。毫无疑问,中国传统社会是一个伦理社会,但中国传统社会中人们关心的亲情和人伦,仅仅局限于自己的家人和自己的社会圈子,超越了亲情和熟人圈子,中国传统社会的群己关系就会变得十分的自私和冷漠。清王朝号称大清帝国,但当年老百姓看清军和英、日军的战争,似乎是局外人。当年的八国联军竟然还有一支全部由中国人组成的华勇营,他们打仗英勇,屡屡获得嘉奖。孟子说过:"君之视臣如犬马,则臣视君如国人;君之视臣如土芥,则臣视君如寇仇。"(《孟子·离娄下》)对当时的百姓而言,不管谁赢,无非是换一个主人而已。这样的群己关系还值得讴歌吗?为什么昔日的大清王朝面对资产阶级革命后的新世界会迅速分崩离析?就是因为建立在专制统治上靠暴力高压或欺骗维持的社会是极为脆弱的,臣民没有做人的尊严。马葛尔尼使团回到英国十年后,使团成员巴罗发表了关于中国的评论,其中讲到当时的中国人生活在"最为卑鄙的暴政之下,生活在怕挨打竹板的恐怖之中"[①]。庞大的中国当时就是靠这样一种恐怖的高压维持统治。而一旦这种社会压力减弱,社会马上分崩离析。

李文还提出,中国儒家文化治道重视对法治隐形系统的建设。隐形系统是指作为支持法律的道德基础,人的思想观念、生活习惯、价值观念等。作

---

① [法]佩雷菲特:《停滞的帝国:两个世界的撞击》,王国卿、毛凤支、谷炘等译,生活·读书·新知三联书店 2013 版,第 427 页。

者深入讨论了中国传统法制中如以礼入法、礼法融合的传统，明德慎罚的传统，明德无讼、重视调解的传统等。但问题在于，现代法治同样需要隐形系统的支持。今天发达国家的法治虽然在制度上非常简单，权力的分立，普选，言论的自由，司法的独立，国家权力受到严格的限制，等等，所有这些都有大量的思想理论的支持，并在近四百年的时间里构建了当代西方社会法治的传统。可以把这称之为法治隐形系统。洛克、卢梭、孟德斯鸠、汉密尔顿等留下的著作，甚至可以追溯到古希腊的亚里士多德，正如美国法学家伯尔曼所说："西方作为一种历史文化和一种文明，不仅区别于东方，而且区别于在文艺复兴各个时期所曾恢复的前西方文化，这种恢复和复兴是西方的特征。他们并不混同于自己曾从中吸取的灵感的模式，以色列、古希腊和古罗马变成西方文明的精神原型，主要的不是通过一个保存和继承的过程，而是通过采纳的过程，即西方把它作为原型加以采纳。"[①]

从李文看，作者提出"法治中国制造"并在法治中国制造的观点中提出，要重视中国儒家文化治道对法治隐形系统的建设，显然不是要去丰富和吸纳作为西方法治文明法治隐形系统的各种精神原型，比如亚里士多德的法治论，洛克的分权论，卢梭的社会契约论，孟德斯鸠的权利制约理论等，还需要我们在法治建设中更多注重中国儒家传统中以礼入法、礼法融合的传统，明德慎罚的传统，明德无讼、重视调解的传统等。不能说中国儒家传统中的法制思想一无是处，但必须事先确立一个基本的原则，即中国传统儒家的法治思想必须经过现代法治理念的过滤和洗涤。由于中国儒家治道传统在两千多年的中国封建专制社会发挥了强大的维护封建专制的作用，在我们走向民主法治的过程中，必然其还会以各种不同的方式反映出来，影响我们的法治建设。我们需要重视对法治隐形系统的建设，但却不是简单地把中国传统社会的以礼入法、礼法融合的传统，明德慎罚的传统，明德无讼、重视调解的传统等拿过来，而是需要把它们放在现代民主法治隐形系统的平台上加以过滤和洗

---

① ［美］伯尔曼：《法律与革命——西方法律传统的形成》，贺卫方等译，中国大百科全书出版社1996年版，第3页。

涤。只有经过现代民主法治的过滤和洗涤的法制隐形系统才能为我所用，并成为现代中国民主法治的思想理论和法治文化基础。

四、简单的结论

第一，在中国民主法治建设中，与其把精力放在"法治中国制造"上，不如把精力扎扎实实投入中国的法治建设。

法治是一个西方概念，最早是亚里士多德提出来的，即法能够得到忠诚遵守，而且被忠实遵守的法又是制定得最好的良法。对于中国来说，促进法治建设，最重要的就是要实现法律能够得到忠实遵守。改革开放以后，我国就提出了"有法可依，有法必依，执法必严，违法必究"的社会主义法治理念。相比于当代发达国家，我们要老老实实承认，以这16个字为特点的社会主义法治理念来衡量，我国社会主义法治还远远没有形成。就像一个产品，都还没有做出来，是没有理由说什么制造的。因为你还没有制造成功，不能说没有制造成功就是中国制造。特别是，从社会主义法治理念来看，我国目前，"有法可依，有法必依，执法必严，违法必究"的执行力度还远不尽如人意，法治的破坏在很多地方，到现在还相当严重。比如，司法领域的纠错，近年20多个影响极大的冤假错案，几乎没有一个案子能够通过正常的司法程序得到纠正。冤假错案的纠正很大一部分是靠运气，如"亡者归来""真凶再现"，还有一些取决于蒙冤者及其家人的长期信访申诉，有的长达20多年，特别是有些显然的冤案纠错，都要在最高人民法院或最高人民检察院的督办下才能进行。2017年最高人民检察院报告中提到"假沈六斤冤案"，就是一个张冠李戴的乌龙案，却要在最高人民检察院督办下才得以纠正。

这就产生一个很严峻的问题：为什么我国四级两审终审的司法制度不能够有效避免和纠正冤假错案？如果所有的冤假错案都要通过运气来纠偏，那就说明我国四级两审终审的审判制度出了问题。但从制度设计本身看，我国四级两审终审制的审判制度应该能够有效避免和纠正解决冤假错案。为此必须反思我国审级制度为什么没有能够有效助力实现法治。必须看到最主要的原因之一就是司法的不独立。虽然我国宪法已经明确规定人民法院依法独立行使司法权，但法院审判案件实际通行的规则是要遵循"三法"，即"领导的说法，领导的看法和领导的做法"。显然，全面深化依法治国，全面落实"有法可依，有法必依，执法必严，违法必究"的社会主义法治理念，需要真正落实宪法规定的依法独立审判原则。有一种观点，认为中国和西方国家不同，中国是社会主义初级阶段，中国法官现在的素养不适合独立。有人很担心，认为中国司法现在已经很腐败，如果再推行司法独立，其后果必然是加剧腐败。其实这个观点是完全站不住脚的。小平同志对此有过非常精辟的见解："制度好，坏人可以变好人，制度不好，好人也会变坏。"也就是说法官的素质，法院的司法不公归根到底是制度造成的。中国法治现代化所面临的关键问题，不是如何去创造一个有别于发达国家法治体系，而是要用心去解决司法不公，化解由于司法不公造成的种种矛盾和伤害。

第二，法治是促进道德最有效的工具。

依法治国，维护法律的权威，不仅仅有助于促进社会的秩序和公平正义，也是一种从根本上促进社会道德进步的手段。法治的力量不仅仅在于它的物质强制，更在于它的精神道义。伴随着依法治国的深入，必定是道德的繁荣和精神文明的普遍化。这首先是因为法治国家的法体现了道德。康德说过，发达国家是人们用法律组织起来的联合体。人们用法律来组织政府，规范政府的行为，所以现代法治本质上是治权的政府。政府的权力被纳入法治的轨道，人民的权利才能得到有效的保障，才会有效促进道德的繁荣。所以社会的道德和精神文明是法治的最终标志。法治的进步必然会通过道德和精神文明体现出来。卢梭在《忏悔录》里说得好："一切都从根本上与政治相联系。不管你怎样做，任何一国的人民都只能是他们政府的性质将他们造成的那样；因此，什么是可能的最好的政府这个大问题，在我看来，只是这样一个问题：什么样的政府能够造就最有道德、最开明、最聪慧，总之是最好的人民。"[①]

在我国，由于两千多年封建传统的影响，法治还不时受到干扰，权大于

---

① ［法］卢梭：《忏悔录（第二部）》，范希衡译，商务印书馆1986年版，第500页。

法、徇私枉法等还比较普遍。这正是我国近年道德和精神文明问题的根源。比如,"权为民所赋"早已成为现代民主法治的基本常识,也是马克思主义权力观的基本原则,但马克思主义权力观及其法治原则在执行中仍有很大的出入,不少地方公权私用,甚至化公为私。还在 20 世纪,在湖南永兴县委组织部对全县基层党组织建设情况做的调查中,发现村干部"父传子"现象比较普遍,全县 25 个乡(镇)351 个行政村,有 98 个村存在"父传子"现象,占行政村总数的 30%,"子袭父位"的村干部 108 人①。改革开放几十年过去了,由于我们在依法治国理念和实践上存在的某些缺陷,这种"父传子"的官本位势头不但没有遏止,在不少地方甚至越演越烈,带来了严重的社会问题。《南方周末》从《中县干部》的博士论文中摘编发表的"政治家族"一节,完整记录了这个县级政权系统内部,当地家族成员的任职关系,"政治家族"在当地相当普遍,占据了各部门的重要职位,令人触目惊心。家族政治对基层权力的垄断,固化了原有的社会阶层,令普通家庭出身者更难凭借才干获取政治前途。中县的一位主要领导甚至说:"如果我的妹妹在中县工作,那么不用我打招呼,她的工作和提拔,都会处处受到关照,这是几千年来的政治传统。"②"子袭父位"所反映的权位固化不但违法,而且会加剧社会道德的崩溃。如果公权力都集中在一些小圈子的人手中,公权就会成为以权谋私的最普遍的手段,在这种情况下,任何道德说教都会显得十分苍白。

第三,促进法治最有效的手段是民主建设。

中国古代有法制没有法治,一个根本原因是中国几千年的传统社会只有君主,没有民主。儒家伦理所有的说教就是要确立君君臣臣父父子子的伦理秩序,并在中国建立了这种以严格等级和伦理秩序制为特点的统治。正是这种统治,不仅严重禁锢了人民的思想和政治自由,也阻碍了中国历史的真正进步。对此黑格尔曾有过非常深刻的论述:"中华帝国是一个神权专制政治的帝国,……个人从道德上来说没有自己的个性。中国的历史从本质上来看,

---

① 鲍道:《基层"父传子"现象透视》,载《组织人事报》1996 年 11 月 21 日。
② 冯军旗:《中县"政治家族"现象调查》,载《南方周末》2011 年 9 月 2 日。

仍然是非历史的：它翻来覆去只是一个雄伟的废墟而已……任何进步在那里都无法实现。"①

人类历史上，依法治国真正被作为一种治国方略并能够得到有效遵守，在于民主政治的确立。1215 年 6 月 15 日，英国获得军事胜利的贵族集团逼迫约翰国王签订了《大宪章》，开辟了民主法治的先河。《大宪章》在一定意义上就是民主基础上的法治规范。依法治国离不开民主。此后，英国民主法治的博弈一直到 1688 年，英国国王不得不承认他们的权力来源于议会，以议会主权为标志的民主正式确立，依法治国才成为近代民主法治的典型的治国方略。历史上，《权利法案》作为"结束了几乎早于半个世纪就已经开始的英国革命"② 的事件，其主要标志就在于它确立了人民主权，法律具有最高的权威。近代以后，"民主潮流浩浩荡荡，顺之者昌，逆之者亡"，充分证明了民主法治的优越性。

从我国法治实践看，民主对法治的重要意义仍然重视不够。由于种种原因，我国不少地方民主建设和法治建设并不同步。我国改革开放是从民主法治建设开始的。几十年的改革开放，法治建设得到了长足的发展，但民主建设相对滞后，甚至和预期差距极大。一个突出的现象是我国社会主义法律体系已经建立，法治建设已经到了全面推进的地步，但民主建设还停留在基层。另一方面，民主建设滞后直接影响了法治的质量。比如，至今我国不少公安机关每年仍打"黄赌毒"，还设有一定的指标，这种先定指标后打"黄赌毒"的现象，违背法治的常识，为什么一直解决不了？一个重要原因在于我国不少地方的法治还停留在权力部门的自我约束上。比如监督权，本来是人民群众的宪法权利，但我国不少单位如果不自觉接受监督，人民群众似乎就无法监督。故"自觉接受监督"也成为我国一个奇特的现象。而监督得不到充分有效实现的根本原因，在于民主建设不充分，人民当家不做主的现象还没有

---

① ［法］佩雷菲特：《停滞的帝国：两个世界的撞击》，王国卿、毛凤支、谷炘等译，生活·读书·新知三联书店 2013 年版，第 426 页。
② ［美］斯塔夫里阿诺斯：《全球通史》，吴象婴、梁赤民译，上海社会科学院出版社 1996 年版，第 327 页。

解决。因此，全面深化依法治国，关键是民主建设。要把民主建设当作深化法治建设的根本和基础的组成部分，这是民主法治的本来意义。在现代社会，民主、法治不是孤立的两种现象，而是同一个事物的两个方面。法治是民主的要求，民主是法治的动力和基础。法治是民主的保障。而法治保障民主的功能本身又是民主决定的。没有民主的充分发展，就没有法治，也没有依法治国。

改革开放以后，我国民主法治建设启动，短时间内国人民主法治意识蓬勃兴起，人民参与社会管理也日益普遍。但由于民主建设的短板，我国法治建设包括社会道德的问题也比较突出。依法治国在一些官员眼中变成了治民，国家权力的制约严重不足，人民群众的监督途径不畅通，导致中国改革中腐败猖獗，社会道德严重滑坡。以习近平同志为核心的党中央将反腐败作为新时期治国理政的重点，有力地打击了腐败。但从依法治国方略看，中国社会出现的大量有法不依、执法不严和违法不纠现象及其道德问题，根子在民主建设。正如中共十八届四中全会强调："人民群众是依法治国的主体。"十九届四中全会也明确指出："坚持人民当家作主，发展人民民主。"[①] 这就是强调在全面深化我国依法治国的过程中，要加大民主建设。

当然，民主也不能解决法治的所有问题。当代西方民主同样面临大量的社会问题。但西方国家民主法治遇到的问题与我国改革开放面临的问题有极大的区别。不能因为西方国家的民主有问题，我们就不讲民主，甚至连民主都不敢提。相反，我们不但应当理直气壮地高举民主法治的大旗，而且社会主义民主必须比资本主义民主更加优越。马克思曾充满激情地预言："资产阶级的灭亡和无产阶级的胜利是同样不可避免的。"[②] 经过长期的社会主义实践，特别是苏联东欧的历史教训和中国社会主义正反两方面的实践，我们终于发现，社会主义替代资本主义的秘密就在于社会主义民主。正如中央领导一再

[①]《中共中央关于坚持和完善中国特色社会主义制度、推进国家治理体系和治理能力现代化若干重大问题的决定》，载《解放日报》2019年11月1日。

[②]《马克思恩格斯选集（第一卷）》，人民出版社1995年版，第284页。

强调的:"没有民主就没有社会主义。"①因为只有通过社会主义民主法治,我们才能真正实现马克思当年所追求的"每个人的自由发展是一切人的自由发展的条件"这一伟大的社会理想②,而社会主义道德和精神文明正是社会主义民主法治土壤上结出的果实和盛开的鲜花。

---

① 中共中央文献研究室编:《十六大以来重要文献选编(上)》,中央文献出版社2005年版,第144页。
② 《马克思恩格斯选集(第一卷)》,人民出版社1995年版,第294页。

当代中国公民权利意识的进步

——对《当代中国文学作品中法治思想的推进》一书的思考

孙也惠　李弘云　来佳慧　熊一洁

摘要：本文通过对当代中国有影响力的法治文学作品的研究，去发现中国法治实践中遇到的挑战与问题，以及中国法治建设艰难的发展步伐和所取得的进步。本文从重点分析改革开放期间发表的《河边的错误》《奔跑的火光》《我不是潘金莲》这三部作品入手展开探讨。

关键词：改革开放　法治文学作品　人权进步

李瑜青、刘捷等著《当代中国文学作品中法治思想的推进》一书，是一部视野极为广阔又思想深刻的研究性作品。改革开放以来，文学作品中展现的法治思想有长足的发展。笔者以这部著作为基础，围绕中国公民权利意识的进步这个主题展开探讨。

列宁曾经指出"宪法是一张写着人民权利的纸"。公民权利意识的形成和发展当然有赖于国家通过制定法的形式向社会公开宣布公民所享有权利的范围。很明显，中国改革开放所带来的社会进步可以从各个方面体现出来，而公民权利意识的发展，以1982年新修订的宪法作为标志。这部宪法建立起符合中国国情的公民权利体系及权利保障体系，宪法中专门阐述了公民权利的基本内容。1991年11月1日，中国又发布《中国的人权状况》白皮书，确认"人权是一个伟大的名词"，人权话语已融合到社会、经济、政治、文化等各个方面。此后，"尊重和保障人权"的原则还写入中国共产党的工作报告、《中国共产党党章》，作为执政党执政的基本理念。同时，中国将宪法的公民基本权利作为原则性要求与不同阶段的《国民经济和社会发展规划纲要》《中国妇女发展纲要》《中国儿童发展纲要》《全民普法教育规划》《国家人权行动计划》等目标方案结合起来加以落实①。1997 年、1998 年中国加入了两个重要的国际人权公约。迈入 21 世纪，中国在保障人权的实践上还做出了更多突破，为实现法治提供了坚实的基础。但理论是抽象的，以文学形式表现的小说等作品，可以其特有的直白性、生动性与能动性，反映社会生活的真实。

本文的研究按如下的行文逻辑展开，即分别讨论三部作品：第一部是《河边的错误》，通过对限制刑事责任能力人的强制医疗行为做剖析，研究公民的人身权、人格权的保护问题。第二部是《奔跑的火光》，解读婚姻中妇女在家庭中的地位，研究"法律面前人人平等"的内涵；第三部是《我不是潘金莲》，针对群众上访问题进行探讨，研究公民的批评、建议、申诉、控告、检举等权利的实现。

一、限制行为能力人的人权保护——基于《河边的错误》

《河边的错误》选自作家余华的短篇小说集《现实一种》，创作于 1986—1987 年。当时的中国开始改革开放不到十年，正处于特殊的社会转型期，从计划经济转向市场经济的过程中一路坎坷。社会急剧变化的同时，司法建设远未能跟上时代的步伐。正是在这样的时代背景下，余华创作了一篇被认为是"对中国传统侦探小说的戏仿和拆解，或是余华式暴力美学的展示和人性深处'恶'的证明"的中篇小说。

作品梗概：一个年轻丧夫的老婆婆，独自生活了几十年，在晚年时收养抚育了一个疯子。老婆婆有一天在河边放鹅时被害，死状惨烈，经多方调查发现疯子极有可能是犯罪嫌疑人，但最终由于对方是限制刑事责任能力人而只能将其送入医院治疗，不能进行法律制裁。疯子出院后又连杀两人，杀人手法与之前如出一辙，其中一个被害人是在老婆婆被害时提供募集证明的一个小孩子。这深深地刺激了办案刑警，他找到疯子，用枪击毙了他。为了保住

---

① 周力：《从实现温饱到美好生活的中国人权叙事》，载《现代法学》2019 年第 6 期。

这名刑警,刑警的上司请来精神专家,试图证明他患有精神疾病。刑警本来不想通过这种方式逃避,但在多次重复且枯燥的问题下终于表现出了不耐烦,并被认为是精神失常,让他的上司和妻子如愿以偿地等来了"有精神疾病,可以住院"的结果。一个以自己的手段制裁了法律无法制裁的限制刑事责任能力人的"法外制裁者",却要通过装作限制刑事责任能力人来逃脱制裁。小说以刑警"真是有意思"的感叹结尾,仿佛完成了新的循环,构建了一条荒谬的衔尾蛇故事结构,发人深思。

(一)需要了解的相关法律问题

1. 限制行为能力人的内涵、立法保护过程及存在的问题

以精神障碍者为代表的限制行为能力人,一向是社会中的弱势群体,需要司法进行特别限制和保护。新中国对于精神障碍者的首个官方处理态度可见于1956年湖北省政府收到的国务院批复:对社会治安有重大危害的精神病患者,由公安机关收容、看管,卫生部门予以积极治疗。此后,对于精神障碍者的立法保护工作逐步完善起来。这一领域的立法活动的重大进展之一是2011年6月国务院法制办向社会公布《精神卫生法(草案)》,公开征求意见。其中不仅通过"自愿住院原则"等条文充分体现对精神障碍者人权的尊重,还以"精神障碍者"替代了具有歧视性色彩的"精神病人"概念。这一人权保护理念延伸到了2018年4月正式施行的《中华人民共和国精神卫生法》,这是我国限制行为能力人立法保护发展史上的一座里程碑[①]。

从草案的公布到《精神卫生法》的施行,这之间我国还于2012年修订的《刑事诉讼法》中的特别程序部分增设了"依法不负刑事责任的精神病人的强制医疗程序",被学界认为是强制医疗程序司法化的重大进展,也是限制行为能力人立法保护的巨大进步。这一立法活动弥补了《刑法》第十八条有关精神障碍者强制医疗仅有实体法规定但欠缺程序法补充的不足,有利于更好保护精神障碍者的权益和维护公共安全。但我国在这一领域的法治建设起步较

---

① 吴大勇、杨涛、李然:《涉案精神病人强制医疗程序研究》,载《中国检察官》2020年第3期。

晚，仍有诸多不足之处①。

一是临时性约束保护不足。精神障碍者接受强制医疗前的约束及保护工作由公安机关实施，这一点规定于《刑事诉讼法》第三百零三条。但临时性约束的限定过于宽泛，不仅对于启动程序没有明确要求，对于公安机关实施权力的环节也没有监督，公安机关享有任意启动"临时性保护约束措施"的解释权和垄断权，从而使得犯罪嫌疑人、精神障碍者的权利很容易遭到侵害。在这一环节，立法者应当从司法、行政和私权等多方面建立起监督和救济措施②。如果在强制医疗程序启动之前，检察机关和公安机关有完善的监督程序，精神障碍者近亲属的救济权有所保障，则精神障碍者的人身权利将得到极大保护。

二是检察监督不足。尽管《刑事诉讼法》第三百零七条明确规定，人民检察院对强制医疗的决定和执行实行监督，但这一规定过于概括化，缺乏具体执行的细节规范，致使检察机关在司法活动中无所适从，导致强制医疗中精神障碍者的权利难以得到外部保障。强制医疗需要的检察监督主要包括审前、决定、交付执行和治疗执行的检察监督，其中最重要的就是对治疗过程的检察监督，因为这一阶段治疗时间长，精神障碍者与外界隔绝，处于陌生环境中，一旦遭到人身权利的侵害，很难得到救济。虽然《人民检察院刑事诉讼规则》第六百六十四条列举了九种检察院可以对医疗机构提出纠正意见的情形，但对于检察监督范围和内容的规定仍然过于宽泛，且缺乏细化的实施办法。此外，仅有《人民检察院刑事诉讼规则》的规定是远远不够的，还需要颁布更多细化条例。

三是鉴定程序不完善。启动强制医疗的前置程序是确认犯罪嫌疑人为"经法定程序鉴定依法不负刑事责任的精神病人"，但《刑事诉讼法》中对于鉴定程序的规定很不完善。这一环节是启动整体强制医疗程序的第一步，必须从立法层面进行明确规定，以保证后续的强制医疗是建立在判断无误的基础上。这就需要在司法实践和立法工作中对鉴定启动的启动主体、鉴定机构、鉴定期

---

① 陈复军：《刑事强制医疗程序的完善研究》，载《中国检察官》2017年第11期。
② 张斌、浦娟娟：《精神病人强制医疗程序立法之不足与完善》，载《上海公安高等专科学校学报》2014年第5期。

限、人员资格和鉴定意见等作细化规定,而我国现有的法律、司法解释和司法文件中缺乏相关细化规定,导致司法实践中存在大量可自由裁量,但可能侵害精神障碍者人权的空间,包括鉴定启动权垄断于公检法机关、精神障碍者的危害程度缺乏具体标准、合议庭的组成缺乏精神病理学专家等一系列问题①。

2. 限制行为能力人的保护问题与小说的内在联系

小说中的核心矛盾和冲突可以总结为:一个精神病人实施了杀人行为,但由于落后的经济和司法制度导致其无法得到收容和治疗,从而使其能够继续实施杀人行为,而出于朴素正义感的"法外制裁者"杀死他之后,又被他人通过"鉴定为精神病人"逃过了法律制裁。《河边的错误》中的核心法律问题围绕限制刑事责任能力人展开。在改革开放初期,我国法制对于弱势群体的保护力度十分薄弱,由于当时百废待兴,一切资源和力量,包括司法领域的都集中于保护多数群体的权益,而忽视了少数群体的权益。尤其是"口袋罪"现象的大规模出现,无疑说明我国当时司法实践处于效率压倒公平的阶段。在这种状态下,普通公民的正当权益尚且无法得到很好的保护,更不要说残疾人、性少数群体、精神障碍者等少数群体和弱势群体了。

(二)小说在精神障碍者权利保护上提出的问题

体现在小说中的第一个精神障碍者身上的法律问题是强制医疗过程缺乏检察监督。小说中,强制医疗是通过电休克疗法进行治疗,病人遭受的是非人的折磨。治疗中病人会在床上疯狂翻滚,而为了束缚其行动能力,治疗人员只得将其绑在病床上。这种强制医疗与其说是治疗,更像是刑讯逼供,然而对此根本没有任何有效的监督措施来保证接受治疗的人不会受到虐待,其人权能够得到有效保障。这可以说反映的是检察监督存在巨大漏洞。

体现在小说中的第二个"精神病人"身上的法律问题是强制医疗程序启动的鉴定存在漏洞。启动鉴定的程序流于形式,缺乏正规监管,形成监管死角。时至今日,我国司法文件中仍然缺乏针对精神鉴定的实施细则,而在小说设定的时代背景即20世纪80年代中期,这一问题更加凸显。小说中精神

---

① 董晓玲、代亚楠:《我国精神病强制医疗之检察监督》,载《河北法学》2015年第7期。

障碍鉴定程序的启动形同儿戏，仅需公安局局长自主命令即可，且精神科医生的鉴定资格和鉴定程序完全没有保证，仅仅是为了"走过场"而鉴定。小说中描述的场景是通过流于形式的精神鉴定，将一名完全行为能力人鉴定为"精神病人"，从而使其逃脱法律制裁。而一旦这种形式被运用到司法实践中，不仅会对司法的权威性和公信力形成巨大的打击，还有可能形成权力寻租的空间。不受监管的启动方可以将普通公民鉴定为精神障碍者，令其被迫接受约束和监管，进入强制医疗程序；或者将真正触犯刑法的人鉴定为"精神病人"，而使其逃脱法律制裁。

（三）小说在推动精神障碍者权利保护上的观点价值

1. 建立严格的精神鉴定标准，细化鉴定准则

我国目前强制医疗程序的"入口"，即精神鉴定的标准和程序存在不少纰漏，具体可总结为强制医疗必要性标准模糊、危害社会可能性标准模糊两个问题。从立法目的解释的角度分析，《刑事诉讼法》第三百零二条规定："实施暴力行为，危害公共安全或者严重危害公民人身安全，经法定程序鉴定依法不负刑事责任的精神病人，有继续危害社会可能的，可以予以强制医疗。"之所以在条文中使用"可以"而非"应当"，是因为立法者鼓励司法实践中采用家庭亲属看护治疗精神障碍者的办法。这是我国政府财政压力大、医疗资源紧缺、经济发展水平不足等社会现实原因导致的。进一步分析，可以认为，立法者认为只有在家庭、监护人看护不足以防止社会危险性的情况下，才可以采取强制医疗措施。而在司法实践中，大量本可以采取居家看护、监护人看护的精神障碍者被迫接受强制医疗，失去了本来的选择权，这是责任业绩考察机制导致的。所以，强制医疗的"准入门槛"应当得到进一步细化，如此不仅可以压缩司法执行人员自由操作的空间，防止权力滥用和司法腐败，保证更多的精神障碍者的人身权利不受侵犯，还可以节约我国紧缺的司法资源，降低司法成本。

2. 建立成体系的监督机制

对涉案精神障碍者的人权保护机制，应当全面覆盖从逮捕羁押、精神鉴定、接受强制医疗到完成治疗并解除强制医疗措施的全过程。在这一过程中，

对强制医疗进行监督的环节最值得重视，应当建立起以监所检察部门为主体的检察监督制度。为了对强制医疗过程进行长期的、系统的、全面的监督，应当建立起配套的巡回检察监督和常驻检察监督体制。监督重点放在治疗主体，即被强制医疗人和主治医师。基于保护精神障碍者的各方面权利的考量，除基本生命健康权和人格尊严权的保证外，还应保证精神障碍者与近亲属定期沟通的权利，缓解精神障碍者在强制医疗过程中的心理压抑。

3. 建立专业的强制医疗机构

强制医疗程序是法学和医学的交界点，对于精神障碍者的人权保护不仅应当从司法监督的角度分析，还应当从医学角度分析。出于集中收容看护的司法成本考量，以及强制医疗的医学专业性特点，应当采取建立专门强制医疗中心的方式负责涉案精神障碍者的羁押和诊疗。在合议庭评议强制医疗案件时，还可以邀请具有专业知识的精神病理学家和主治医师担任陪审员，通过专家证言提供专业意见，对启动、运行、解除强制医疗程序发表看法。

当然，可以从很多个角度来解读《河边的错误》中涉及的法律问题，精神障碍者在司法实践中遭遇的人权困境和我国强制医疗的缺陷，只是其中一个角度。在法制建设和法治完善的早期，少数群体和弱势群体的权益很难得到应有的保障。如犯罪嫌疑人的人身权利问题是经过长期关注和纠正才得到大幅好转的，而由实施暴力行为的精神障碍者的羁押问题引申出的对其人权进行保障的问题同样如此艰难。尽管20世纪七八十年代就出现了相关问题，但受制于客观情况长期无法解决。通过文学作品来关注我国法治化进程的意义就在于可以见微知著，从细微之处发现司法实践中的一些漏洞，展开探讨和研究，并提出建设性意见，让以精神障碍者为代表的社会少数群体、弱势群体的人权也能得到法律的充分保护。

二、婚姻中妇女权益的保护——基于《奔跑的火光》

（一）改革开放以来中国在妇女权益保护方面的立法情况

妇女权益是一个多元的概念，涉及妇女在整个社会生活中所享有的各种权利，如政治权利、文化教育权利、财产权利、劳动与社会保障权利和反性骚扰、反家庭暴力等①，与一国宪法、民法和劳动法等，以及参与的相关国际人权公约关系密切。

妇女人权的实现需要通过有约束力的相关国际人权公约予以法定保护，主要包括全球性和区域性国际人权公约。目前国际社会公认的、具有影响力的有九个全球性核心人权公约，其中，《消除对妇女一切形式歧视公约》及其任择议定书是最具代表性、专门保护妇女人权同时也是对妇女人权保护最综合全面的国际公约。《消除对妇女一切形式歧视公约》构建了一个妇女与男子享有平等权利和保障妇女人权的法律框架，被称为"国际妇女权利宪章"。作为一个以性别为特点的人权公约，它将妇女权利提升到国际人权的高度，将以往国际人权文书忽略的问题引入立法范畴。同时，它也为妇女的人权保护及反对所有领域基于性别对妇女的歧视提供了强大的护航。

此外，其他几个公约虽然各自独立、职能不同，或者有的并未包含专门保护妇女权利的规定，但它们在各自的领域都确定了两性平等和非歧视原则以及保护妇女人权的原则。区域性国际人权公约，例如《防止、惩治和消除针对妇女暴力的美洲间公约》、欧洲理事会《关于预防和打击对妇女的暴力和家庭暴力公约》，则在考虑区域妇女人权发展特征的基础上，对妇女人权保护作出了相应规定②。

改革开放以来中国在妇女权益保护方面有不少发展。1980 年 7 月 17 日中国加入《消除对妇女一切形式歧视公约》，是最早批准该公约的国家之一，我国政府已经提交了 6 次执行该公约的国家报告。《消除对妇女一切形式歧视公约》在我国生效后，政府通过立法、司法、执法相互配合的一系列法治活动践行公约。

在立法层面，我国形成了以宪法为基础，以《妇女权益保障法》为核心，以相关部门法中的分散规定为补充的完整的妇女权利保障和促进男女平等的

---

① 中国妇女网，http://www.cnwomen.com.cn/2016/12/27/99102586.html。
② 邹晓巧：《〈消除对妇女一切形式歧视公约〉的规范与实施——兼评中国的履行情况》，载《人权研究》2020 年第 3 期。

法律法规体系。

1. 宪法和妇女权益保障综合性法律

改革开放以来，我国立法机构加大了对妇女权利的立法保护，其中最为著名的立法便是1992年4月3日第七届全国人大第五次会议通过的《妇女权益保障法》，该法分9章共54条，除总则、附则和法律责任外，分别从妇女的政治权利、文化教育权益、劳动权益、财产权益、人身权利、婚姻家庭权益等6个方面详细作了规定，是新中国成立以来第一部综合性的妇女人权保障法律，全面体现了男女平等和禁止歧视的宪法原则，对妇女权利保障具有里程碑意义。2005年，第十届全国人大常委会第十七次会议通过了《关于修改〈妇女权益保障法〉的决定》。修改后的《妇女权益保障法》一个重要的变化是将"实行男女平等是国家的基本国策"写入总则，并规定"国家采取必要措施，逐步完善保障妇女权益的各项制度，消除对妇女一切形式的歧视"。至此，实现男女平等被上升到基本国策高度，保障妇女人权成为国家与社会生活中应当优先考虑的事项。

此外，1982年制定的《宪法》在承继1954年《宪法》关于妇女保障内容的基础上，在第四十八条第二款又增加了"国家保护妇女的权利和利益，实行男女同工同酬，培养和选拔妇女干部"。第四十九条第四款增加规定了"禁止破坏婚姻自由，禁止虐待老人、妇女和儿童"。上述规定不仅将妇女权益保障上升到基本国策高度，而且将男女平等最为重要的内容——经济层面的同工同酬和政治层面的参与管理和参政权利——予以明确，体现了对妇女人权的升级保障[①]。

2. 其他相关法律、法规

在妇女参政和参与管理方面，2007年3月在《第十届全国人民代表大会第五次会议关于第十一届全国人民代表大会代表名额和选举问题的决定》中明确规定，第十一届全国人民代表大会代表中，妇女代表比例不低于22%，

---

① 陈爱武：《新中国70年妇女人权保障之回顾与展望》，载《法律科学（西北政法大学学报）》2019年第5期。

首次对妇女代表的比例作出明确规定，体现了促进男女平等和不歧视妇女的人权保障精神。2010年修订后的《村民委员会组织法》对妇女自治权提供了更加充分的保障，除继续规定村民委员会成员中应当有妇女之外，增加了"妇女村民代表应当占村民代表会议组成人员的1/3以上"的强制性规定。

在妇女民事权利和地位方面，1986年全国人大通过了新中国成立以来首部民事法律——《民法通则》，在该法第一百零三条至第一百零五条直接规定了跟妇女权益有关的条文，如第一百零三条规定，公民享有婚姻自主权，禁止买卖、包办婚姻和其他干涉婚姻自由的行为。第一百零四条第一款规定，婚姻、家庭、老人、母亲和儿童受法律保护。第一百零五条规定，妇女享有同男子平等的民事权利。《民法通则》首次在法律上确认了妇女同男子一样享有法律上的人格，从出生时起就具有民事权利能力，依法享有民事权利承担民事义务。

在妇女受教育权保障方面，1986年全国人大通过了《义务教育法》（2006年、2015年、2018年进行过修正），为保障女童的受教育权提供了切实的法律依据。1988年出台《扫除文盲工作条例》（1993年修正），1995年出台《教育法》（2009年、2015年、2021年进行过修正），1996年出台《职业教育法》，1998年出台《高等教育法》（2015年、2018年进行过修正），保障妇女提升文化水平，接受高等教育尤其是职业教育的权利。上述法律法规确认了妇女和男子享有平等的受教育权，规定了政府在妇女受教育权实现方面的义务、妇女受教育权的具体内容以及侵犯妇女受教育权相关主体的法律责任。

在劳动和社会保障方面，1986年卫生部、劳动人事部、全国总工会、全国妇联联合发布《女职工保健工作暂行规定（试行草案）》，1988年国务院颁布《女职工劳动保护规定》，1990年劳动部颁布《女职工禁忌劳动范围的规定》，都对妇女劳动保护作了具体规定。包括在劳动过程中对妇女实行特殊保护，如禁止安排女职工从事禁忌从事的劳动；在妇女生理期机能变化过程中对女职工实行特殊劳动保护，如经期、孕期、产期、哺乳期、更年期等"五期"保护；为女职工配备劳动保护设施等。1992年全国人大通过了《工会法》（2009年修正），保护女职工特殊权益。1994年全国人大常委会通过了《劳动法》，该法第七章专章规定了女职工的特殊保护内容，从第五十八条到第六十二条就女职工特殊劳动保护原则、劳动强度限制、经期劳动强度限制、孕期劳动强度限制、产假、哺乳期劳动保护等作出了详细规定。2004年国务院出台《劳动监察条例》，对用人单位违反规定，侵害女职工权益的行为进行监察，可责令改正并予以罚款。2007年人社部发布《就业服务与就业管理规定》，该规定第十六条明确规定，用人单位在招用人员时，除国家规定的不适合妇女从事的工种或者岗位外，不得以性别为由拒绝录用妇女或者提高对妇女的录用标准。用人单位录用女职工，不得在劳动合同中规定限制女职工结婚、生育的内容。第二十八条职业指导包括"（五）对妇女、残疾人、少数民族人员及退出现役的军人等就业群体提供专门的职业指导服务"。2007年全国人大常委会出台《劳动合同法》（2012年修正）、《就业促进法》。《劳动合同法》第四十二条规定，女职工在孕期、产期、哺乳期的，用人单位不得依照本法第四十条、第四十一条的规定解除劳动合同。第五十二条还规定了企业职工一方与用人单位可以订立女职工权益保护的专项集体合同。《就业促进法》第二十七条规定，国家保障妇女享有与男子平等的劳动权利。用人单位招用人员，除国家规定的不适合妇女的工种或者岗位外，不得以性别为由拒绝录用妇女或者提高对妇女的录用标准。用人单位录用女职工，不得在劳动合同中规定限制女职工结婚、生育的内容。

此外，2002年全国人大常委会通过了《农村土地承包法》（2018年修正），该法最新版第六条规定："农村土地承包，妇女与男子享有平等的权利。承包中应当保护妇女的合法权益，任何组织和个人不得剥夺、侵害妇女应当享有的土地承包经营权。"第三十一条规定："承包期内，妇女结婚，在新居住地未取得承包地的，发包方不得收回其原承包地；妇女离婚或者丧偶，仍在原居住地生活或者不在原居住地生活但在新居住地未取得承包地的，发包方不得收回其原承包地。"该法对农村妇女的土地承包权作出明确规定。2010年我国出台了《社会保险法》（2018年修正）。该法最新版第五十六条明确规定，女职工生育享受产假的，可以按照国家规定享受生育津贴。

在婚姻家庭领域，1980年全国人大通过了《婚姻法》，这是新中国成立后

第二部《婚姻法》，与 1950 年《婚姻法》相比，1980 年《婚姻法》是根据我国实践中的新情况新问题，并根据社会发展，对原《婚姻法》中某些不符合社会实际的条款进行了删除，如删除了禁止纳妾，修改了法定最低婚龄等，新增了一些跟时代契合的条款，如计划生育、约定财产制等。2001 年我国又对《婚姻法》进行修正，形成 2001 年新《婚姻法》，该法在 1980 年《婚姻法》的基础上，增加了诸多内容，条文数量从 37 条扩充到了 51 条。增加了夫妻应当互相忠实，互相尊重，禁止婚外同居、禁止家庭暴力，规定了无效婚姻与可撤销的婚姻，离婚损害赔偿等，更体现了对妇女的保护和关怀。1985 年全国人大通过了《继承法》，该法第九条明确规定"继承权男女平等"，彰显了在继承领域的性别意识。1991 年通过的《收养法》，2003 年颁布《婚姻登记条例》，都有涉及女性权益保护的特别规定。1994 年全国人大常委会通过了《母婴保健法》（2017 年修正），为母婴健康提供了国家保护。2021 年 1 月 1 日，《民法典》正式实施，《婚姻法》《继承法》《收养法》同时废止。

在涉及妇女人身保护和惩罚犯罪方面，1991 年全国人大常委会公布了《关于严禁卖淫嫖娼的决定》（2009 年、2019 年进行过修正）和《关于严惩拐卖、绑架妇女、儿童的犯罪分子的决定》。《关于严禁卖淫嫖娼的决定》将强迫幼女卖淫作为强迫卖淫罪的加重处罚情节；并规定对嫖宿幼女的，"依照刑法关于强奸罪的规定处罚"。这些都体现了对受害幼女的特别保护。《关于严惩拐卖、绑架妇女、儿童的犯罪分子的决定》则对拐卖、绑架妇女的犯罪行为作出专项规定，该法实施后，依法严惩了一批拐卖妇女儿童的罪犯，使该类犯罪案件连年下降。

2015 年全国人大常委会通过了《反家庭暴力法》，专门设立了人身安全保护令、强制报告等制度。之后，最高人民法院、最高人民检察院、公安部、司法部联合发布《关于依法办理家庭暴力犯罪案件的意见》，强化对家庭暴力犯罪的及时干预[①]。

---

① 陈爱武：《新中国 70 年妇女人权保障之回顾与展望》，载《法律科学（西北政法大学学报）》2019 年第 5 期。

司法执法层面，中国给妇女提供了一系列程序上的指导，以帮助妇女获得有效救济，真正地享有各项人权。针对家庭暴力案件，公安机关建立了接处警制度，在社区设立家庭暴力投诉点；在地方妇联、卫生部门、公安机关和法院的配合下，各地设置了"一条龙"式的司法服务，包括妇女维权合议庭、妇女法律援助制度以及家暴受害者伤情鉴定服务；执法人员的性别意识不断增强，他们在处理有关家庭暴力的案件时能够考虑被虐待妇女的生理特别是易被忽视的心理状况，从女性的角度审视家庭暴力问题[1]。在打击针对妇女实施的犯罪活动方面，司法执法实践也有长足进步。如针对拐卖妇女儿童案件，政府建立了集预防、打击、救助和康复于一体的国家反拐工作长效机制。2010 年，最高人民法院、最高人民检察院、公安部和司法部四机关联合发布《关于依法惩治拐卖妇女儿童犯罪的意见》，重申了我国依法严厉打击拐卖妇女儿童的立场，加大对妇女儿童合法权益的司法保护力度。

（二）改革开放以来中国在妇女婚姻家庭权利保护的法律实践中存在的问题

尽管改革开放以来我国经济快速增长，但由于人口众多、地区发展不平衡、经济发展的方式和质量还有待提升等因素，我国仍是一个发展中国家。受社会发展水平的制约和旧观念的影响，我国法律规定的实施，尤其是妇女的婚姻家庭权利保障还存在一些问题。因此尽管改革开放之后我们取得了巨大的进步，但仍然存在值得反思之处。

1. 公法是否可以介入家庭

《宪法》对于妇女权利保障有明确规定并通过部门法予以具体化，体现了对女性的特殊保护。然而，按照我国传统的法律分类，《宪法》是公法，调整的是国家公权力与公民私权利之间的关系。婚姻家庭领域被认为是私主体的领域，加之我国对于公权力警惕、控制的基本倾向，长期以来《宪法》及相关具有公法属性的法律能否进入私主体领域经常遭受质疑。在《反家庭暴力法》出台后，立法层面已经在"国家公权力应肩负防止家庭暴力的职责"方

---

[1] 邹晓巧：《〈消除对妇女一切形式歧视公约〉的规范与实施——兼评中国的履行情况》，载《人权研究》2020 年第 3 期。

面走出关键一步。但在观念上,则仍面临着具有公法属性的《宪法》与相关法律能否介入家庭之内的认知困惑。诸如,"家庭作为私领域的一环,享有自治权""国家公权力不得任意介入家庭"① 等认知观念仍然根深蒂固。在妇女权利保障上,相对于公共领域,私人(家庭)领域作为一个相对封闭的女性主要的生活领域,如果法律不介入,就会使女性在此封闭领域内的权利得不到有效的救济。

2. 立法是否万能

法律文本规定在实践中是否得到有效落实是妇女婚姻家庭权利能否得到保障的关键。目前,我国保护妇女婚姻家庭权利的法律体系已经比较完备,但实际生活中对妇女权利的保障远没有达到立法斯冀的水平。在立法活动上找寻缘由,即部分法律文本规定得过于宽泛、过于原则化,可操作性不强。某些法律文本的表达,习惯采用一般性倡导规范或列明了禁止事项却缺少制裁手段,增大了司法机关、行政机关践行法律的难度。例如,多数公众对修订后的《婚姻法》有关配偶权的规定即反映较为强烈:妻子如果要通过诉讼手段状告丈夫的不忠行为,需要承担相应的举证责任,而收集相应证据的难度较大。实践中,往往因当事人无法收集到合法证据而使得相应法律规定虚置②。

3. 性别平等共识是否可能

中国传统的性别法律制度和法律意识形态所构建的不平等两性关系格局跨越了漫长的历史时段。直至当前,两性不平等的关系格局仍然具有强大惯性,具体表现为女性整体自我评价依旧过低,即使一些女性已经拥有很高的社会和经济地位,对男性的依附心理仍挥之不去。中华人民共和国成立后尤其是改革开放以来,女性的权利意识有了提升。客观地讲,当前女性对自身追求性别平等权利的认识中存有片面性,其往往对能够带来利益的权利比较感兴趣,如对教育、就业、平等的升职机会等权利的争取;但另一方面,"作

---

① 许育典、陈碧玉:《国家公权力介入家庭后的冲突关系:以少儿保护为中心》,载《东海大学法学研究》2014 年第 1 期。

② 姜明坤、蒋亢:《妇女婚姻家庭权利立法保障七十年(1949—2019):回顾与展望》,载《山东女子学院学报》2019 年第 6 期。2021 年 1 月 1 日,《民法典》施行,《婚姻法》同时废止。

为人权主体的女性不可避免地经历了父权制的社会化,使她们甘于接受从属于男人的社会角色,如同女儿服从父亲。性构社会不仅影响女性,也同样影响男性,使男性承担了过重的社会和家庭责任"[1]。

改革开放至今,我国已建立了较为完善的妇女权益保障法律法规,形成了以《妇女权益保障法》为主体的妇女权益保障法律体系,但是在贯彻落实过程中仍存在现行法律体系和社会规范不能充分保障妇女合法权益的情况,尤其是对农村留守妇女这一弱势群体合法权益的保障,仍有很大的改进和完善的空间。

首先,相较于城市妇女而言,农村妇女的文化教育程度普遍较低,当地政府应出台相应的政策措施,建设好管理好农村成人教育学校、专业技能培训学校,帮助更多的农村留守妇女学习知识,跟进时代发展,丰富知识储备,提升学习能力,发展综合能力激励她们自信独立,增强她们自我关爱的能力。为农村留守妇女接受继续教育提供广阔的平台,不仅有助于提高她们的个人素质和自我能力,还有助于强化性别平等意识。

其次,在农村的家庭生活和固化认知中,家庭暴力一般不被认为是法律问题。针对性骚扰问题,大多数农村留守妇女会认为"家丑不可外扬",选择忍气吞声,导致农村家庭暴力事件和性骚扰事件屡禁不止。若想杜绝家庭暴力和性骚扰等侵犯农村留守妇女权利的恶劣事件频发问题,应在我国的立法规范中进一步明确家庭暴力和性骚扰的定义、救助程序和救助机构、举证责任和法律责任等内容,为预防、制止、解决家庭暴力、性骚扰问题提供法律依据,利用法律依据处罚不法行为。

最后,农村妇女往往法制意识不强,这导致在有法可依的情况下,她们往往也不会主动去寻求法律保护。应当加强农村法制宣传,营造了解和维护农村留守妇女合法权益的良好氛围,不断增强农村留守妇女法律观念,促使她们有意识、有秩序地去维护自己的合法权益。要切实解决其生理、心理上

---

[1] 郭慧敏:《社会性别与妇女人权问题——兼论社会性别的法律分析方法》,载《环球法律评论》2005年第1期。

的具体需求,为她们提供免费法律咨询、法律援助服务,为农村留守妇女设计"暖心相伴"等社会关爱服务[①]。

(三)作品梗概

《奔跑的火光》是 2001 年发表的作品,小说的主人公是一位名叫英芝的农村妇女。她家境不错,高中毕业后加入了村里的唱班,成为村里的名人。邻村青年贵清看到台上的英芝后产生了爱慕之情,展开了对英芝的追求。英芝青春年少,没能抵挡贵清的追求和诱惑而怀孕了。因在农村地区,女性未婚先孕将对名声造成致命打击,英芝只好带着孩子嫁入贵清家。也是因此,英芝的公婆很不重视她,经常唆使自己的儿子贵清教训英芝。婚后的英芝奔波演出,而贵清却不追求上进,放纵自己于喝酒赌博。英芝的公公婆婆溺爱偏袒儿子,公公对英芝说:"你到村前村后看看,哪个家的女人不干活?哪个家的男人不玩?"婆婆对英芝说:"等你儿子娶了媳妇,媳妇给你生了孙子,你就可以不用下地干活了。做女人的就得这样。我这辈子就是这样过来的。你是女人,你要像个女人样子。"英芝和丈夫及婆家之间产生了剧烈矛盾,一度跑回娘家。然而面对丈夫的求和,英芝又心软了,她决定努力赚钱,供养丈夫之余盖一栋房子,搬离婆家。为了盖房子,她不辞辛劳地通过表演赚钱,甚至抛去颜面在舞台上脱衣。在离梦想越来越近之际,盖房子的钱却被贵清拿去赌博输光了。这时的英芝走投无路,找到了有妇之夫文堂,通过出卖身体的方式换钱。最终被婆家撞破,丈夫贵清烧了英芝娘家的房屋,险些伤及人命。绝望的英芝为了保护家人,将汽油倒在丈夫身上烧死了贵清。奔跑的火光吞噬了一切仇恨,也吞噬了英芝年轻的生命。

(四)作品中反映的法律问题

《奔跑的火光》为读者呈现了一个悲剧故事。通过描述农村妇女英芝的悲剧人生,来反映社会改革时期偏远穷困地区妇女面临的不平等困境。这个青春美丽、开朗大胆甚至具有一定独立意识的农村女性英芝,面对来自父辈的封建准则和夫权的世俗威迫等种种压迫,最终杀死了丈夫,也因此付出了自

[①] 姚惠迎:《关于农村留守妇女权利保障的法律思考》,载《边缘法学论坛》2020 年第 2 期。

己的生命。小说以英芝的悲剧婚姻为主线，以英芝最终杀夫为结局，反映出在社会转型时期，妇女仍然处于相较于男性的劣势地位，她们所享有的权利与男性仍是有所差异的。在结婚时妇女享有婚姻自主权，即公民依法按照自己的意志，自愿地结婚或离婚，不受他人干涉的自主的权利。在婚姻家庭生活中妇女享有人身权和财产权，包括受尊重的权利和免受家庭暴力的权利。在这部小说中，出现了很多妇女婚姻家庭权益遭受侵害的情况：

1. 婚姻自主权遭受侵害

妇女的婚姻自主权应当包括结婚自主权和离婚自主权，即妇女可以自主地选择结婚或者自主解除夫妻关系。然而在《奔跑的火光》中，在封建伦理观念、父系宗法观念和男性至尊的世俗观念占主导地位的背景下，英芝和贵清发生关系并怀孕之后，他们面临的社会压力是不平等的。英芝如果不嫁给贵清，自己的声誉将受到致命打击，她将被社会舆论所唾弃。因此，青春年少的英芝只能带着孩子嫁入贵清家，公婆也不重视她。由此可见，由于世俗性别意识，英芝是根本不具备完全的婚姻自主权的。而当她想离婚时，依然遭受着世俗观念的重重阻碍。

2. 人身权之健康权遭受侵害

妇女在婚姻家庭中的健康权，是指妇女在婚姻家庭中依法享有的保护自己身体、生命健康不受侵害的权利。但在婚姻家庭生活中，侵害妇女健康权的行为时有发生，妇女的健康权受到诸如家庭暴力、虐待、婚内强奸等严重威胁。在《奔跑的火光》中，英芝经常遭受来自丈夫的家庭暴力，但又缺乏救济途径，自己也没有诉诸法律的意识。她所处环境的整个社会观念都认为丈夫教训妻子是天经地义的，并没有意识到这侵害了英芝的健康权。公公婆婆公然唆使儿子去打老婆："你今天不把你老婆打死，你就不是我儿！"甚至连英芝的父母都劝她委曲求全。在这种情况下，妇女在婚姻生活中的生命健康权难以得到有效保障，体现出了封建思想的陋弊、性别意识引发的不平等和法制观念的缺失。

3. 财产权遭受侵害

在婚姻家庭生活中，妇女与男性享有平等的财产权。然而在英芝的家庭中，丈夫贵清随意挥霍妻子赚来的钱而无须经过她的同意，最终将妻子准备盖房子的钱用于赌博并输光，英芝却无可奈何。可见夫妻财产制度忽略了女性尤其是农村妇女在社会和家庭中的劣势地位。

（五）评价

《奔跑的火光》描述了农村妇女英芝的悲剧人生，不仅对宗法封建观念和世俗性别意识作出了冷峻的审视，更凸显了女性在家庭和社会现实生活中的不利处境和地位，法律的触角似乎并不能有效保护处于弱势的女性在婚姻家庭生活中的各项权益。改革开放40多年来，随着物质生活水平的不断飞跃，人们向法制对弱势群体权益的保护提出了更细化的要求。以本小说涉及的妇女家庭权益来说，立法在保护妇女婚姻家庭权益上作出了种种推进，并且颇见成效，对保护弱者权益、消除性别不平等、创建和谐家庭与社会起到了积极作用。然而，时至今日，夫妻双方男女地位不平等、家庭暴力等问题在我国仍然具有相当的普遍性。这需要我国执法机关采取严格、到位的执法措施；需要通过教育、宣传等方式提高社会整体法治认知水平和女性群体自我权利意识；需要作出更多努力消除社会上留存的封建鄙陋观念，减轻妇女本不应遭受的舆论压力。

三、群众上访问题研究——基于《我不是潘金莲》

（一）作品梗概

《我不是潘金莲》是当代著名作家刘震云获茅盾文学奖后的第一部长篇作品，也是他第一部以女性为主角的小说。直逼现实，书写民苦，使这部小说成为《一句顶一万句》的姊妹篇。和《一句顶一万句》一样，故事都是写一个戴了绿帽子的人想杀人，但其实不过是想在人群中找到能说上话的人；与之不同的是，书中是一个给丈夫戴绿帽子的女人，从杀人到折腾人，不过是想在人群中纠正一句话。这个顶了潘金莲冤名的妇女经历了一场荒唐的离婚案后，要证明之前的离婚是假的，更要证明自己不是潘金莲，于是走上告状之路。结果从镇里告到县里、市里，甚至伸冤到北京的全国人民代表大会，不但没能把假的说成假的,还把法院庭长、院长、县长乃至市长一举拖下马;以至每到"两会"时她所在的省市县都要上演围追堵截的一幕,竟持续二十年之久。

(二)作品中反映的法律问题

小说反映了各级政府信访机制的漏洞和不足,以及复杂的官场规则。

下面笔者浅谈一下信访部门面临的困境。

1. 信"访"不信"法",涉法涉讼案件集体上访压力大

中共中央办公厅、国务院办公厅《关于依法处理涉法涉诉信访问题的意见》明确指出:实行诉讼与信访分离制度,涉法涉诉信访事项由政法机关依法处理。各级信访部门对到本部门上访的涉法涉诉信访群众,应当引导其到政法机关反映问题;对收到的群众涉法涉讼信件,应当转同级政法机关依法处理。信访部门不受理、不交办、不协调涉法涉讼的信访事项,但由于基层群众对相关政策不了解、基层政法机关制度不够完善、基层政法机关门槛过高等诸多原因,导致群众一味依赖信访部门,造成信访部门压力巨大。

2. 有理无理诉求交织,缠访闹访问题突出

随着社会利益格局的大调整,部分上访群众有理无理诉求交织在一起,上访诉求主观性很强。极个别上访群众甚至出现重复上访、缠访闹访现象,严重破坏信访秩序,严重干扰信访部门正常工作。

3. 认为权大于法,越级上访时有发生

受中国历史上"告御状""拦路喊冤"等封建思想的影响,上访人容易形成思想认识误区:认为官员级别越高,权力也就越大,就越能为老百姓解决问题;认为基层政府不可靠,形成不信任基层信访部门、不信任法律的误区。所以有的上访人时常赴省进京上访,特别是利用重大节日、重大会议制造声势。笔者在基层乡镇实践接访过程中就碰到这样的情况:很多上访户不去信访部门,一来乡镇政府就直接点名要找乡镇党委书记,认为只有"一把手"才能解决他的问题,这种"权大于法"的封建思想在基层可见一斑。

(三)评价

小说《我不是潘金莲》反映出基层民众上访中面临很多困境。信访制度

是我国一项极具历史特色的法律制度，在维护社会稳定和谐、实现社会救助、公民参与民主政治监督等各方面起到积极作用。但改革开放以来，随着农村改革的不断深入和社会主义市场经济的不断发展，伴随着各种利益关系的进一步调整，基层信访问题日益突出。近年来，基层政府信访压力不断增大，面对部分缠访、闹访、重复访、无理访等问题，信访部门陷入困境。笔者想就小说《我不是潘金莲》探讨一下基层信访困境新出路。

1. 浅谈困境的出路

一是引导群众"依法上访"。

二是普及基本法律法规知识。创新宣传手段，广泛宣传法律知识，让基层老百姓懂法知法，这是"依法上访"的关键。基层上访，很大一部分原因是老百姓对基本政策、基本法律知识不了解，不能明确其诉求是否合法合理。在很大程度上，基层信访部门成了一种"室内宣传政策知识"的场所。将法律知识传播出去，让老百姓自己能用"是否符合法律的标准"来权衡其"诉求上访是否有必要"，让上访变得更加理性，从源头上减少非理性上访。

三是发展基层法律援助中心。大力发展基层公共法律援助中心，乡镇法庭可以派出专业人员"入驻"基层信访部门并担任法律援助中心公益律师，为上访者提供免费咨询服务，引导其按照法律途径解决问题。同时，适当降低投诉费用等司法门槛，让更多的人能够信法用法，运用法律武器捍卫自身合法权益，逐步将信访制度引导到法治轨道上。

2. 创新信访维稳工作方式方法

一是变"上访"为"下访"。不可否认，信访案件中不乏一些缠访闹访无理取闹者，但更多的上访者是在某些问题上受了委屈，或者受到了不公正待遇，或者是积极行使公民合法监督权利。所以，各级领导要变上访为下访，主动贴近群众，定期去群众家中了解是否存在矛盾、是否受到了某些委屈，以真诚负责的态度倾听群众的心声，站在群众的鞋子里思考问题，以冷静亲切的语气解释说明相关政策法律，帮助群众分清曲直，动之以情，晓之以理，把信访矛盾化解在群众家中。

二是建立权威公开答询制度。对于重大、疑难案件，在上访人缠访闹访时，各级领导要高度重视，密切配合，联合发力。信访部门可邀请人大代表、政协委员、律师、新闻媒体、当事人及其近亲属参加公开答询和听证，现场解答相关政策及疑问，彻底化解矛盾，依靠社会力量和群众舆论做好矛盾纠纷化解工作。

三是建立公民信用等级大数据库。信用是市场经济发展的必然要求。改革开放40多年来，我国的社会主义市场经济建设取得了巨大成就，但是公民信用制度明显滞后。正是因为缺乏一种公民信用等级制度，才会让导致群众利益受损的非法民间活动"泛滥成灾"，同时也正是因为缺乏一种制度约束，才会让类似教唆他人上访、围攻政府、缠访闹访的人员肆无忌惮。充分利用当前信息化技术，以"互联网＋"的思维，建立公民信用等级大数据库，完善公民信用等级制度和公民信用管理法律体系，是一条可以实践探索的道路。通过将公民是否遵守社会道德，是否遵守社会法律，是否遵守社会秩序等各方面纳入考核范围（如将恶意欠缴税费、恶意攻击政府、恶意缠访闹访等内容纳入量化考核）。信用考核等级较低的公民，在信用贷款、社会福利保障申请等方面都要严格把关。逐步在全社会形成一种"信用缺失，寸步难行"的社会风气。以制度为戒尺，形成心理制约网，促使公民将违法犯罪、不守社会公德的不健康心理自主扼杀在萌芽之中。这自然会对现行的缠访闹访等行为形成一种约束，同时也从源头上减少社会不稳定因素，为信访维稳提供良好的制度保障。

（四）展望未来，寻求进步

在我国当前的社会格局下，基层信访部门是我们的信访制度的"神经末梢"，是信访制度中最为敏感、最为重要的机构。在我国改革开放不断深入和社会主义市场经济不断发展的大背景下，基层信访面临一系列困境是很正常的。对基层信访部门面临的困境，我们要深入分析，"对症下药"。不断地发现问题，不断地解决问题是我国信访制度改革的必经之路。我们也坚信，信访制度必将随着我国宏观制度的不断完善，不断进行组织、功能和制度结构的变迁。

四、总结

宋周敦颐《通书·文辞》有云："文所以载道也。"文学文章自古以来就承担着启迪世人，映照历史的作用。改革开放40多年来，我国在科技、军事、经济等领域跨越了西方国家经历几个世纪才能走过的进程，法治建设自然也不例外。在中国特色社会主义建设的要求下，每一个公民都应具备法治的精神，国家应充分保护公民的各项权益。正如贝卡利亚的《论犯罪与刑罚》中已经全面地论证了法律的威慑不在于其严酷性而在于其不可避免性，《左传》中记载的几千年前的律法施行原则"刑不可知，则威不可测"绝不应该成为今天中国的法治现状。公民与政府对于法律应该周全而详细地了解其运行的道理和目的，在深刻了解基础上生出对法律的遵循和尊重。

反映法治思想的文学作品的作用不仅仅是记录历史，表达思想，其真正内核在于从社会和文学的角度为立法、执法、司法的实践提供借鉴和参考，同时也将法治思想和法治精神通过文字的方式传入公民社会，间接塑造全面普法的肥沃土壤。那些晦涩难懂、高深莫测的法律专业术语书籍在普法的进程中往往被人们视为阳春白雪，令人望而却步。但法制文学则不同，这种雅俗共赏的作品通过跌宕起伏和曲折婉转的情节，可以映射时代的法治和人性的善恶，不仅在故事的层面上实现了艺术的价值，更是在深层体现了法治的逻辑。

有法可依，有法必依，即使是社会边缘人群、弱势群体和少数群体的人权也能得到法治的保护，这就是社会主义法治精神的最好体现。

《法律社会学评论》征稿启示

为推动法律社会学研究,倡导法律与社会互动,以开法学研究新风气,上海大学法学院推出《法律社会学评论》一书。稿件选用采取严格的匿名评审,英雄不问出处,以稿件本身的学术质量来衡量并决定去留。

1. 《法律社会学评论》计划每年出版两辑,主要刊登以研究中国社会发展与法律问题为中心的实证性论文,不刊登译文或已公开发表的论文。文章篇幅长短不限,但以 1.5 万字左右为佳,文章以是否表达和论证清楚问题为取舍标准。

2. 凡涉及法律社会学基础理论、立法实践与后评估研究、行政执法与法律实施、司法制度与纠纷解决、法律风险控制、人物思想与学术述评等内容的稿件都为《法律社会学评论》所欢迎。

3. 稿件第一页应包括以下信息:(1)中文标题;(2)作者姓名、单位、联系电话、通信地址、电邮地址等;(3)中文摘要(不超过 200 字)。

4. 正文引文均采用当页脚注的格式。引文出处以作者名、书名(或文章名)、出版单位(或期刊名)、出版时间、页码排序;其中英文专著名用斜体、论文题目写入" "内。标准格式以《法学研究》为准。

5. 正文的标题、表格、图片、公式应分别连续编号。一级标题用编号一、二、三、……,二级标题用(一)、(二)、(三)……,三级标题用 1.、2.、3.……,四级标题用(1)、(2)、(3)……

6. 本书随时接受来稿,对所收稿件"随到随审"。具体审稿程序是,先由初审编辑对稿件格式进行审查,如通过初审,再进入匿名评审环节,由专家提出修改意见或倾向性用稿意见,编辑部最后综合考量决定用稿与否。审稿周期一般为两个月。

7. 稿件一旦使用,在本书正式出版后将向作者赠送样书两本与稿酬。

8. 电子邮件寄:zhangling—0629@163.com,张玲。

9. 纸质稿件寄:上海大学法学院法律社会学评论编辑部。建议寄电子稿。

上海大学法学院